反本能生存学

TOO MUCH OF A GOOD THING

我们是如何被四项关键生存特性摧毁的

[美] 李·戈德曼（Lee Goldman）著
刘洲 译

中信出版集团 | 北京

图书在版编目（CIP）数据

反本能生存学：我们是如何被四项关键生存特性摧毁的 /（美）李·戈德曼著；刘洲译. -- 北京：中信出版社，2019.7

书名原文：Too Much of A Good Thing: How Four Key Survival Traits Are Now Killing Us

ISBN 978-7-5217-0644-4

Ⅰ. ①反… Ⅱ. ①李… ②刘… Ⅲ. ①生存－研究 Ⅳ. ①B086

中国版本图书馆CIP数据核字（2019）第097646号

反本能生存学——我们是如何被四项关键生存特性摧毁的

著　　者：[美] 李·戈德曼
译　　者：刘　洲
出版发行：中信出版集团股份有限公司
（北京市朝阳区惠新东街甲4号富盛大厦2座　邮编　100029）
承 印 者：北京通州皇家印刷厂

开　　本：880mm × 1230mm　1/32　　印　　张：11.25　　字　　数：251千字
版　　次：2019年7月第1版　　印　　次：2019年7月第1次印刷
京权图字：01-2017-0370　　广告经营许可证：京朝工商广字第8087号
书　　号：ISBN 978-7-5217-0644-4
定　　价：58.00元

目　录

第二章_ 033
饥饿、食物与肥胖症、糖尿病在现代的流行

第三章_ 087
水、盐与现代高血压的高发

第四章_ 121
危险、记忆、恐惧与现代社会焦虑、抑郁的蔓延

第五章_ 161
出血、凝血与现代社会心脏病、中风的蔓延

第二部分
在现代世界保护我们的身体

第六章_ 199
我们的基因能进化得足够快以解决我们的问题吗

第七章_ 227
改变我们的行为

前 言

自从我开始行医以来，我的家人和朋友总是免不了会问我一些真实的、可感知的健康问题。常见的问题包括：“为什么我减肥这么难？”“即使感觉良好，我也需要服用降压药吗？”“我应该每天吃一片阿司匹林吗？”

在思考这些问题和其他问题时，我开始意识到这似乎很难回答。成千上万年来，我们的身体为保证人类生存而采取的一些保护性措施，已经造成了现代工业社会中的许多重大疾病。

写这本书，我的第一个目的是强调人类在历史上的脆弱性，以及如果不是因为诸如饥饿、干渴、恐惧和血液的凝结能力等基本生存特性，我们今天就不会在这里，更不用说主宰世界了。我的第二个目的是解释为什么这些天生的生存特性如今反而“太好了”——它们的功能不仅远远超出了我们在现代社会生存的需要，并且强大到已经成为人类疾病和死亡的主要原因。我的第三个，也许是最重要的目的是，解释未来可能如何发展，以及我们如何继续使用我们的大脑来影响这一结果。

本书将集中讨论 4 个关键的人类生存特性，没有它们，我们就无法生存：

- **食欲和热量的重要性。**早期的人类为了避免饥饿，需要在任何有食物的时候填饱自己的肚子。如今，我们吃得远比我们的身体真正需要的多。这一冲动解释了为什么35%的美国人患有肥胖症，并且患糖尿病、心脏病，甚至癌症的风险也在增加。
- **对水和盐的需求。**我们的祖先总是面临致命的脱水威胁，特别是当他们锻炼和出汗的时候，所以他们的身体有着对水和盐的渴求和保存它们的冲动。今天，许多美国人摄入的盐远远超过了他们的需要。而这些过量的盐以及身体同样保存盐和水的冲动，导致我们之中30%的人患上了高血压——这大大增加了我们患心脏病、中风和肾衰竭的风险。
- **知道何时战斗，何时逃跑，何时服从。**在史前社会，高达25%的死亡由暴力所致，所以保持高度警觉是至关重要的，你得随时担心有被杀的可能。但随着世界变得更安全，暴力事件也减少了。现在在美国，自杀比谋杀和致命的动物袭击更普遍。这是为什么？我们的高度警觉、恐惧以及担心导致了越来越常见的焦虑、抑郁和创伤后遗症，以及它们可能造成的自杀。
- **凝血的能力，这样我们就不会因流血而死。**早期的人类在受伤和分娩时出血的风险很大，因此他们需要迅速有效地凝结血液。如今，随着绷带及输血这些医疗器具和手段的出现，血液凝块比流血过多更可能导致我们死亡。大多数的心脏病和中风——当今社会最主要的死亡原因——是血液凝块阻塞动脉血液流向心脏和大脑的直接结果。长途汽车旅行和飞机旅行——我们遥远的祖先并不知道这些——可能会造成危害，有时甚至会在我们的静脉中产生致命的血块。

这 4 个特性中的每一个都特别有助于我们的祖先在试图躲避饥饿、脱水、暴力和流血时幸存下来——在人类历史上，这些都是最主要的死亡原因。但现在，令人惊讶的是，同样是这 4 个特性，却要为美国超过 40% 的死亡人数负责，并且占了 8 个造成的死亡主要原因中的 4 个，它们直接导致的死亡人数，是它们所阻止死亡人数的 6 倍以上。这些帮助人类生存并主宰地球的相同特性，如今为什么起到了反作用呢?

这个悖论便是本书的精髓。在超过 20 万年，也许一万代人的时间里，我们的祖先所处的世界变化非常缓慢。基因——决定了我们是谁——也或多或少地沿着一条平行的路径进化着，所以我们的祖先能够适应环境并兴旺起来。然而，仅仅 200 年前，人类的智慧开始剧烈地改变我们的世界，工业革命标志着交通、电力、超市和医疗的全新时代的开始。好消息是，在 19 世纪早期，人类的平均寿命与几万年前都差不多，但从那时起，人类的平均寿命增加了一倍，仅 1990 年后，就增加了六年多。但坏消息是，我们的身体只能用 10 代人的时间来适应这个新世界。我们的基因根本没法改变那么快，结果便是，我们的身体进化落后于周围的环境改变。我们的身体为对抗那些自然挑战，具备了一些特性以保护我们。而如今自然挑战不再是导致我们死亡的原因，这些保护性特性反而成了导致我们死亡的主要原因。

那么，接下来会发生什么？主要有三种可能：第一种可能是一切都将变得更糟——更多的肥胖、糖尿病、高血压、焦虑、抑郁、自杀、心脏病和中风——直到我们之中患有这些疾病的人活不到有孩子的年纪。虽然这种可能性似乎看起来有点牵强，但我们已经发现，肥胖儿童会成长成患糖尿病的青少年，与没有患糖尿病的青少年相比，这些青少年不太可能拥有自己的孩子——更别说是健康的孩子了。但无论如何，我们都应该明智地避开这一可怕局面。

第二种可能是我们共同投入更多的时间和精力来保持更健康的状态。我们都会吃得更好，锻炼得更多，并接受其他有益的生活方式。但不幸的是，这些自助方法虽然有时在个人基础上是成功的，但在人群里却是出了名的没效果。“悠悠球式减肥”指的就是大多数人减肥成功后通常会反弹这一现实，而它便是许多短期成功会被长期失败抵消这一趋势的佐证。

第三种可能是我们将利用现代科学——不是孤立运用，而是将其作为继续改善我们生活方式的重要补充。高血压需要药物治疗，缩胃手术是治疗难治的极度肥胖的最成功方法，抗抑郁药物通常对引起抑郁的激素失调最起作用，每天服用一片阿司匹林对我们中的一些人确实有用。在未来，正在进行的科学研究也很有希望研究出药物以控制我们对食物和盐的渴求，或者可以安全地重新调整我们的凝血系统。通过对人类基因组的解码，我们进入了一个时代，在这个时代，造成现代疾病的特定基因，可以由只对该特定基因有作用的药物来治疗。这些进步预示着一个特定精准医学治疗的新时代来临：这些治疗方式专门针对每个个体的需求。这种对于药物甚至是外科手术越来越多的依赖，不应该被视为道德上的缺点而受到嫌弃，而应该被视为是有时完成一些我们无法自己完成的事的方法——因为我们的基因根本不是那样构成的，改变的速度不可能那么快。

本书列举了所有这些可能的结果和针对我们目前的困境可能的解决方案。前面五章都会以一个故事作为引子，来帮助你构建起针对现状的框架，然后会解释说明我们当前面临的健康挑战为什么是历史上成功的生存特性导致的。最后三章勾画了一个蓝图，来描述我们可以如何，并且应该继续运用我们的大脑来让我们的基因和身体再次与我们创造的环境同步。

第一部分

人类四个关键生存特性的利和弊

第一章

我们的身体是怎样成为现在这样的

为了保护其隐私，蒂莫西·雷·布朗（Timothy Ray Brown）最开始被医生称为“柏林病人”，在20世纪90年代，20多岁的布朗感染了人类免疫缺陷病毒（HIV）——这一病毒最终会导致艾滋病。医生成功地用那个时代常见的抗艾滋病药物对他进行治疗，他反应良好，直到他患上了急性白血病。刚开始，他因白血病接受了高强度的化疗，副作用要求他暂时停止使用抗艾滋病药物。没有了这些药物，他血液里的HIV水平急剧上升，出现了持续感染和艾滋病晚期的症状。他的医生别无选择，只能减少化疗，重新使用抗艾滋病药物。治疗他白血病唯一的选择只能是骨髓移植，这让他有一半的治愈概率。[1]幸运的是，他的医生找到了一个和他相容的骨髓捐献者，布朗奇迹般地活了下来——骨髓移植治愈了布朗的白血病，5年后他都没有复发。

但故事并没有就此结束。基于对感染了HIV但却未受到严重感染或发展成艾滋病晚期的罕见人群的研究，他的医生获悉，只要能从双亲一方遗传到一个基因突变，便能够阻止HIV进入细胞，这样就不会出现感染。不幸的是，只有不到1%的北欧人拥有这种具有保护性的基因突变。至于我们剩下的这些人，拥有这种基因突变的人就更少了。值得注意的是，布朗的医生找到的骨髓捐赠者，其造血干细胞不仅与布朗的相匹配，而且身体里还含有这种不同寻常的基因突变。这些造血干细胞的成功移植不仅治愈了布朗的白血病，还使他成了世界上第一个被完全治愈的艾滋病晚期患者。

据报道，世界上首例艾滋病病例于1980年出现在旧金山。一系列令人印象深刻的科学成就随后逐步发展起来：1984年，HIV被证实是导致艾滋病的原因；1985年，出现了筛选病毒的测试方法；1987年，治疗它的药物第一次被配制出来；20世纪90年代中期，有效的药物联合化疗开始将HIV感染转变为可以控制进程的慢性病。[2]

科学家们还追溯和记录到，早在1959年，人类血液中就出现了HIV，它们寄宿在一小群死于未确诊的艾滋病的人群中，这比确诊首例艾滋病早了几十年。基于对病毒本身的基因研究，科学家们推测，我们现在所称的HIV，起源于非洲中部猴子身上所携带的稍微有些不同的病毒，它们或许是在20世纪20年代首次传染给人类的。[3]

是，让我们设想一个不同的场景：如果HIV是在病毒学和药理学高度发展的20世纪后期之前从猴子传染给人类的话，情况会怎样？ HIV的感染或许很缓慢，但它会持续不断地扩散到世界各地，特别是感染者在出现症状之前，会在长达数月或数年的时间内具有高度的传染性。当然，最初，在现代交通出现之前，病毒传播的速度会慢一些，但是我们仍然能够预料到，它会传播到任何人类彼此之间有亲密接触的地方。如果每个人都感染了HIV，随后得了艾滋病而死去，那么幸存下来的人，要么是那些有着珍稀保护性基因突变的人，要么是那些足够远离人类社会的人，要么是那些离非洲中部非常远而没有接触到病毒的人。

然而，现实是，没有任何事物——不管是饥荒、传染病还是环境灾难——曾经消灭了人类。为了了解我们是如何幸存下来的，我们需要先了解我们来自何方，以及我们是如何来到这里的。我们先回顾一下我们的祖先。

人类家庭的族谱网站

我的父母总是告诉我，他们用我曾祖父路易斯·克莱默的名字给我起的名字，但当我的妻子在族谱网站上查我们双方的家族信息时发现，人口普查记录显示，他的名字是莱布·克拉默易。互联网——这一我有生之年里最具变革性的人类发明，进一步揭示了我的族谱，并且显示了只不过才经过三代人，世界就发生了多么大的改变。

那在成千上万代人中，人类的集体族谱又是怎样的呢？我们的祖先是如何躲过无数威胁的呢？在没有现代药物可用的情况下，这些在HIV出现之前就已存在的威胁，极有可能消灭99%或更多的人类。如果再往前追溯，为什么人类幸存下来，而大多数物种却灭绝了呢？

如果我们想了解我们是如何从最初的解剖学上的现代人类——也称为“智人”（*Homo sapiens*，*Homo* 为人属，*sapiens* 为人种）——进化到我的曾祖父莱布这样的现代人的，我们必须了解基因是怎样决定我们是谁的。[4]而在讲述这一故事时，我们还将学习到，这些和之前一样的特性，如今是如何变得令人喜忧参半的——有时它们依然在拯救我们的生命，但越来越多地，导致了现代的疾病。

最早的考古学证据表明，智人起源于大约 20 万年前的非洲。一些大胆的智人在大约 9 万年前首先迁出非洲，到达阿拉伯半岛。[5]但之后，这群智人要么死亡，要么在冰河时代因为寒冷的气候和冰川推进撤回非洲。另一群智人在大约 6 万年前再次尝试迁出非洲，这次他们首次踏上欧亚大陆，然后在大约 5 万年前来到澳大拉西亚，在大约 1.5 万年前来到美洲。

考古遗迹同样也证明，我们不是地球上唯一的人类物种。基于化石的年代，古生物学家估计，最早的人属，也就是能人的存在，可以追溯到 230 万年前。180 万年前，非洲出现了匠人，然后非洲和欧亚大陆上出现了直立人，他们像现代人一样高，却有着更小的大脑。在 80 万年前到 50 万年前，在非洲、欧洲以及中国出现了其他人种，其头骨大小以及对应的大脑，和如今的我们差不多。一些他们的后代，包括尼安德特人和丹尼索瓦人，在大约 35 万年前出现。之后大约 15 万年，出现了第一批智人。

虽然古生物学家曾经认为每个继任的人种都会取代之前的人种——“更不像人类”的那种，并且每个现代物种都是从它的前任物种手里将地球夺过来，但现实并非如此简单。例如，尼安德特人和人类可能在超过 15 万年的时间里共存着，而我们从化石中了解到，人类，比如在法国和西班牙留下了大量洞穴绘画的克罗马农人，大约在 5 万年前开始住在尼安德特人附近，甚至与他们住在一起，这一过程持续了大约 1 万年。基因证据表明，至少一些杂种交配的现象很快就出现了，如今，由尼安德特人衍生而来的基因大约占了现代欧洲人和亚洲人DNA（脱氧核糖核酸）的 2%。[6] 因为我们并不是都拥有相同的尼安德特人基因，所以很明显杂种交配并不是一次偶然的现象。我们不知道这些尼安德特人基因的功能，但正如我们将在第二章讨论的那样，它们似乎已经成功帮助我们的祖先更好地适应了走出非洲后所遇到的新环境。

大约在 5 万年前，丹尼索瓦人生活在如今的西伯利亚。科学家基于对一名丹尼索瓦小女孩的小手指骨DNA的恢复，推断出了丹尼索瓦人和尼安德特人及人类都有杂交行为。例如，今天的中国藏族人，澳大利亚原住民和美拉尼西亚人都有一些来自丹尼索瓦人的DNA。通过比较发现，非洲人实际上携带更少的尼安德特人的DNA，并且没有被检测出携带有丹尼索瓦人的DNA——但他们有 2% 的DNA显然来自生活在约 3.5 万年前非洲的另一群未知的史前智人。

科学家估计，生活在欧洲和亚洲的尼安德特人口从未超过 7 万，最多可能达到 2.5 万人。丹尼索瓦人的人口可能也没有多少。随着冰川消融、全球升温，人类最终战胜了强壮但脚步缓慢的尼安德特人和丹尼索瓦人，在 4 万年前成为唯一幸存的智人。

一方面，这似乎很容易让我们假定人类之所以能幸存下来，仅仅是因为我们比其他动物聪明。另一方面也很值得关注，我们的大脑的确较大，但恐龙也曾经主宰过地球，它们的大脑占身体的比例却很小。为了看得更全面，让我们从另一个角度出发：那些曾经占据地球，如今依然存在的物种所占的比例有多少呢？答案是约500类中有一类——只有1%的1/5。

诚然，我们今天之所以在地球上处于这样的位置，是因为我们的智力最终取得了胜利，但我们的生存始终取决于我们的体力，这并不是指我们原始的肌肉力量，而是帮助我们祖先生存下来甚至繁衍的所有内在特性。如果我们的身体没有足够的活力让我们在充满挑战甚至恶劣的环境中生存下来，我们的大脑就无法发展出创造艺术、科学、哲学和技术的能力。我们的祖先必须能够收集坚果和浆果，狩猎和捕杀比自身更大、更快的野生动物，并熬过冰河时代，此外还要应付干旱和瘟疫。

在数字时代，一个不爱运动、反社会的书呆子即使视力不好并且有严重的哮喘，也可以成为亿万富翁。但是，对大多数人来说，需要强健的体魄才能生存，更不用说还要战胜竞争对手以赢得配偶，来帮助我们将自己的基因传给后代了。

我们在这些令人生畏的困难中生存下来，靠的是人类物种的特性和适应能力——我们身体的构造以及在经历1万代的20万年时间里，我们身体的进化和对环境的适应。我们之所以处在现在的位置，是因为史前肉食动物、气候灾难，或类似HIV的感染没有消灭我们的祖先。

自然选择："适者"生存

年复一年，男人和女人几乎总是靠着自己的身体特征来与竞争对手争夺配偶，这与争夺舞会上的国王和王后、足球队长和啦啦队队长没什么不同。但适者生存并不意味着最强壮、最迅速或是最漂亮的才能生存下来。虽然这些身体特征对我们的生存有所帮助，但它们只是故事的开始。

处于现在位置的之所以是我们，而不是尼安德特人、丹尼索瓦人，或者是那些从未出生的人，是因为他们的祖先在与我们的祖先的竞争中败下阵来。[7] 我们的祖先有着更健康的身体，因此能够适应地球的环境挑战，并能战胜别人赢得食物、水以及配偶。适者生存的法则解释了自然选择是如何起作用的：在过去的几代人中，那些有着“最优”基因特性的人的年龄能够达到拥有最多后代的长度，而这些后代又会有更多的后代，周而复始。简单来说，如果你和你的子孙后代能够生存和繁衍下来，你的DNA就将延续下来。如果情况相反，你的DNA就不会被保留下来。

我们的DNA存在于23对染色体上，每对染色体中的单个染色体来自双亲中的一方。[8] 在22对染色体中，两个配对的染色体具有相似但并非完全相同的DNA。第23对染色体决定了我们的性别——女孩从父母处分别遗传得到一个X染色体，而男孩从母亲处得到一个X染色体，相应地从父亲那里得到一个（较小且完全不同的）Y染色体。

我们的每个染色体是由不同数量的DNA组成的，总的来说包括了约64亿对核苷酸，分别来自父母一方。这64亿对核苷酸通常被称为碱基对，你可以把它们看成字母，它们组成的单词（基因），决定了我们是谁。

总的来说，我们的染色体DNA中包含有大约2.1万个负责编码相应RNA（核糖核酸）的基因，而这些RNA又负责编码每个特定的蛋白质，它们对于人体功能的正常运行非常关键。令人惊讶的是，这2.1万个基因只占我们染色体DNA的2%左右。另外，有约75%的DNA中含有1.8万多个——一般来说较大的——基因，这些基因不对RNA编码蛋白质负责，而是发送信号激活，抑制或是调节蛋白质编码基因或蛋白质的功能。我们剩余的约20%的DNA不编码任何目前已知的蛋白质或是发送信号，它们有时被称为“垃圾DNA”，但科学家很可能会在未来发现它们的重要作用。

由于我们有两组染色体，我们的2.1万个基因中的每个基因都应该有两个完全相同的版本，分别来自父亲和母亲。尽管每个孩子一半的基因——以及他（她）的DNA——都应该是父母DNA的精确复制品，但即使是最好的计算机程序偶尔也会出现一个罕见的印刷错误。当DNA在复制时，会有1亿分之一左右的机会出现一个缺陷或突变。[9]结果就是，每个孩子的DNA大约有65个碱基对不同于他的父母。随着时间的推移，这些突变叠加了起来。所有人类大约有99.6%~99.9%的基因彼此相同，但这仍然意味着我们每个人至少有600万个碱基对与其他人不同。这些突变定义了我们个体，也展示了人类物种在世代交替中是如何进化的。

突变本身是随机的，但是它们的命运——是否会在后代中扩散开来，继承下来，或是消失——取决于它们是好的（有利的）、坏的（不利的），或是无关紧要的（中性的）。在自然选择中，如果最开始的基因突变对你和你的后代足够有益，它们就会延续下来。相比之下，不利的突变通常迅速地在人群中被淘汰，即使携带这种基因的后代幸存下来。经过 1 万代左右，虽然缓慢，但人类的基因组毫无疑问地会发生重大改变，这是因为有益突变会随机出现，然后选择性地延续和传播开来。

中性突变不会像有益突变那样广泛传播，但它们会随着时间的推移而积累下来。一些中性突变完全不重要，也不那么显而易见——我们的DNA密码改变了，但我们仍然制造着相同的蛋白质。这和一个词语有两种写法是一样道理，比如“颤栗”和“战栗”，它们没有任何意义上的改变。一些中性突变会改变我们——它是决定因素，例如一个人的脸颊上是否有酒窝，但对生存没有影响。但目前，一些中性突变可能会在理论上变得有利或不利。例如，想象一下，有一种突变可以使我们对高剂量的放射现象多少变得敏感，现在我们也许用不到，但如果发生热核战争，这一突变将变得至关重要。

偶尔，一个新的有利的特性可能对生存起着至关重要的作用，因为它可以帮助你在致命的挑战——比如传染病暴发中生存下来。它几乎会立即成为新的正常特性，因为没有携带这种变异的所有人都将死去。但大多数有利的基因突变只会带来相对的竞争优势，也许只在一个特定的地理位置或特定情况下有优势。

毫不奇怪，基因突变传播的速度取决于它带来了多少相对优势。这种传播起初是缓慢的，然而随着在封闭人口中广泛传播，它的传播速度也会越来越快。这就像你下注一块筹码赢得一块筹码，然后下注两块筹码就会赢得两块筹码一样，依次累积。一旦某事物

“像病毒般扩散”，它就会迅速增加，因为之前的每一个携带者都会变成传播者——不管我们谈论的是传染性疾病还是有利的突变。

想象一下，假如有一个有利突变，如果你从父母双方那里都得到了它，你和你的孩子就会多 25% 的生存优势，那么如果你只从父母一方得到这种突变，你们的生存优势就只有之前的一半。[10] 这种突变会在大约 50 代人（约 1000 年）的时间里扩散到不足 5% 的人身上，但在 100 代人（约 2000 年）的时间里却会扩散到超过 90% 的人身上，在 150 代人（约 3000 年）后基本上扩散到所有人身上。相比之下，如果一个新的突变只带来 1% 的优势，它将传播得更为缓慢，但它仍然会在 3000 代人（约 6 万年）的时间里，蔓延到 100 万人口中的几乎每一个人身上。有趣的是，这种计算方法与人口规模并没有什么关系。例如，新的突变蔓延到 1 万人身上的时间，只不过是蔓延到 1 亿人身上的时间的 1.5 倍。尽管缓慢，但自然选择稳定地、不可阻挡地筛选着哪些基因——对应的是哪些人——能够保留在地球上。

操作中的自然选择

如果我们每个人身上都携带着某个基因，那么很难知道它可能取代了哪个不那么有利的基因。但是，我们还是可以对自然选择进行透彻的观察，方法就是研究那些在世界上某些地方普遍存在甚至是无所不在，而在世界上其他地方稀少甚至不存在的基因。而之所以造成这一现象，可能的原因是这些基因在一些地方具有很强的优势，而在另一些地方没有优势甚至是有害的。这里有两个例子：第一，全球范围内皮肤颜色的变化及其与我们对强壮骨骼需求的关系；第二，乳糖耐受性及其与动物驯化的关系。

强壮的骨骼

成人有206块骨头，比孩童少一些，因为有些骨头在我们的成长过程中融合到了一起。总的来说，我们的骨骼约占我们体重的13%。为了有健康的骨骼，我们需要在我们的饮食中摄取其关键的构造元素：钙。我们还需要活性维生素D来帮助我们的肠道吸收钙，并使其为我们的骨骼所用。[11]

没有强壮的骨骼，我们不能成长。儿童缺乏维生素D会导致佝偻病——它让人变得衰弱，并会导致骨骼脆弱、发育不良、体能降低，甚至会导致儿童死亡，这一切都让生育变得无法实现。[12]虽然活性维生素D自然存在于富含脂肪的鱼类，如金枪鱼、鲑鱼、鲭鱼以及动物肝脏、肾脏、蛋黄中，但纵观历史，我们很难从我们吃的食物中摄取足够的活性维生素D。我们现在可以通过强化牛奶、橙汁以及早餐谷物中获得活性维生素D。但历史上，我们祖先的身体实际上能够自己制造很多维生素D。这是因为我们的肝脏能产生活性维生素D的非活性前体，当紫外线透过皮肤被人体吸收，这些前体被激活，然后重回肝脏，从而前往肾脏被进一步活化，以满足我们对维生素D的需要。

我们会在第二章看到，旧石器时代的采猎者通常靠多吃动物的肉和骨头来获得他们所需要的钙，而且他们接触的阳光远远多于需要激活的维生素D的量。在人类迁出非洲前，我们的祖先都有着深色的皮肤，依靠其黑色素，它们可以阻挡部分紫外线。但他们仍然获得了足够多的紫外线，因为他们大多数时间都暴露在温暖的阳光下，并且不需要衣服来遮盖自己的身体。当第一次离开非洲到达天气不晴朗的地区时，如果他们能得到足够的阳光照射以激活自身肝脏制造的维生素D前体，或者能够获得足够多的富含脂肪的鱼类、动物肝脏或肾脏，黝黑的皮肤就没什么问题。

然而，有两件事情发生了改变。首先，当我们的祖先迁出非洲，来到气候寒冷的地区，他们就要多穿衣服，皮肤暴露在阳光下的时间急剧下降，从而损害他们激活肝脏制造足量维生素D的能力；当他们在大约1万年前发展起了农耕，他们饮食中碳水化合物的含量增多，维生素D的摄入量下降，他们变得更加需要阳光。然而，他们暴露在阳光下的机会却减少了。他们怎么适应这一切呢？答案就是随机的基因突变，这种突变降低了他们皮肤中产生的黑色素，从而让他们的皮肤颜色变淡，这一突变迅速蔓延开，因为其所带来的优势让更多的紫外线穿过了他们未暴露在阳光下的皮肤，使得他们肝脏制造的维生素D前体得以激活。

维生素D和骨骼的发育对生存的意义真的那么重要吗？重要到可以解释为什么在世界上如此多的地方，浅色皮肤取代了深色皮肤？让我们在过去的几个世纪里寻找一些线索。在17世纪中期，佝偻病在英国多雾城市中的一些新兴城市化地区非常普遍，很多孩子甚至不能走路。在女性中，它还会引起骨盆畸形，妨碍正常分娩。但直到1822年，耶德茨基 · 斯奈亚德奇（Jedrzej Sniadecki）

才指出，居住在城市的华沙儿童比居住在波兰农村的儿童患佝偻病的现象更普遍，可以考虑用照射阳光来防治佝偻病。1890年，西奥博尔德·帕姆（Theobald Palm）指出，欧洲城市里的贫困儿童会患上佝偻病，但中国、日本以及印度同样贫穷甚至更贫穷的孩子却没有。和斯奈亚德奇一样，他认为缺乏阳光照射是致病的原因，他的结论和斯奈亚德奇的一样，被当时的科学家所忽视或反对。所以直到1921年，艾尔弗雷德·赫斯（Alfred Hess）和莱斯特·昂格尔（Lester Unger）通过增加阳光照射改进了7个患佝偻病的纽约白人儿童的身体状况后，医学界才相信这一结论。

即使在今天，体内有着终其一生都会微微降低维生素D含量遗传变异的人，寿命也比没有这些变异的人要短。任何有助于人体获得足够维生素D的东西都有着巨大的生存优势，这也解释了为什么我们如今要增加强化牛奶、橙汁和早餐谷物的摄入，以帮助那些照射不到足够阳光的城市居民。阳光照射和皮肤色素沉着也解释了当代美国的维生素D缺乏现象——大约6%的美国老年人比年轻人暴露在阳光下的时间更少，将近30%的非裔美国人仍然相对缺乏维生素D。[13]

第一个持续稳固的肤色淡化基因突变出现在人类迁出非洲后，在现代欧洲和亚洲扩散开之前。[14]有趣的是，浅色皮肤不是由单个突变或者单个基因上的不同突变引起的。有些突变只存在于欧洲人身上，有些只存在于亚洲人身上，而不同基因上各种各样的突变则有助于解释北欧人、南欧人以及亚洲和美洲各地人群肤色的不同。

现在我们已经明白了为什么欧洲人和亚洲人有着浅色的皮肤，

那么我们必须思考一个不同的问题。为什么深色皮肤在非洲如此重要？为什么今天负责编码美拉尼西亚人和澳大利亚原住民身上黑色皮肤的基因，与非洲人身上的黑色基因几乎是一样的——这一现象是不是意味着当他们的祖先从非洲迁移到他们的新家时没有发生基因突变呢？一个产生浅色肌肤的基因肯定会不时出现在撒哈拉以南的非洲、美拉尼西亚或者澳大利亚。但为什么这一基因没有传播开来？或者为什么没有一些浅色肌肤的人存活下来，也许还可以形成局部的社区，甚至是相对而言的局外人群？

也许黑皮肤可以防止过热或激活过多的维生素D。[15] 这一个假设完全说不通，因为深色会吸收热量，而浅色则会阻挡热量。想想汽车吧——一辆黑色内饰的车在夏天会变得非常热，而一辆浅色内饰的车则会相对保持凉爽。吸收过多维生素D的现象偶尔会在饮用了大量人工强化牛乳的人身上出现，其特点是钙沉积在了我们不需要的地方，比如肾结石。但是我们不需要黑皮肤来避免我们摄入过多的维生素D，因为不管皮肤是如何高频率或高强度地暴露在太阳下，也不会有超过10%~15%的维生素D被紫外线激活。

那么它是不是起着防止我们晒伤的作用呢？[16] 的确，晒伤的皮肤会降低我们汗腺的活性，使其很难散热，这是我将在第三章强调的一个重要的生存特性。但有着几乎最浅肤色的人，也是能够晒黑的，这是一种保护他们免受严重晒伤的方法。

那是为了预防皮肤癌吗？拥有黑皮肤的人比浅色皮肤的人得皮肤癌的概率要小很多。皮肤癌一般是成年后才得的一种疾病，这允许我们的祖先在得病之前就拥有了自己的孩子。[17] 但是，我会在第六章讨论，一些旧石器时代的男人，一直到中年都极有生产力——不管是作为能打到许多猎物的经验丰富的猎人，还是作为生殖力旺盛的父亲。而妇女担当的祖母角色，无疑增加了她们孙子生存的可能性。然而，光是皮肤癌还不足以常见到或是重要到推进皮肤颜色的进化。

原来，关于黑皮肤为什么能在强烈阳光照射的环境中保护我们，最好的解释是——我们需要叶酸。叶酸是一种维生素B，对人类的生长发育和健康极为重要。如果妇女在孕期叶酸不足，将会导致婴儿出现严重的神经系统异常，这就是为什么我们通常要求孕妇补充叶酸，以及为什么美国和其他许多国家会在面包里添加叶酸。[18]

紫外线通过皮肤被人体吸收，将叶酸从活性形式转化为非活性形式，从而导致功能性叶酸缺乏症。如果你暴露在阳光下，深色皮肤能保护你体内的叶酸活性，帮助你和你的后代存活下来。

人类一方面对维生素D有需求，另一方面对叶酸也有着同样的需求，试图平衡这两种需求的最好方式就是世界上一些被太阳暴晒时间长、强度高的地方，人们拥有黑色的皮肤，而在接触阳光中的紫外线频率不高的地方，人们拥有浅色的皮肤。引人注目的，或者就我认为，考虑到自然选择，这一现象也没那么引人注目，我们看到的现实就是这样。虽然偶尔也有例外，但某个地方原住民的平均皮肤色素沉着以及其晒黑的能力，与其在自然状态下暴露在紫外线下的频率有着密切关系，而这通常与该人口距离赤道的距离有关。然而，同一纬度上，居住在南半球的人比居住在北半球的人的皮肤稍微黑一些，这是因为在修正维度后，南半球的紫外线辐射水平（比北半球）稍微高一点。[19]

皮肤颜色对人类生存的重要性，不仅表现在随着人类进入欧洲和亚洲，皮肤颜色变得更浅。肤色也有可能会变暗，而这正是当浅色皮肤的北方印第安人迁移到印度次大陆南部更远的地方时发生的情况。[20]

一个值得注意的例外——我认为正是这一规律的证明——是因纽特人，他们皮肤的颜色似乎与维生素D假设相矛盾。但因纽特人的传统饮食中包含富含脂肪的鱼，偶尔也包括动物的肝脏，所以阳光从来都不是满足他们维生素D需求的关键。虽然在北极，紫外线从来都不是一个大问题，但阳光被冰反射后（这增加了一个人在紫外线中多达90%的暴露概率），应该已经足够刺激皮肤做出黑化的自然选择。[21]

在阳光充足的地区黑皮肤的优点，以及在阳光较少、更凉爽的地区浅色皮肤的优点，并不是智人独有的特点。纬度对穴居人的皮肤颜色的影响也很明显。欧洲尼安德特人的基因组表明，他们有着浅色的肤色。这是很明显的有利变异，尤其是对于一个大多数时间待在黑暗洞穴里的物种。[22]但有趣的是，导致欧洲尼安德特人肤色浅化的基因突变，与导致现代欧洲人浅肤色的任何基因突变都不一样。虽然居住在欧洲南部洞穴里的尼安德特人有着浅色的皮肤，但在晴朗的气候里，比如在中东生活的尼安德特人，却有着深色的皮肤。色素沉着可能只是一种表面现象，但导致这一现象的突变却对人类，特别是尼安德特人的生存至关重要。

乳糖不耐受症

自然选择的另一个突出例子，涉及我们消化牛奶的能力。哺乳动物的定义是拥有乳腺，能够提供其后代生存所需乳汁的动物。因为所有婴儿期的哺乳类动物最初都是完全依靠母乳来获取营养和水合作用的，能够消化乳汁便是一个它们必要的生存需求——直到它们长到足够大，能够依靠其他食物生存。

牛奶是一种营养丰富的混合物，含有水、脂肪、蛋白质、钙、盐和糖。牛奶中的糖，也叫乳糖，直到在小肠中被分解成葡萄糖和半乳糖，才能被人体血液所吸收。这一过程需要一种叫作乳糖酶的酶，它对婴儿期哺乳动物的生存至关重要。和所有人类的酶一样，乳糖酶是一种蛋白质，由 2 号染色体上的基因编码。接近编码乳糖酶基因的，还有另一个基因，它负责编码一种能够激活乳糖酶基因的蛋白质。[23]

用我们最喜欢的两种宠物——狗和猫——来举例说明，所有哺乳动物都会自然地失去乳糖酶，结果就是它们也失去了消化乳糖的能力。小狗断奶后，你不能再给它喂牛奶，因为大量的牛奶会让它们病入膏肓。虽然我们经常看到小猫喝牛奶的可爱照片，但事实证明大多数成年猫咪也有乳糖不耐受症，并且会出现与有乳糖不耐受症人类相同的症状。对大多数人而言，我们的所有祖先也丧失了乳糖酶的活性，到了 5 到 7 岁的时候，就得了乳糖不耐受症。

为什么哺乳动物会得乳糖不耐受症？首先，一个母亲的泌乳行为会抑制她的排卵及再次怀孕的能力，特别是在她相对而言营养不良的情况下。如果她持续喂养母乳，就会拥有更少的孩子。当下一个孩子需要吮吸母亲乳汁的时候，新生儿的生存机会不应该由于要和比自己年长的兄弟姐妹争夺有限的乳汁而受到威胁。所以，随着哺乳动物逐渐成长，在能够获得和食用其他食物时，它们就失去乳糖酶活性，这一现象非常合情合理。[24]

没有乳糖酶，乳糖未经消化就通过小肠进入了大肠，在那里，它像海绵一样吸收着水，这一作用可以使具有渗透性的肠道黏膜两边的水浓度保持平衡。这些多余的水在肠道中会引起抽筋，以及往往与乳糖不耐受症相关的腹泻，但这一切还有可能变得更糟。大肠中的乳糖是非常好的细菌食物，这些细菌可以毫不费力地将其分解成葡萄糖和半乳糖，并将它们用作自己的营养。在这个过程中会产生氢气、甲烷和二氧化碳，这些气体大部分会以屁的形式被排出。虽然未消化的乳糖（导致腹泻）与被细菌消化的乳糖（导致放屁）所占比例会随患有乳糖不耐受症的个体不同而有所差异，但结果都不甚理想。当然，这些症状的程度不仅取决于某人是否患有完全的乳糖不耐受症，还取决于他喝了多少牛奶。

所以让我们搞清楚：乳糖不耐受症并非不正常，患乳糖不耐受症的人并不是有缺陷的突变体，恰恰相反！在 9500 代人，也就是 19 万年的时间里，所有成人都患有乳糖不耐受症。这一现象直到我们的祖先驯养了牛，以及其后的山羊和骆驼，才得以改变。这种驯化始于大约 9000 年前的埃及、大约 8000 年前的中东，以及大约 4500 年前的撒哈拉以南的非洲。有了这些驯养的动物，人们开始有机会食用它们的奶和肉来获取营养。

所以，在人类驯养牛 2000 年后，即大约 7000 年前，革命性事件的发生也就不足为奇了：乳糖酶激活基因中的一个碱基对随机出现了变异。而只需一份这种突变，就足以让乳糖酶基因一直处于“被激活”的状态。[25]

在过去的几千年里，这种消化新鲜乳汁中乳糖的能力有着巨大的生存优势。据估计，有这种能力的人的生存优势比不能消化乳糖的人高出了4%~10%。虽然乳汁可能并不是“大自然中最完美的食物”，虽然我们中的许多人在婴儿后就没有喝过奶，却依然非常健康，但大量数据表明，奶和奶制品对骨骼的生长和身高很有好处，特别是在其他食品短缺的时候。这一结论是有依据的，因为奶可以提供人体所需的水、盐和钙。它同样是获取营养的一种有效途径——奶牛每吃一公顷土地上的饲料，其奶中提供的热量就是其肉的五倍，并且几乎是奶酪的两倍。

乳糖耐受性的生存优势，允许拥有这些新突变的人能带着牲畜迁移，从而取代了世界许多地区的采猎者。今天，大约95%的北欧人、70%~85%的中部欧洲人、从欧洲移民过去的美国人、80%或更多的撒哈拉以南非洲的牧民，以及70%的北方印度人拥有乳糖耐受性。相比之下，撒哈拉以南非洲的非牧民中，只有约10%~20%的人有乳糖耐受性。在东亚和东南亚国家中，拥有乳糖耐受性的人更是极为罕见，而在世界其他地区，这一比例一般不会高于30%~40%。

但值得特别注意的是，在世界上许多普遍饲养牛和其他产奶家畜的地方，在乳糖酶激活基因上发生了许多不同的变异。[26]虽然欧洲中部和北部大部分的乳糖耐受现象都由一个单一突变引起，但欧洲南部和非洲北部乳糖耐受的扩散则由许多完全独立的不同变异引起。另一个变异解释了其在中国北方的扩散，还有三种变异则在有乳糖耐受性的藏族人身上被发现。虽然专家们不确定这些突变最先出现的是哪一个，但最终，乳糖耐受性扩散到了世界大约 25% 的人身上，这一事实很好地证明了下面三个进化原则。

第一，乳糖酶激活基因上的随机突变可能发生在世界任何地方的任何人身上，这与他们的食物中是否有动物奶毫无关系。但它在发生突变的人的后代——这些后代可以接触到鲜奶——中的延续和传播却并不是随机的。这是所谓“生态龛优势”的很好的例子——一种优势在某种生态龛中如果能收获利益，它就会延续下来；如果不能收获利益，那么它就会消失。[27]

第二，我们现在看到的乳糖耐受性普遍存在的地方，并不一定是这一基因突变的起源地。例如，乳糖耐受性在斯堪的纳维亚国家中尤其常见，但在这些地方，饮用牛奶还是一种相对较新的习惯。斯堪的纳维亚人身上的基因突变可能起源于巴尔干半岛以及欧洲中部地区，而导致印度牧民产生乳糖耐受性的基因突变同样起源于此。[28]

第三，在不同的生态龛中发现的 6 个或更多乳糖耐受性基因突变和皮肤色素沉着突变一样，表明生物的趋同适应或进化，即我们 DNA 中不同的随机突变能导致相同的生理适应结果。乳糖酶激活基因上的哪一对儿碱基对发生了改变真的没什么关系，只要这一改变能产生相同的优势就行了。在这个例子中，只要让这一基因一直处于激活状态，就能让我们一直到成年都能够分解乳汁中的糖。

防止感染

正如人类没有强壮的骨骼和充足的营养就不能生存，我们的祖先同样需要能够抵抗各种各样的感染性疾病。在最近两代人的时间里，迄今为止最严重的新传染病就是HIV。

HIV通过进入人体细胞迅速复制自身，并争夺我们本身的资源以供自己使用。虽然偶尔会有未经治疗的患者在20年或更长的时间里没有任何症状，但大多数被HIV感染的、带有这种病毒的人，在几年时间里，血液中HIV的浓度会上升到每毫升（或立方厘米）数量超过1万。这些病毒在病人体内感染和破坏多种类型的细胞。最关键的是，HIV会进入和破坏T淋巴细胞，而T淋巴细胞是防止许多感染的至关重要的细胞。如果缺乏有效的药物治疗，血液中HIV浓度很高的病人就会渐渐失去他们体内大多数的T淋巴细胞，发展成艾滋病晚期，然后死亡——要么是病毒本身的直接作用，或者更常见的，因失去抵抗力而死于其他各种感染。[29]

考虑到人类基因的多样性，我们不应该感到惊讶的是，估计有3300万HIV病毒感染者以不同的速度发展成艾滋病病人。即使在有效的药物出现之前，500个人中也会有一个人被称为“感染长期不进展者”，即他没有出现HIV本身所导致的并发症，或那些出现在免疫系统被HIV摧毁的人身上的各种各样严重的感染。[30]在一些长期不进展者体内，血液中HIV的浓度保持着相对较高的水平，但不知为什么，他们的身体能够容忍这些病毒。而在另一些人体内，HIV的浓度保持着低水平，甚至完全不见了。

虽然一些长期不进展者是因为感染了病毒性较弱的HIV，但另一些人则是因为拥有罕见的基因变异，使得他们天生对HIV更具抵抗能力。这些突变中，最常见和被研究得最多的，也许要算负责编码T淋巴细胞表面蛋白质的CCR5基因上的德尔塔32（Delta 32）突变了。要想感染我们的细胞，HIV首先需要附着在细胞表面。在85%~90%的感染情况中，正常的CCR5蛋白质成了这一过程的受体。HIV附着在淋巴细胞表面的CCR5后，便会进入细胞体内，破坏它的功能，并最终摧毁它。当德尔塔32突变阻止HIV附着在T淋巴细胞表面后，大多数病毒就不能进入细胞并杀死它。有趣的是，一种称为德尔塔24的不同的CCR5突变，减少了98%的白颈白眉猴体内CCR5的活性，使其能够抵抗猴类版本的HIV。[31]

大约10%的北欧人、5%的南欧人，以及来自欧洲其他地区和印度的一小部分人从他们的父母那里继承了这种突变，但实际上在非洲或亚洲其他地区，没有人有这种突变。拥有一份该基因的人感染艾滋病病毒的可能性降低了约25%。但是真正幸运的人有一对这种突变基因——分别来自其父母。对这些人而言，最常见的HIV病毒根本无法进入其T淋巴细胞，艾滋病也不会发展，身体最终清除了所有或几乎所有病毒。由于约10%有北欧血统的人携带一份这种基因突变，简单的算术（10%的机会从父母一方得到该基因 × 10%的机会从父母另一方得到该基因）表明，1%的人能同时从父母那里得到这种基因，而这一对基因会让他们对大多数HIV感染拥有完全的抵抗力。

因此，当蒂莫西 · 雷 · 布朗的医生寻找一位潜在的骨髓捐赠者来治疗布朗的白血病时，他们面临着真正的挑战。当然，他们首先需要找到一名捐献者，而其血液要尽可能与布朗的相容。这样的话，当化疗将其所有血瘤和普通骨髓杀死后，他不会因骨髓移植产生排斥现象。但是，他们也在寻找并最终发现了一名有一对CCR5德尔塔32突变基因的捐献者，医生们希望捐赠者的骨髓细胞能让蒂莫西·雷·布朗可以抵抗HIV病毒。

令人惊讶的是，他们做到了。布朗停止了他的所有HIV药物，并且超过5年没有再检测出白血病和HIV。对一个白血病患者而言，5年内没复发通常意味着他已痊愈。我们知道骨髓移植可以治愈50%蒂莫西·雷·布朗这样的白血病患者。但对于艾滋病，我们并没有先例，蒂莫西·雷·布朗是第一名，也是到目前为止唯一被成功治愈的艾滋病晚期患者。[32]

因为一对CCR5德尔塔32突变基因能够明显地完全阻断HIV，而一个突变基因就能对大多数形式的HIV起到部分保护作用，所以理所当然，科学家们试图研发出一种药物来阻断没有突变的CCR5受体。[33]他们希望这种药物能够起到和自然保护一样的作用，并能有效治疗HIV和艾滋病。事实上，这种药物已经研发出来了，它通常都有良好的药物耐受性，并且似乎能减少被HIV破坏的T淋巴细胞的数量。但可能在50%左右的感染者身上，HIV本身发生了变异，找到了另一种附着于细胞表面使其感染的方法，在这些患者以及那些最初就感染了不常见形式的HIV的患者（占15%~20%）身上，阻断未突变的CCR5受体不能治愈HIV感染。因此，对于偶尔会有人拥有一对有益的CCR5突变，但却仍然长期感染着HIV，我们不应该感到奇怪。

现在我们知道，如果患者从父母双方遗传一对CCR5突变，那他常常可以免于HIV感染。当然了，接下来的问题是，为什么有些人会携带这些突变？这约10%的从父母一方（一半数量）遗传了这种突变的北欧人的祖先，意识到它的某些优势了吗？毕竟，存在于当地10%人口身上的任何事物都应该是有原因的。有趣的是，大约10%的欧洲人在7000年前的青铜时代也出现了这种突变。[34]

起初科学家推测，CCR5突变有可能保护我们的祖先抵御了历史上有记录的传染病，比如鼠疫、天花。但研究显示，没有证据表明CCR5突变能防治鼠疫，而对天花的任何保护性功能也只是推测。[35]

也许在青铜器时代欧洲的某个地方，这种突变可以防治另一种已经不存在的传染病。科学家估计，目前有30万种或更多各种各样的病毒感染着各种哺乳动物。例如，蝙蝠被认为是暴发迅速且致命的人类埃博拉病毒，以及中东呼吸综合征（MERS）——它几乎和十几年前暴发的非典型肺炎（SARS）一样致命——的原始宿主。啮齿类动物被认为要为迅速致命的人类拉沙热和汉坦病毒感染负责。黑猩猩则是HIV/艾滋病在人类之间传播之前的最初来源。[36]

这些病毒和所有传染性生物体的共同点是，它们需要找到一个宿主，并且这个宿主不会迅速死亡。即使是病毒和细菌，也要遵从自然选择的规律。在短期内，如果传染源能够感染大量动物，并能够尽快地自我复制，那是最好的。在这一过程中，它们不需要考虑是否会杀死它们所感染的一切。但从长远来看，最终留下来的病毒和细菌需要生存的地方，否则它们将不复存在。这似乎就是为什么SARS病毒会被消灭——它的宿主要么生病死亡，要么被宰杀，而这也是公共卫生工作的一部分，即消灭被感染的动物。

在这一点上，我们真的不知道CCR5德尔塔32突变最初为什么会出现，或者为什么在300代或更多代人的时间长河里，它会在大约相同比例的北欧人身上继承下来。但关于为什么CCR5突变不会发生在非洲，我们确实知道一些端倪。CCR5突变似乎增加了西尼罗河病毒导致更严重疾病的可能性，而历史上，西尼罗河病毒在非洲很常见，但在欧洲却很罕见。想必德尔塔32突变对北欧人来说是中性的，或是稍微有优势的突变；但在非洲，其携带的任何潜在优势，都远远比不上它在西尼罗河病毒上表现出来的劣势。[37]

无论如何，欧洲德尔塔32突变的选择优势估计是在青铜时代之前实现的。然后，在经过了大约300代人后，发生了不可预知的命运转折，德尔塔32突变有了一个令人完全意想不到的优势：它抵抗了一种新的传染性疾病HIV。这真是具有讽刺意味，因为这种病毒最先起源于非洲中部，而那里根本没有人有这种突变。

彼时与此时

在非热带气候地区，浅色皮肤屡见不鲜——并且离赤道越远，肤色渐渐变得越浅——是基因选择性清除（由于最近的较强正向自然选择，一个突变位点相邻DNA上的核苷酸之间的差异下降或消除）的一个经典例子。这是一个重大优势，在特定人群中的每个人身上都有表现。虽然皮肤色素沉着可能是基因选择性清除最直观的例子，但我们不应该认为它是独一无二的，而只是这一法则的一个证据。如果在不到4万年的时间里，皮肤颜色的变异变得与照射紫外线的程度几乎完全契合，那么想想在这以前或以后可能发生的其他所有变异。我们的DNA里充满了对人类的生存同样关键的变异，其中许多早在我们需要适应不同纬度或不同程度日照之前就已出现。

但许多有益的突变并不具备如同皮肤色素沉着这样大的优势，所以它们没有迅速蔓延开来。因此，自直立人之后的9万代进化时间里，我们整体基因结构的改变在距现代智人最早出现后的1万代、农业出现后约600代（约1.2万年）、马在哈萨克斯坦被驯化并首次替代人力运输后280代（大约5600年）、1801年第一辆蒸汽机车出现预示现代机动车时代的来临后10代人的时间里，非常缓慢。[38]

除了速度慢，自然选择的另一个主要的限制是它只能选出什么是对现在最好的——没有可以窥视未来的窗户来让其预测哪种突变更适合几百年或几代人以后的世界。如果在一代人之内或是在为数不多的几代人内，世界迅速变化，那么之前自然选择出的“当下赢了”的优质变异，可能在面对新挑战的时候完全无法胜任。

20万年来，智人广泛繁衍是因为在自然选择的作用下，那些“当下赢了”的随机基因变异出现的速度与环境改变的速度一致，它们都非常缓慢。当然，偶尔会有一些急剧的改变发生，比如冰河时代带来了寒冷的天气，导致人类撤退到气候温暖的地方。而周期性的战争、饥荒，或是感染都可能危及人类的生存，甚至激烈到只有被选择下来的能够更好地适应或迁移的人类才能生存下来，从而将他们带有优势的对环境的适应性传递下来。

但是，让我们比较一下几千年来环境的缓慢变化和19世纪初以来的快速变化。工业革命开始剧烈地改变世界，新机器、电力、汽油发动的汽车、现代电器和计算机，在不超过 10 代人左右的时间里改变了我们的世界。虽然干旱和饥荒在我们星球上的其他一些地方仍然在发生，但我们把近乎沙漠的地方，比如加利福尼亚的萨克拉门托河谷，变成了真正的花园。日益增长的粮食供应使人口从 1800 年的 10 亿人增加到了 1950 年的 25 亿人，2000 年达到了 60 亿人，2011 年则是 70 亿人。随着我们的营养和卫生条件的改善，儿童死亡率从历史上 50% 的平均水平直线下降。直到 2000 年，在马里与世隔绝的地区，儿童死亡率依然高达这一水平，但 1990 年世界平均水平就已降到 9%，2013 年则不到 5%。即使在充斥着贫穷和艾滋病的撒哈拉以南的非洲，儿童死亡率也仅为历史平均水平的 1/4 左右。儿童死亡率的下降一直是人类预期寿命增长的最大动力，在 19 世纪末之前，人类的平均寿命可能从未超过 30 岁。而现在，世界范围内这一数字已经超过了 71 岁，在大约 30 个国家和地区甚至超过了 80 岁。按这个速度，世界人口将在 2024 年之前超过 80 亿。[39]

现在所有年龄段的人都得益于能获得更多的食物和水，更少的来自野生食肉动物的威胁和伤害，更好的卫生设施、抗生素、疫苗以及现代医疗服务的其他方面。结果就是，我们生活在一个日益老龄化的社会中。世界人口的平均年龄（即我们中 50% 的人比这个年龄大，而 50% 的人比这个年龄小）从 1950 年的大约 24 岁上升到了 2010 年的接近 30 岁。在同一时期内，欧洲人的平均年龄从 30 岁上升到了 40 岁。

事实上，人类的境况已经得到了极大的改善，我们作为一个物种，不用再把所有时间都花在狩猎和采集食物上，甚至不用再去照料我们的农场或家养动物。以前致力于这些简单生存任务的时间现在可以用来创造科学、技术、艺术以及其他定义现代文明世界的进步。我们已经成为逐渐老化、久坐不动的人。我们住在室内，坐着汽车，乘着电梯，可能会偶尔参与运动。这些变化大多数都在200年内发生——与智人20万年的历史和人属200万年的历史比起来，几乎就是眨眼之间。

现在，我们来思考一下如今的难题。我们的大脑使我们能够在速度和方向上对环境做出之前完全无法想象的改变。相比之下，我们的身体则被设计成几乎完美地“复制”着我们前一代的DNA，继续缓慢地演变着。简单来说，我们的基因跟不上这个世界。

为什么不能呢？这就是个简单的算术题。一个基因突变从1000人中的一个人身上蔓延到几乎所有人身上，需要10代人，这相当于工业革命开始后200年左右的时间。它需要携带巨大的生存优势，巨大到人们只要有一个这种基因突变，就比没有它的人多30多倍的成功生育机会。但是，由于超过98%的美国人已经活到了可以有孩子的年纪，而他们的孩子也活到了有自己孩子的年龄，没有任何基因突变携带的竞争优势能强大到可以在当今的人口中迅速传播开来。唯一的例外是，除非我们突然面临前所未有的生存挑战，比如每个人都感染了艾滋病病毒，而且没有有效的治疗方法。

好的东西太多

帮助我们的祖先熬过食物短缺以及干旱、识别并躲避危险环境，以及在被割伤或擦伤时出血凝固的特性，对我们这一物种的生存至关重要。但近来，我们环境改变的速度之快与我们基因改变速度的缓慢之间，出现了不平衡现象。这也解释了为什么我们如今受困于为应对工业化前的世界，几千年来只改变了少许的基因特性。

我们基因突变的速度不可能快到与当今世界变化的速度保持同步。只要现代社会的杀手是在我们有了孩子之后——而他们又会有自己的后代——才折磨我们，那么就没有自然选择的过程能进化出一个带有优势的基因突变，来帮助我们赶上世界变化的速度。在现代社会，食物、盐和水供应过量，暴力现象空前的低，而我们很少会因流血死亡。结果就是，曾经非常成功地保护了我们种族的生存特性，现在往往过度保护着我们，有时甚至对我们产生了危害。

引用一句知名的警句：我们赢得了人类生存的战争，但却在适应的过程中战败。老年人正患上一系列慢性疾病，一些人仅仅是因为活得太久，而另一些人的疾病则是那些曾经对我们祖先的生存至关重要的特性的副作用所致。为了了解这一难题对日常生活的影响，我们将首先谈谈食物和饥饿，然后再看看盐和水、记忆和恐惧、出血和凝血。

第二章

饥饿、食物与肥胖症、糖尿病在现代的流行

1908 年，药剂师以及人类学家阿莱斯·赫德里克考察了美国西南地区，并且第一次详细记录了原住民的健康状况，包括生活在亚利桑那州希拉河的皮马印第安人。在 4000 人左右的皮马人中，他只发现了一例糖尿病，而在他正式报告中提及的 11 种常见疾病、11 种偶发疾病，以及 6 种罕见疾病中并不包含糖尿病。1937 年，在波士顿创立了乔斯林糖尿病中心的著名糖尿病专家艾略特·乔斯林考察了同一个地区，这一次他发现了 21 例皮马人患糖尿病的病例，这与他基于美国人口糖尿病患病率所做的推断基本吻合。然而，1954 年，皮马印第安人的糖尿病患病率增加了 10 倍以上。1971 年，亚利桑那州 50% 的成年皮马人都患上了糖尿病——无论在世界任何地方，这都已经是最高的比例了。[1]

这种极高的糖尿病患病率，直接创纪录地导致皮马人患上了另一种健康隐患。皮马人的肥胖患病率达到了惊人的 70%——世界最高比例。

最初，皮马印第安人被认为是人类学上的奇闻。也许他们已经形成了一种独特的基因——在食物供应不稳定的几个世纪里磨炼而

成，为了避免饥饿，他们比我们需要的热量要少得多。然而，当食物变得充足时，他们就特别容易被肥胖“诅咒”。

但现在我们知道，皮马人并没有我们想的那样不同寻常。肥胖与糖尿病的发病率正在全球飙升，尤其是发展中国家的饮食正在逐渐西化。在美国，有超过 1/3 的人是肥胖的（这意味着他们比正常体重的上限高出了 20% 以上），大约 1/3 的人超重，但还没达到肥胖的判断标准，还有 10% 的人患有糖尿病。世界上一些地区的肥胖率，已经接近或是达到甚至超过了皮马人，比如太平洋岛国瑙鲁，而全球的糖尿病发病率也在直线上升。[2] 那么，皮马人是如何变成这种蔓延世界的流行病最初警示的呢？不幸的是，答案简单得可悲。自从物种起源以来，人类一直对身体所需的各种食物有着强烈的欲望。我们可以消化大量食物，所以可以在食物充足时暴食，以储存多余的脂肪来应对周期性的饥饿。我们有能力把各种各样的食物转化成我们需要的能量。由于饥饿不仅会杀死一个人，而且还可能消灭整个物种，所以我们所有本能和“内部调节器”都被设计成渴望许多食物，并且能够消化掉比我们当前所需的更多的食物。

人类身体的设计从来就没有考虑到，有一天，供过于求的食物能够唾手可得，特别是还可以在不需要完成打猎或采集这些燃烧大量热量的情况下就能获得。因此，随着稳定的食品供应大面积地实现，肥胖和糖尿病等问题也开始蔓延。

生存挑战

人体需要能量来满足所有需要。能量是以卡路里来计算的：1卡路里热量就是把1千克水的温度升高1摄氏度所需的能量。我们从三个主要来源得到几乎所有热量：脂肪、碳水化合物和蛋白质。每克脂肪大约有9卡路里热量，而每克碳水化合物和蛋白质大约有4卡路里热量。我们也可以从每克纯酒精中获得约7卡路里热量，从每克有机酸，比如柑橘类水果中的柠檬酸盐中获得约3卡路里热量，甚至可以从人造甜味剂和可消化膳食纤维中摄取少许热量。所以，如果我们只是担心热量的摄入，那么食用脂肪是满足我们需求的最有效方法。

我们的身体完全休息所需要的能量——仅仅是为了维持生命①——叫作基础代谢率。基础代谢率随个体不同有很大区别，因为在其他所有条件一样的情况下，它会随我们年龄的增长而下降。[3]但假如我们身体较高、体型较胖的话，基础代谢率就会高一些；体重一样的话，如果我们有很多肌肉，它也会高一些；而如果我们有很多脂肪，它就会稍微低一点。但是，即使考虑以上所有已知因素，基础代谢率在相似人群中也会有20%~25%的差异——甚至在一些家庭成员中也会出现这种不同，具体原因不得而知。

女性的基础代谢需求大致可按如下公式计算：

---

① 即维持心跳、血液流动、呼吸等身体功能所需要的基本能量。——编者注

（4.5 × 磅计体重）+（16 × 英寸计身高）–（5 × 年龄）–161

对男性来说，一般的计算公式是：

（4.5 × 磅计体重）+（16 × 英寸计身高）–（5 × 年龄）+ 5

为了简单起见，我们先假设你正好 40 岁，身高大约是平均身高，体重正好在你正常体重范围的上限。在这些假设条件下，我们计算出女性平均基础代谢率约为 1300 卡路里，男性则约为 1700 卡路里。这些热量中的大部分用来维持我们的器官功能——两个最大的消耗器官是我们的大脑和肝脏——但大约 10% 的热量会像壁炉里的木头一样燃烧掉，以提供维持我们正常体温所需的温度。现在，让我们为“沙发土豆”[①] 增加大约 40% 的热量，因为他们每天会做极少的活动。也就是说，“沙发土豆”中的现代女性每天消耗 1800 卡路里热量，男性则要消耗 2400 卡路里热量。

有趣的是，我们在现代生活中看到的活动水平并没有像我们想的那样，对日常的热量需求有那么大的影响。对一个长时间坐着的人而言，为了保持稳定的体重，他的热量消耗应该要在基础代谢率的基础上乘以 1.4。对有些活动的人而言，他的热量消耗要在基础代谢率的基础上乘以 1.6，适度活跃的人需要乘以 1.8，非常活跃的人需要乘以 2，现役军人和训练中的运动员则要乘以 2.5 左右。而决定这些消耗水平的运动通常比你想的要少。例如，一个人如果睡了 8 小时（0.95 × 基础代谢率），坐了 4 小时（1.2 × 基础

① “沙发土豆”指的是那些拿着遥控器，蜷在沙发上，跟着电视节目转的人，只在沙发上看电视。这一词语描述了电视对人们生活方式的影响。——编者注

代谢率），做了约 12 小时的常规非剧烈活动（2.5× 基础代谢率）就会被归为适度活跃的人，他需要大约“基础代谢率 ×1.8”卡路里的热量。

基于这些估计，一个适度活跃、正常体重、5 英尺 10 英寸（约 177.8 厘米）高的美国男人每天所需的热量不会超过 3100 卡路里——而这只比假如他是个现代沙发土豆多出约 700 卡路里！而一个非常活跃的、今年 40 岁、5 英尺 4 英寸高（约 162.56 厘米）、145 磅（约 65.77 千克）重的美国女性，平均每天消耗约 2600 卡路里热量。但我们需要记住的是，我们用来表述基础代谢率和平均热量消耗的每一个数字实际上都是一个近似值，它可能往任何一个方向偏差几百卡路里——要么高要么低。

回到旧石器时代

如果我们是完全的沙发土豆，那么每天只需摄入约 1800~2400 卡路里的热量来维持我们的体重，我们的采猎人祖先需要多少卡路里热量呢？为了得到关于过去的线索，让我们看看一些幸存下来的采猎人群集。其中一个极端例子是塔拉乌马拉人，他们生活在墨西哥北部一个与世隔绝的山区，拥有极好的耐力。他们可以在海拔 7000 英尺（约 2133.6 米）的地方，比赛踢球跑超过 75 英里（约 120.7 千米）的距离。在一天跑步 15~17 小时的情况下，他们可以消耗多达 11000 卡路里的热量，这是历史上有记录的最高热量燃烧率。当然，并不是每个塔拉乌马拉人都会比赛跑步，而那些比赛的人也不是每一天都会跑。据报道，现有采猎人中需要平均热量最高的为巴拉圭的亚契人——每天需要 3600~3800 卡路里热量。[4]

也许一个更有代表性的例子要属北坦桑尼亚的哈扎人了，他们在热带稀树草原保持着传统的生活方式。女人采集植物，男人采集蜂蜜，还要徒步狩猎。哈扎人比工业化的西方人活跃得多，但他们也要瘦小得多:男性平均只有 112 磅（约 50.8 千克），而女性平均只有 95 磅（约 43.1 千克）。在综合考虑体重因素后，哈扎人的基础代谢率与现代西方人很接近。总体来说，哈扎男人每天平均消耗约 2600 卡路里的热量，而哈扎妇女每天平均消耗 1900 卡路里的热量。

基于这些例子，我们估计，我们的男性采猎者祖先平均每天消耗约 3000 卡路里的热量，而女性每天消耗约 2300 卡路里的热量，依身材胖瘦略有不同。但是，不管他们精确的热量需求到底是多少，我们的祖先必须能够在食物充足的时候吃很多东西，以在没有食物的情况下活下来。那“很多”到底是多少呢？我们对其最精准的估计来自梅里韦瑟 · 刘易斯和威廉 · 克拉克所著的，细致得令人叹服的食物日记。[5]19 世纪初，托马斯 · 杰斐逊总统派他们去探索路易斯安那购地案。当时，居住在美国西部的土著部落是世界上最成功的、重要的大规模采猎人群集。刘易斯和克拉克的团队遵循了这些部落的饮食习惯，在野味丰富的日子，每人每天摄入了 12000 卡路里的热量——相当于每人吃了 9 磅（约 4.1 千克）的肉！

当然了，刘易斯和克拉克每天并没有消耗那么多热量。让我们用现代的剧烈运动或长时间体力活动来打个比方。如果我们一天步行 6 小时，一半时间背着沉重的背包——相当于将猎人杀死的猎物或采集者采集到的食物搬回来——我们每小时会燃烧大约 450 卡路里热量，一天就是 6000 卡路里。现代耐力超好的运动员每天跑 45 英里（约 72.4 千米），估计会消耗 6300 卡路里热量。在激烈的比赛中，自行车骑手每小时可以燃烧高达 1000 卡路里的热量，每天多达 8000 卡路里，但这仍然比不上塔拉乌马拉人一天 11000 卡路里的最大消耗热量。[6] 刘易斯和克拉克的团队没有哪天的活动需要燃烧 12000 卡路里热量。相反，他们只是做了从人类第一次踏上这片土地时就在做的事：在食物充足时拼命吃东西，以帮助他们在难以获得食物时渡过难关，而这种情况在他们的旅途中经常出现。

1985 年，博伊德 · 伊顿（Boyd Eaton）和梅尔文 · 康纳（Melvin Konner）在亚特兰大埃默里大学描述了旧石器时代的营养来源与现代饮食的不同之处。旧石器时代的饮食主要是野生肉类、鱼类、坚果、植物的根、蔬菜和蜂蜜。[7] 当然了，肯定没有农场饲养动物的肉、谷物、家畜的奶和奶制品、精制糖、加工过的油和酒精。伊顿和康纳估计，通常我们的祖先会吃下更多的蛋白质、钙和纤维，少得多的不饱和脂肪和盐，和我们吃的差不多量的胆固醇。

但对杂食性的采猎者而言，从来没有单一的旧石器时代的食谱。不同于食肉的狮子，吃草的有蹄类动物，或挑剔的考拉——只吃桉树和橡胶树的叶子——除了变质的或有毒的东西外，人类几乎什么都吃，所以我们不会局限在某一个能够提供特别种类食物的生态龛中。唯一的例外是我们没法消化草和树叶，它们的淀粉质由纤维素组成，将会以未消化的纤维状态经过我们的肠道。

当然了，我们也不能准确地知道我们的祖先每天都吃些什么。

我们大部分的信息来自对那些生活在有充足食物，又与世隔离的地方的幸存下来的采猎者群集的推断。这些定居下来的群集也许并不能代表原始采猎者，因为原始采猎者在一个地方的食物供应耗尽，或是群体数量大到食物已无法维系所有人的生存时，就会迁徙到另外一个地方去。而假如食物供应本身要迁移——比如野牛会寻找青草更多的牧场，那么采猎者也会跟着它们迁移。

在所有现存的采猎文化中，动物总是食品供应的一部分。根据洛伦·柯登（Loren Cordain）以及他在科罗拉多州立大学同事的研究，在现存的大约 230 个采猎群集中，平均 60%的热量来自动物，40%来自植物。没有一个幸存下来的采猎群集是靠植物获得超过 85%的热量的，而这其中有 20%的群集几乎完全靠捕鱼或打猎为生。

而关于素食的极端例子，则是喀拉哈里沙漠的昆族布须曼人，他们只有大约 1/3 的热量来自肉类，其余热量全来自植物，尤其是檬戈果（mongongonut）。这种坚果富含脂肪，还有大量的蛋白质。坦桑尼亚的哈扎人以蜂蜜、植物和肉类为生。一些加利福尼亚的采猎人严重依赖橡子。在巴布亚岛的新几内亚雨林，觅食者依靠野生的西谷椰子中的碳水化合物生存，但男人们也会狩猎和捕鱼，猎物包括接近 100 种动物，靠着这些动物，他们每天可以食用超过两磅（约 0.91 千克）的食物。[8]

食肉较多的是哥伦布发现美洲大陆前中西部平原的美洲原住民，因为有美洲野牛——牛蹄中含有丰富蛋白质，他们成了人类历史上最成功的一个游牧采猎者群集。然而，当肉供应不足时，他们的饮食中也会出现很多浆果和其他植物。

但真正食肉的极端例子是阿拉斯加的因纽特人，他们每天约3000卡路里的热量摄入几乎全部来自动物，包括鱼类。[9]我们在这里说的来自动物，包含了动物身上的所有部分！他们的饮食中大约一半是脂肪，1/3是蛋白质，剩余的是碳水化合物——这些碳水化合物并非来自植物，而是来自他们所吃的动物的肌肉和肝脏中的糖原。糖原是由3万多个葡萄糖分子围绕核心蛋白质组成的淀粉，是一种有着超高能量的、来源于动物的近乎纯糖，即碳水化合物最简单的形式。

对采猎者食谱的最准确估计表明，它们平均包含20%~35%的脂肪，主要来自坚果以及那些瘦弱的野生食草动物——这和我们现在从过度饲养的家畜身上得到的饱和脂肪是不同的。[10]因此，我们祖先的胆固醇水平无疑是非常低的，就像那些目前依然存在的采猎群集一样。现代著名的阿特金斯健康饮食法，很大程度上需要依靠动物蛋白，而这里含有不太理想的混合脂肪，除非你吃的是野味和海豹脂肪，而不是带有大理石花纹的牛排和熏肉。

采猎者碳水化合物摄入量的比例范围很广，从35%到65%不等。而碳水化合物的来源也是千差万别。它们可能主要来自水果和浆果、富含碳水化合物的植物块茎、收集来的谷物和蔬菜，有时甚至只来自动物的糖原。为了证明“人如其食”，这些差异有些是可以通过分析我们祖先牙齿珐琅质中碳同位素类型的变化得以证明的。[11]

人体所需的其他营养物质

除了来自卡路里的能量，我们的身体还需要至少 13 种不同的维生素和 17 种不同的矿物质，以及 9 种不同的氨基酸（蛋白质的组成部分），这些我们都不能自己制造出来。饮食中缺乏任何这些必需的物质都可能导致我们患上某种疾病。[12] 正如第一章所指出的，我们需要钙和维生素D来制造骨骼。另一个重要的例子是维生素C。人体不能自己制造维生素C（也叫抗坏血酸），它是胶原蛋白保持活性所必需的物质，而胶原蛋白是皮肤、骨骼和软骨的关键组成部分。大多数新鲜水果中都富含维生素C，尤其是柑橘类水果、浆果和马铃薯。维生素C摄入不足会导致坏血病，欧洲大航海时代这一疾病非常流行。在 18 世纪，它杀死的英国海军可能比海战还多。经过几十年的争论，英国船队最终依靠在船上储存酸橙以预防坏血病，而英国海员也能够在长期航行中保持身体健康了。

有趣的是，除了灵长类以外的所有哺乳动物都可以制造维生素C，这就是为什么狮子从来不需要吃水果沙拉的原因。这也是为什么我们的祖先和今天的因纽特人一样，能够靠吃足够多的动物，包括其新鲜的肉、器官、脂肪、血液、骨髓来摄取自己所需要的营养，包括维生素C、维生素A、钙和叶酸。甚至对儿童大脑发育至关重要的多不饱和脂肪酸也要靠吃动物的大脑来获得。[13]

相比之下，没有肉食动物能靠只吃蛋白质生活。事实上，如果我们摄入的热量有超过 40%来自蛋白质，我们可能就无法生存。虽然我们的肝脏可以将脂肪，以及并不那么常见地将蛋白质转化为我们身体所需的糖，但这种转化能力是有限的。因纽特人的肝脏比我们的大，因此能够从他们吃的鱼类脂肪和北极野味中获得糖分，而不是从他们饮食中所缺少的碳水化合物中获取糖分。事实上，如果一个猎人只吃精瘦肉的话，虽然他摄入了丰富的蛋白质，反而会日渐消瘦，因为他的肝脏根本无法将蛋白质转化为他所需的其他所有物质。

也许关于饮食结构全部来自动物的安全性，甚至是健康性的最著名的论证来自北极探险家维尔希奥米尔 · 斯特凡松（Vilhjalmur Stefansson）。他曾观察到，因纽特人可以在只吃动物，包括鱼类，而不吃其他东西的情况下活 9 个月。1928 年，他和他的同事卡斯滕 · 安德森（Karsten Anderson）进行了一次实验。在严密监督下的医院里，他们只吃牛肉、羊肉、小牛肉、猪肉和鸡肉，食用部分包括动物的肌肉、肝脏、肾脏、大脑、骨髓、熏肉和脂肪。在医院吃了一个月这样的食物后，他们恢复了常规的活动，但他们记录下了在一年的时间里，彼此坚持按照这份食谱进食以及自身生理指标的变化。仅有的例外是，当斯特凡松旅行时，在得不到肉的情况下，他会偶尔吃几个鸡蛋和一些黄油。他们的饮食中唯一的碳水化合物来自动物储存的糖原，还不到他们每天摄入的 2000~3100 卡路里热量的 2%。[14]

虽然他们每个人都瘦了好几磅，但斯特凡松和安德森仍然非常健康，没有任何维生素或矿物质缺乏的症状，当时医生也没有检查出有什么异常。正如斯特凡松所指出的那样，吃只稍稍煮熟的食物或许是摄取必需维生素C的重要途径，因为维生素C会部分氧化（想想铁变成铁锈吧），所以在高温下会失去活性。纯素食更具挑战性，因为没有哪种单一的水果、蔬菜或淀粉能为我们的身体提供所需的全方位营养。对现代的素食主义者来说，这并不是什么难以解决的问题，因为他们拥有丰富的素食选择。但对史前的杂食动物来说，这是个严峻的挑战，因为他们没有办法随时摄入动物的肉、奶、鱼或蛋。现在，我们可以从豆类以及一些在农业发展起来后大量种植的谷物中获取大量蛋白质，但在旧石器时代，这并不是唾手可得的选择，并且水果和浆果中也没有多少蛋白质。这就是为什么坚果，甚至有时是昆虫，常常都是采猎者食谱中的重要组成部分。

我们是如何被打造成能应对挑战的

因为营养不良和饥饿一直是人类生存的长久威胁，所以我们渴望食物——尤其是我们所需的一些重要食物，并且还要能保护自己不会因为误食污染或有毒的食物而生病死亡。我们的身体依靠许多激素和器官来驱动和控制饥饿、味觉和消化功能。毕竟，我们是那些拥有优势基因的史前人类的后代，这些优势基因能够帮助他们吃下和消化足够多的热量，储存足够多的脂肪以在定期的食物短缺中存活下来，并将种族延续下去。

饥饿和安全

大脑，特别是下丘脑——位于我们鼻子后面通向大脑中枢的位置——在调节饥饿和饱腹感（吃饱的感觉）的过程中充当了“命令中心”。为了做到这一点，它不断地分析身体进食的数据，得出是否需要更多食物的结果，然后发出与之对应的命令，其中一些要求你继续进食，另一些则告诉你该停止进食了。[15]我们体内至少有 20 种天然分子和激素参与了这一复杂的对话。

一些信号来自胃肠系统。例如，只有一种叫作胃饥饿素的胃肠道激素，会告诉我们吃东西——如果由于某种原因，体内这种激素分泌过多，我们就会一直保持饥饿状态，从而继续进食。[16]但当进食时，胃、肠、胰腺和胆囊通常会释放出各种激素，告诉大脑我们对食物的需求已经得到满足。当开始胃胀，我们就得到了已经吃得够多的信号。

这些信号也会来自脂肪组织，脂肪会释放一种瘦素来告诉我们要少吃。低含量的瘦素会刺激我们吃得更多，并试图消耗更少的热量。缺乏瘦素的人经常会感到饥饿，这些人虽然只占肥胖人口很小的一部分，但他们的肥胖非常严重，可以通过注入瘦素得到好转。在极少数情况下，有人的瘦素水平本身是正常的，但大脑却无法感知瘦素的存在。这些人会变得非常肥胖，并且给他们注入更多瘦素，他们的身体情况也不会有变化，因为他们的大脑无法感知到瘦素。

味道

下丘脑可能会告诉我们什么时候饿了，而肠道的反应也会帮助我们知道什么时候已经吃饱了。但是，我们吃下的是什么食物却并不是由下丘脑或肠道决定的，而是由味觉驱动的，而味觉是通过味蕾感知的。[17]

沿着舌头的前表面、舌头后面的凹槽、舌头的两边以及口腔的顶部，我们有成千上万的味蕾。味蕾所在的位置也解释了为什么用舌尖舔东西并不是体会它全部味道的最好方法。相反，品酒师看似夸张的品酒方式——用酒漱口，以使其浸满整个舌头以及口腔顶部——实际上是非常有道理的，那并不只是一种显摆。

每个味蕾有 50~150 个味觉细胞，每个味觉细胞具体能检测出五种味道：甜、鲜、咸、苦、酸。有些人认为，脂肪味可能是第六种味道。但即使这样，甜味也似乎来得更强烈一些。

每个味蕾的味觉传感器在感知到特定味道时都会向大脑发出一个单独的信号。而值得注意的是，每种味觉传感器，无论它分布在口腔里的哪个位置，都只会向大脑的一个具体位置——甜味中心、鲜味中心、咸味中心、苦味中心，或酸味中心输送信号。

甜味和鲜味被一致认为是愉悦的，如果食品有这些味道，那么它的味道很好。鲜味中心——想想牛排配辣酱油——会将某些氨基酸判断为很美味。对人而言，谷氨酸能刺激出最强烈的鲜味，在谷氨酸中加入一些钠，就制成了一种盐——味精（MSG）。这就是为什么味精被用作提升味道的添加剂。[18]

咸的味道也是令人愉悦的，除非盐的浓度很高。我们偏爱盐和咸的食物能让我们免于脱水（我们在第三章中会更详细地讲述）。但是，我们对盐的喜爱是有节制的——我们不会想要喝海水，因为海水的含盐量过高，会对我们的细胞造成伤害。有趣的是，我们不喜欢盐浓度太高的食物或饮料的原因是，它们同时激活了我们负责苦和酸的味蕾，这种关联作用能防止我们吃下很咸的食物。[19]

苦味是令人不愉悦的——这是身体的一种保护机制，因为许多有毒植物都是苦的。在所有味觉细胞中，苦味细胞是最敏感的，甚至能够感觉到极少的苦味物质，这可能是因为即使是极少的毒物也是致命的。我们有超过 25 种不同的基因来帮助我们感知苦味，而与之相对的是，感知甜味和鲜味的则总共仅有 3 种基因。[20]

但人们感知苦味的能力却各不相同。早在 20 世纪 30 年代，杜邦公司的化学家亚瑟 · 福克斯（Arthur Fox）就在自己的实验室意外释放出了一团苯硫脲（PTC），这并没有对他造成困扰，但同一个实验室的其他同事则对这一苦涩的味道抱怨连连。随后的实验表明，大约 70% 的美国人可以感知到PTC，而其余的人则不能。在不同的民族中，这一比例可能会发生变化。这样看起来，那些能感知到PTC的人对苦的东西更加敬而远之也就不足为奇了：他们不太可能爱上品咖啡、抽烟，吃萝卜、花椰菜、西兰花、球芽甘蓝等蔬菜。对苦味的敏感同样解释了为什么我们中有些人不喜欢糖精饮料——低浓度的糖精尝起来是甜的，但高浓度的甜精尝起来则是苦的。[21]

酸味普遍让人觉得倒胃口，它由化学物质酸（acid）传达出来，而酸常见于被细菌污染的食物中。对于酸味食物的厌恶几乎遍及整个动物王国。但有一个有趣的例外——果蝇，它靠腐烂的水果为生，因此发现酸味非常令自己向往。

对酸味的普遍厌恶也影响了我们对碳酸汽水的喜爱程度。除了二氧化碳在高压下溶解在水中形成的酸味外，我们感觉酸味的细胞表面的酶还会与形成苏打水气泡过程中释放出来的二氧化碳直接发生反应，释放另一种酸味信号。[22] 这种双重的酸味信号解释了为什么我们中有些人不喜欢碳酸饮料。

我们的舌头也能感知除了这 5 种味道以外的许多东西。例如，我们可以感觉到冷，无论是温度上的冷还是薄荷脑、薄荷的清凉：我们可以感觉到热，不管是温度上的热还是辛辣的食物如辣椒、山葵、辣根、芥末等的火辣感。茶和酒精中的单宁酸则会使人产生涩感。

我们所认为的味道，是一种现在还不能完全理解的味觉、芳香、质感和其他感官输入的结果。例如，我们喜欢好闻的食物——品酒师会在开始品酒前闻一闻酒。当甜味与脂肪结合起来的时候，我们会更喜欢这种味道，因为这种结合会赋予其更令人愉悦的质感。

但是除了味道和风味，其他一些因素也会影响我们对食物的偏好。[23] 例如，我们可以培养接受，甚至是喜欢上苦味或酸味的东西。[24] 起初很少有人会喜欢咖啡、啤酒或柠檬的味道，但我们中的许多人最终都喜欢上了这些味道。接受一种味道的过程似乎并不是我们的味蕾发生了生物层面上的变化。相反，它显然与社会暗示有关——知道我们吃的或喝的东西不会使我们生病，尽管它们有着那样的味道，或它有其他令人着迷的效果，比如咖啡能让人兴奋，酒精则使人放松。但是除了对苦味感知上的区别，我们并不太清楚为什么我们中的一些人喜欢一些食物，而另一些人则偏爱其他食物。

然而，我们知道的事实是，味蕾解释了过去和现在世界各地一些有趣的饮食习惯。我们对甜味的喜好不仅能够解释现代人对含糖食物和饮料的喜好，也解释了蜂蜜对我们的吸引力，它是我们许多采猎祖先的主食，并且现在仍是坦桑尼亚哈扎人的重要热量来源。

L型谷氨酸存在于母乳中，能够刺激鲜味受体，这有助于解释为什么婴儿天生会吃奶。[25]其他鲜味丰富的食物包括酱油、鱼、奶酪、香菇，以及成熟的西红柿。如果你喜欢吃肉，那么你可能也喜欢这些食物。

另一个有趣的问题是，为什么我们会厌倦只吃一种东西，比如巧克力，即使我们很喜欢它的味道。虽然这种现象被称为“味觉疲劳”，但实际上它并不是味蕾造成的。如果我们只吃巧克力，我们的味蕾和大脑的味觉中枢仍然会很愉悦，但大脑中更具影响力的部分会发出“够了”的声音，并要求我们寻求更多饮食上的变化。

大脑对食欲的控制促使我们不断从一种喜欢的食物品尝到另一种喜欢的食物。[26]如果你能接触到各种各样喜欢的食品——每种口味、质地甚至外观都不尽相同，那么我们就会每种食物来一点，并一直吃下去，甚至吃到想吐，因为我们的身体就是这样设计的。这一现象解释了为什么我们几乎总能找到吃甜点的间隙——这是一种美味的，通常让人难以抗拒的口味调剂，即使我们已经饱餐了一顿丰盛的晚餐。从进化的角度来看，这种对多样性的渴望帮助我们的祖先获得了他们所需要的各种营养。

食物的摄取由多种因素推进的一个极端例子来自芭芭拉·卡恩（Barbara Kahn）和布莱恩·文森克（Brian Wansink）的举世瞩目的实验，他们展示了即使食物的口味单一，人们也会寻求其在外观上的多样性。那些得到五颜六色M&M巧克力豆的人，比那些得到没那么多颜色M&M巧克力豆的人会多吃40%的量，尽管所有颜色的

M&M巧克力豆的味道都一样。[27]

味蕾和对食物需求之间的关系也解释了我们大部分的渴望。我们喜欢蛋白质，因为我们需要吃下身体不能自己生产的氨基酸。既然只吃蛋白质会日益消瘦，我们就对能提供所需碳水化合物的糖分有所渴求。对巧克力或甜点的渴望——众所周知的“对甜食的喜爱”——就是一个很好的例子。我们渴望盐，特别是当我们需要盐的时候（我将在第 3 章更详细地描述）。孕妇对咸菜的渴求是她身体内对高盐分的需求导致的。

我们的味蕾和我们对食物多样性的偏好，无疑对我们的祖先平衡他们的饮食有所帮助。除了对甜味、咸味和鲜味的渴望，很少有证据表明我们会选择性地渴望一种特定的食物，只因它独一无二地含有我们所需的东西。唯一的例外就是异食癖患者。在这些人中，体内缺铁的人，尤其是儿童，会吃黏土、油漆、冰、泥土和沙子。但这种渴望也并非全都有道理，因为红黏土和油漆中含有铁，但冰却没有。而且那些缺乏维生素C的英国水兵也从不对可以预防坏血病的食物有特别的渴望。所以最终，如果我们对甜、咸和鲜味的渴望，以及对饮食多样性的普遍偏好不能满足我们对某些关键营养的需求，我们就会惹上大麻烦。

虽然我们喜欢多样的食物，但达到一个点时我们就会停止进食，因为对更多食物的欲望被告诉我们已经吃饱的信号抵消了。但我们的采猎人祖先通常比我们现在更容易停下这种欲望，因为他们打猎和采集来的食物通常都很清淡，而我们现在的食物却琳琅满目，你可以容易地吃到甜的、开胃的以及咸得恰到好处的现代食品。它们在味道、质地以及外观上都让人更难拒绝。不幸的是，历史上祖先们将食物从坚果换到浆果所获得的好处，却并没有在今天我们将巨无霸汉堡换成薯条时实现。

现代食品多种多样的选择让我们更容易吃得过多，结果就是超重甚至是肥胖。同样的道理解释了为什么原住民的超重是将食谱换成西式食谱后才出现的——比如肥胖的澳大利亚原住民和夏威夷原住民——而当他们恢复自己的传统饮食后，就会迅速瘦身，即使他们能够获得无限量的那些相对单调的传统食物。[28]

消化和吸收：把我们吃的食物转化成身体需要的物质

饮食让我们走上了通往营养的道路，但是我们的身体必须处理食物，把它转化成我们需要的热量和其他重要营养。正常的消化过程始于口腔，食物在那里被咀嚼，被唾液滋润，并被唾液中的一些酶部分消化。食道只不过是把食物输送到胃部的管道而已，在那里，酸化作用会继续运行消化的过程，并且杀死许多细菌。

我们饮食中的营养几乎完全被小肠吸收，不同的营养在不同的部位被优先吸收。例如，铁主要被小肠的第一部分，即十二指肠吸收——它几乎就处于胆囊分泌胆汁的位置，这些胆汁会帮助随后的脂肪吸收，胰腺分泌酶的位置也在这里，这些酶有助于脂肪和蛋白质的吸收。大多数吸收过程都在肠道下面一点，即空肠处，但维生素 B_{12} 和许多脂肪在小肠的最后部分——回肠中被吸收。即使没有胆囊，我们也可以很好地吸收脂肪。但如果你失去了胰腺酶，你吸收蛋白质，尤其是脂肪的能力将严重受制。如果部分小肠（通常

5~6 米）被逐步切除，我们吸收营养的能力可能会减弱，但即使只剩不到 1.8 米的小肠，我们一般也能活得好好的。

大肠平均 1.5 米长，是吸收大部分我们喝下或从食物中摄取的水分的地方。我们的粪便由不同分量的水、已消化和难消化的食物、每天从我们的肠道内壁脱落的一些细胞，以及一些消化过程中被排掉的细菌组成。如果胰腺和肠道正常工作，并且我们没有吃那些它们不能处理的食物，比如乳糖不耐受患者吃了乳糖，麸质不耐受患者吃了麸质，我们通常会吸收掉所吃食物中几乎所有热量。唯一的例外是纤维素，我们没法消化其中的淀粉，它会以纤维的形式随粪便排出。

我们的肝脏起着加工厂的作用，它能把我们吸收的东西转化成我们需要的东西。肠道吸收的所有营养物质基本上都会首先通过门静脉进入肝脏，然后由肝脏将它们转化为身体其他器官可利用的形式，或作为脂肪储存起来。为了指导这一工作，肝脏有各种“调节器”，可以检测出我们的血液中是否含有适量的糖、胆固醇和其他重要物质，以使其知道是否需要在一定程度上对此做出反应。例如，我们的血液胆固醇水平在很大程度上取决于肝脏所产生的胆固醇含量，而不是我们所吃的胆固醇含量；我们所吃下的胆固醇含量取决于我们所吃的饱和脂肪的含量；而肝脏产生的胆固醇含量取决于肝脏中感受胆固醇的调节器所处的位置。

这些过程中的每一步——饥饿、味觉、消化、吸收和加工——都是为人体提供复杂新陈代谢所需能量和其他物质的重要组成部分。任何一步不到位都会威胁个体乃至整个物种的生存。因此在自然选择中，那些能坚定执行这些功能的基因，总是更受偏爱。

当我们的生存能力还不够时

如果不能获得足够的热量来满足身体的能量需要，那么我们的身体别无选择，只能分解自己的脂肪或肌肉来提供能量。在禁食大约 6 小时后——如果我们身体处于活动状态，这一时间会更短；如果我们久坐不动或处于睡眠状态，这一时间会更长——我们的身体就会开始消耗储存在肝脏中的糖分（葡萄糖），并且开始燃烧我们储存的一些脂肪。如果我们 7 天不吃饭，几乎完全靠葡萄糖运转的大脑就会转换它的新陈代谢方式，从脂肪中获得约 75% 的能量。在现代社会，同样异常的新陈代谢会出现在一些人，大多是年轻女性身上。她们患有神经性厌食症，这是一种严重的进食障碍，她们只能摄取很少的食物，这还会诱发呕吐，导致她们的体重持续低于标准体重的 85%。

为了防止挨饿，除了肝脏外，身体的每一部分机能都会慢下来，在持续一周的饥饿后，我们的身体减少了 15% 的基础代谢率，两周后减少 25%。饥饿人群主要会死于感染，因为我们最重要的免疫系统功能也会在挨饿中减弱，而它本来可以阻挡外来细菌病毒的入侵。

绝食多久会导致死亡？也许最有说服力的数据来自爱尔兰共和军战俘 1981 年的绝食抗议，他们声称自己是政治犯，而非罪犯（尽管有些人被判犯有谋杀未遂甚至谋杀罪）。他们之所以发起此项抗议，是为了向时任英国首相“铁娘子”撒切尔夫人施压，以迫使她承认他们的特殊地位，免于遵守一般的监狱教条，比如穿囚衣以及完成监狱的劳作。始作俑者中最著名的当数波比·山德士（Bobby Sands）了，他在绝食期间当选为英国下院议员。其余 22 名囚犯随后也加入了这一抗议，在绝食期间只喝水。山德士和他的 9 名同伴最终都饿死了，而他们之前都是健康的年轻人。他们之中最早的在 46 天之后死亡，坚持到最后的也在 73 天之后死亡。从开始拒绝进食直至死亡，这之间的平均时间为 60 天多一点。在 13 名幸存者中，只有一人在自己和其他人被家人劝回来之前坚持了 9 个多星期。[29]

在他们死亡的时候，这 10 个最初就很瘦的囚犯平均每人减去了大约 55 磅（约 25 千克）的体重，这约是他们原来体重的 35%。当然，开始时身体越重，绝食的时间就能坚持得更长。平均来说，当人们饥饿到减轻 40% 的体重时，结果往往是致命的，这通常相当于损失了身体内 30%~ 50% 的蛋白质和 70%~90% 的脂肪。绝食的最高纪录是 382 天都没有死亡，在这期间，这名纪录保持者没有摄入任何热量，他开始时重达 450 磅（约 204 千克），最后减掉了 280 磅（约 127 千克）——相当于原始体重的 60%。但是他一直在断断续续地摄入流质、维生素和矿物质，所以他并不是在真正的绝食。[30]

如果健康的年轻人躺在监狱里不吃东西，60 天左右就会死亡。那么，我们的祖先在不停地消耗体能寻找所有可能食物的过程中，能坚持多久呢？让我们试着快速算一算。如果一名饥饿的囚犯和一名沙发土豆一样，每天需要大约 1800 卡路里的热量，而一名拼命寻找食物的采猎者每天需要大约 2700 卡路里热量的话，即使这两者开始时身体条件一样，那么采猎者力竭而亡的时间会快约 1/3，也就是大概 40 天。但这也必须建立在所有这些生存特性能帮助我们的祖先在食物丰富的时候尽可能吃得多的条件下。

当然了，事情并没有那么简单。我们祖先身上的脂肪可能比爱尔兰共和军战俘身上储存的更少，而且他们逐渐衰弱的身体还将面对各种各样的威胁，这些威胁在一个封闭的监狱牢房里是不可能有的。而且，我们会在第三章看到，如果逐渐衰弱的身体摄入水分的机会也减少了，死亡会来得更快。

文明的进步

大约在 1 万年前，人们开始从事农业和驯养动物，这明显改变了人类的营养方程式，1 英亩（约 0.4 公顷）土地能比从前养活更多的人。当我们的祖先辨认可耕种的植物时，他们会主要寻找那些富含热量的，而寻找的地区就是他们居住地的野外。他们的主食包括小麦、大麦、小米、玉米、大米等谷物，甘蔗，土豆、红薯、山药、芋头等薯类，豌豆、黄豆以及各种各样的豆科植物，南瓜和茄子等瓜类植物。牧民们往往会带着家畜——尤其是绵羊、奶牛和山羊四处迁徙，它们能把人类无法消化的草变成现成的蛋白质和脂肪来源。一些定居点，特别是随着人口增多，开始有了耕种的植物，也有了驯化的动物——这为当地人提供了多样化的食物供应，因此变得非常宜居。伟大的文明开始出现并繁荣起来。[31]

但即便如此，生存也并不是件简单的事。通过研究当代的采猎者，我们可以发现，他们在采集和打猎时，每消耗 1 卡路里的热量，就能换来含有 10 卡路里热量的收获，他们的努力产生了 10：1 的收益率。对自给自足的农民而言，这一比例略高一些，约为 12：1，而有了灌溉和家畜的帮助，即使没有机械化的介入，这一比例也可以高达 50：1。然而，在农业社会里，常常有不直接参与耕作的人需要被喂养，所以那些实际耕作的人通常需要生产出并消耗掉比采猎者更多的热量，因为他们的劳动还需要为那些没有在农场工作的人提供食物。[32]

不是什么植物都可以拿来耕种，农民们依赖于一些有限的、可供选择的植物——有时会严重依赖一种主要植物——来作为自己的热量来源。干旱、贫瘠、枯萎病或害虫，都可能很快威胁到当地的热量来源，从而导致大规模的饥荒。所以从长远来看，其食品供应并不比采猎群集稳定。而让这一切更岌岌可危的是，在迁徙性上，规模越来越大的农耕社会远远比不上采猎群集。大约从 1 万年前开始，随着农业人口的增长，饥荒的风险也开始增加。[33]

举个例子，让我们看看爱尔兰。1844 年年初，报纸首次报道了自 1728 年以来爱尔兰第 25 次马铃薯种植失败。但这次情况变得更糟糕，而且是糟糕得多。据估计，爱尔兰马铃薯的产量从 1844 年的近 1.5 万吨急剧下降至 1847 年的 2000 吨，而这一切都是由马铃薯晚疫病导致的。这种疫情由来自美洲的水霉菌致病疫霉引起，并迅速在欧洲蔓延，这种霉菌在爱尔兰潮湿凉爽的气候中繁殖得尤其快。

尽管之前出现过周期性的农作物歉收，爱尔兰的人口还是从1800年的四五百万人增长到1841年的800多万人，他们的主要热量来源就是土豆——最好的非动物热量来源，几乎涵盖了人类所需的所有营养物质。一个中等大小的土豆大约有100千卡热量，这些热量大部分来自淀粉，但它也含有大约3克蛋白质。每天包含了25个土豆的爱尔兰食谱不仅能提供2500千卡的热量，而且还能提供足够的蛋白质、维生素B、铁和其他大多数人体必需的营养物质，包括维生素C，这一切都能使人保持健康。土豆中唯一缺少的重要营养成分是钙和钠。爱尔兰的马铃薯产量和营养是如此丰富，因此1英亩的土豆和1头奶牛的牛奶——含有人体所需的钙和钠——就能为一个农业家庭提供足够的营养。据估计，土豆可能是40%的爱尔兰非常贫穷的农村人口食用的唯一固体食物。

当爱尔兰马铃薯歉收时，爱尔兰农村没有可替代的食物来源，接踵而至的饥荒迅速蔓延开来。虽然我们永远不知道饥荒的确切影响，但最精确的估计是100万爱尔兰人死于饥饿或饥饿导致的相关疾病，另有超过100万人移民，他们主要去了美国的北部城市。

爱尔兰大饥荒只是一长串自农业出现以来记录在案的灾难性饥荒——它们大多是由干旱、战争或政治动荡造成的灾难中的一例。[34] 据记录，在《圣经》时代，埃及承受住了7年的饥荒，因为它在之前7年储存了大量的粮食。在17世纪，中国西北部的饥荒最终导致了明代的覆灭。印度在17世纪30年代、18世纪早期、18世纪70年代以及18世纪80年代均出现了饥荒，每次都有超过200万人丧生。大约200万人死于17世纪90年代的法国饥荒。俄罗斯1921

年的饥荒估计导致500万人丧生，“二战”时的饥荒导致大约100万人丧生，1947年的饥荒导致超过100万人丧生。[35]

对21世纪的人类来说，光是两种谷物——大米和小麦——提供的热量就占了我们所摄入热量的40%左右。正如爱尔兰大饥荒所证明的那样，过分依赖本地任何一种单一的热量来源，总是会使人类更容易遭受饥饿和饥荒。所以意料之中，农作物歉收，加上政治冲突的火上浇油，导致了21世纪索马里、埃塞俄比亚、肯尼亚、孟加拉国、阿富汗、缅甸的饥荒暴发。如果不是我们的身体用尽了所有方法来保护我们免于饿死，更多的人会在历史上和近代的饥荒中丧生。

彼时与此时

对于大多数采猎者会在一天中的什么时候进食，我们的确知之甚少。但让我们假设他们就和其他觅食的动物一样，只要找到食物就会当场吃掉。随着农业和驯养动物的出现，食物供应变得更稳定，进食的时间也变得更有规律。富有的希腊人通常会在中午吃午餐，在晚上吃晚餐，而晚餐是两顿中量更多的一顿，对一些人来说，也是唯一的一餐。罗马的医生会建议在上午11点左右吃一顿小餐，然后在下午5点或6点左右吃一顿丰盛的晚餐。到了中世纪，一天三顿饭就成了常规，中午吃得最多。一般随着城市的发展以及人们外出离家工作，并在工作日下午回家，晚餐被当成一日中最丰盛一餐的习惯也开始盛行。在英国，下午茶成为午餐和晚餐之间多出来的零食时光。

现代人做出是否吃饭的决定，很大程度上取决于外界的暗示——社会、文化和环境，同时也取决于当下的需要，除非身体面临着严重的能量不足。如今，你全天都可以很容易地获得食物，所以我们很容易重回采猎祖先的习惯，什么时候有食物就什么时候进食——而现在，这意味着一整天！当饱腹的信号压抑不住能够轻易得到的美味食物的诱惑时，现代人就很容易吃得过饱。

矛盾的是，我们可以获得的食物日益丰富，但由于机械化运输和体力劳动需求的减少，我们对热量的需求却降低了。例如，20 世纪美国的社会变革导致男性每天在工作中消耗的热量减少了约 140 卡路里，女性则减少了约 125 卡路里。而在英国，1956 年至 1990 年之间，人们基础代谢过程中消耗的热量减少了 65%。[36] 现代食物链中，数量相对较少的农民、牧场主和工人，做完了消耗我们所有人热量需求的一切工作。因此，只要愿意，我们中的大多数人就不需要消耗任何热量来打猎、采集、栽培或运送食物。

在采猎群集社会，寻找食物是运动的主要形式。既然现在一般不需要去比超市或餐馆更远的地方获得所需食物，因此，25% 的当代美国人都几乎完全久坐不动，也就并不奇怪了。

平均身高作为人类营养充足的标志

虽然我们现在认为好的饮食习惯是长寿的秘诀，但历史上所谓好的饮食习惯指的是——无论你吃什么，只要能让你强壮到可以拥有健康的后代就行，并且还能活得足够长以帮助这些后代完成同样的事。判断所有动物营养丰富的最佳标准就是它的平均大小。对人类来说，就是平均身高，身高 80% 靠的是遗传，但它也与孩童时期和青少年时期的热量摄入量，以及特别重要的蛋白质的摄入量密切相关。[37]

虽然体型强健高大的人能够外出打猎、采集，甚至击败比他们身材矮小的邻居，但他们也需要更多的热量。因此，当面对长期或反复出现的食物短缺时，那些又矮又瘦的人反而更占优势。营养不足的人的矮小身体是摄入热量、蛋白质和钙不足的结果，但也可以成为未来食物更短缺时的保护伞。

综合这些数据，我们游牧生活的采猎者祖先明显是营养丰富的。旧石器时代的遗迹表明：当时的男性平均身高约为 5 英尺 10½ 英寸（约 179 厘米），体重约为 148 磅（约 67 千克）；妇女的身材则矮小得多，估计平均身高约为 5 英尺 2 英寸（约 157 厘米），体重约为 119 磅（约 54 千克）。在大约 1 万年前农业出现后，新石器时代的人反而变矮小了。考古证据表明，新石器时代的男性平均身高约为 5 英尺 5 英寸（约 165 厘米），体重约为 139 磅（约 63 千克），而女性的平均身高约为 4 英尺 11 英寸（约 150 厘米），体重约为 99 磅（约 45 千克）。[38]

乍一看，农业和驯养动物的出现会导致人的体型变小，这似乎让人不可理解。这些全都是基因选择的结果吗？例如，众所周知，西非的俾格米人是最矮的，平均身高比相邻的班图人矮了 7 英寸（约为 18 厘米），尽管他们的饮食结构非常相似。而这一现象的原因就是基因突变影响了脑下垂体分泌生长激素的部分。并且，两个篮球运动员的后代肯定会比两名体操运动员的后代要高。也许旧石器时代的男人和女人更强壮真的是基因选择的结果，因为他们是唯一足够强壮到可以与当时共存的尼安德特人竞争的对手。几千年以后，尼安德特人消失了，食物变成了驯化的动物，他们不再需要采集狩猎，身高体型也就不那么重要了，这时矮小的人反而更容易生存下来繁衍后代。[39] 但是，我们没有理由认为人类控制身高的基因在冰河期到农业社会间发生了急剧的变化，所以营养——至少在蛋白质方面——是迄今为止最有可能解释人类为什么越来越矮小，直到最近这一趋势才改变的原因。[40]

旧石器时代的人比 19 世纪末的现代欧洲人更高大，身高和如今的欧洲人差不多。当欧洲人抵达北美时，虽然这些入侵者来自可能是当时地球上技术最先进的国家，并且营养丰富，但当时美国大平原上的土著采猎者比他们要高得多。

为什么会这样呢？这一切都归因于营养。采猎者在平原上的饮食以吃草的野牛为主，它们的肉比现代用玉米喂大的动物的肉脂肪含量更少。平原上的部落会吃掉几乎一头牛的所有可食用的部分——与刘易斯和克拉克在野味充足时吃的一样：都是高蛋白、高热量的食物。

相比之下，即使一名农民种植的作物能够为其提供足够的热量以满足其能量需求——即使不比采猎者的需求高，也差不多，因为农民可能每天都要从早到晚劳作，这些作物也没法像采猎者的饮食结构那样为他们提供尽可能多的蛋白质或钙。即使是坚果，一般也比谷类含有更多的蛋白质，尤其是家种的谷物。这就是为什么农民也会吃豆类——黄豆、豌豆，甚至花生——以获取蛋白质，这一点和现代的素食主义者很像。但从非动物来源获得足够的蛋白质是一个严峻的挑战，在没有超市的时代更是困难。

如今，人类的身高依然与营养密切相关。经济学家理查德 · 斯特克尔（Richard Steckel）通过测量大腿骨长度（约占我们身高的25%），研究了从 9 世纪到 19 世纪欧洲人身高的变化。据他估计，在中世纪早期，普通人的身高约为 5 英尺 8¼英寸（约 173 厘米），但到了 17 世纪和 18 世纪，随着越来越多的人住进了缺少维生素 D 和鲜肉的城市，一般人的身高下降到约 5 英尺 5¾英寸（约 167 厘米）——矮了 2½英寸（约 6 厘米）。全面地看待这一点，同样的道理可以解释如今一名加拿大普通年轻人和中国城市里的普通年轻人之间的身高差异。而到了 21 世纪初，更好的营养摄入解释了为何富裕的欧洲国家的年轻人平均身高增加到了约 5 英尺 10 英寸（约 178 厘米）。[41]

在大多数社会中，不论男人的身高为多少，女人一般都要比男人矮 4~5 英寸（约 10~13 厘米）。关于这点，旧石器时代男人和女人之间 8½英寸（约 22 厘米）的身高差明显比之后两性间的身高差异都大。也许这种绝对和相对更大的身高差异是因为，相比男性采猎者，女性没有充分享受到蛋白质的奖励。另一种可能性是，女性在年轻时就怀孕了，而那时她们还在成长，如果不得不与生长中的胎儿分享她们的蛋白质和钙质，她们的发育就会受到阻碍。

但是，正如北欧人的平均身高随着饮食的改变而发生变化，现代人口的身高也会迅速发生变化。比如，2002 年在中国，那些饮食相对更好的城镇人口，比那些饮食没那么好的农村人口要高 1½ 英寸（约 4 厘米）。虽然 7 英尺 6 英寸（约 228 厘米）高的国际著名篮球运动员姚明肯定是一个例外，但那些饮食更好的中国城镇年轻人的身高增加，显示了提高营养会多么迅速地转变成身高的增加。荷兰人也许是当今最高的人，通常他们都是西方国家的人中营养最好以及最健康的。[42] 还有就是西非的马赛人，他们的生活靠的是饲养的牛的血液、牛奶，偶尔还会有肉类的高蛋白饮食。

历史上的肥胖症

对我们的祖先来说，肥胖并不常见，变胖肯定是件坏事。无论他们是要打猎、觅食、种植，还是放牧，更重的体重都意味着需要付出更辛苦的努力。多余的体重会让他们的速度变慢——无论你是在追逐猎物还是你是被追逐的猎物，这都是个大问题！

然而，我们知道，在距今大约 3.5 万年前的德国象牙和 2.5 万年前的奥地利石灰岩中，我们石器时代的祖先都详细描绘了非常肥胖的妇女。但我们不知道这是否是生育的象征，还是猎奇的作品，又或者是理想的女性模式。8000 年前，许多雕像刻画了拥有合理身体比例的人，但一些小雕像，尤其是出土于土耳其的著名“母神”（Mother Goddess）雕像，仍然是明显肥胖的。[43]

到埃及时期，我们看到了比例恰当地描绘了身材苗条的年轻人的画作，但我们也看到越来越重甚至大腹便便的年长王室成员的画像，在麦勒鲁卡石室墓一副石画像中，一个肥胖的男人正被一名瘦弱的仆人喂食。一些埃及木乃伊也具有肥胖的特征。据希罗多德记载，富裕的埃及人会定期禁食，甚至催吐来避免体重增加过多。玛雅、印加、阿兹特克以及美索不达米亚的史前文物中，也有对肥胖人群的描述。

大约在 2500 年前的希腊，希波克拉底曾对体重超标发出警告，称其会导致不良的后果。2500 年前，印度医生描述了糖尿病人尿的甜味以及肥胖者易患糖尿病的倾向。我们知道，在古罗马，超重甚至肥胖往往是富裕的标志。但即使是 1800 年前最著名的罗马医师，也是当时罗马皇帝马可 · 奥勒留的私人医生伽林，也在提倡运动以及节制饮食。罗马上层阶级的肥胖通常被认为是过度放纵和懒惰的结果，在许多方面都象征着最终导致罗马帝国衰落的内部腐败。

人们对社会规范的看法也会催生肥胖。在 17 世纪荷兰的上流社会，具有鲁本斯（巴洛克风格画家，画中女子多身材丰腴）绘画特征的女性被认为是有吸引力的，也许是因为其相对肥胖的身材能与农民的身材形成强烈对比。也许最引人注目的相对近代一些的例子就是美国总统的体重了。从 1884 年到 1912 年，连续 6 任美国总统——格罗弗 · 克利夫兰、本杰明 · 哈里森、格罗弗 · 克利夫兰（再次当选）、威廉 · 麦金莱、西奥多 · 罗斯福，以及威廉 · 霍华德 · 塔夫脱——都是肥胖的，最重的就是 340 磅（约 154 千克）的塔夫脱了。在这一时代，富裕的美国城市居民前所未有地享受着获得他人种植的食物以及机械运输的机会。因为，这些富裕的人比同时期营养不良的穷人活得更久。最初，肥胖本身的坏处被严重低估。

除了扎卡里 · 泰勒之外，没有任何一位在 1884 年之前或 1912

年之后的美国总统是肥胖的。[44] 从伍德罗 · 威尔逊开始，美国的总统和受过良好教育的精英们开始认识到一些肥胖的副作用。华里丝 · 辛普森夫人（Wallis Simpson）——爱德华八世国王为了与她订婚而放弃了王位——在 19 世纪 30 年代曾说过一句名言：你永远不会太富裕，或是太瘦。如今，最不可能肥胖的美国人是医生。[45]

关于体重的社会规范的变化，也许与皮肤白看起来更美还是皮肤黑看起来更美这一社会规范的变化没什么不同。内战前美国种植园的贵族妇女们因其苍白的皮肤而备受珍视，这证明她们不需要在阳光下工作——这一现象在现代日本和中国的流行趋势中得到了呼应。相比之下，21 世纪的美国人会花钱去参加日光浴沙龙，因为黝黑的皮肤象征着年轻以及常在户外，尤其是海滩上享受闲暇时光。

但让我们反省一下。当美国人民很瘦的时候，美国总统很胖，而当美国总统体重正常时，美国人民又变胖了。大约在 20 世纪初，肥胖只在最有特权的美国人中蔓延——比如总统——正如它现在已经成为发展中国家新富裕阶层的通病。与之相对的是，在 21 世纪，美国的中产阶层和穷人——尤其是妇女和儿童——平均来说比富人更胖。[46]

你可能会问，为什么 20 世纪初的普通美国人没有像那些超重的总统一样变得肥胖？毕竟，随着工业化、城市化和机械化运输的出现，总统不是唯一消耗热量变少的人。根据全球营养专家博伊德 · 斯温伯恩（Boyd Swinburn）和他的同事们的观点，可能的原因是美国人热量的摄入，尤其来自小麦的热量，在 1910 年到 1960 年这段时间里下降了，这或许是快速增长的人口、两场战争以及大萧条导致的。[47] 但是到了 20 世纪 70 年代，廉价的高糖高脂肪食物的供应使得美国人的热量摄入逐渐增加。如今，食物如此富足，以至于在过去 30 年里，尽管我们吃得更多了，但我们扔掉的食物仍然增加了约 50%。托马斯 · 马尔萨斯（Thomas Malthus）在 1798 年曾预言：这个世界不能生产出足够的粮食来养活不断增长的人口。[48] 现在看来，他是大错特错。并且如今在美国，我们每个人每天扔掉的含 1200~1300 卡路里热量的食物，足够养活数以百万计的人——或者就如同我们的父母在我们剩下晚餐时会说的那些亚洲和非洲挨饿的孩子。

为什么我们会发胖

在人类历史的大部分时间里，不超过几个星期就会有挨饿的可能，因此肥胖甚至都不会出现在"雷达屏幕"上。饮食模式自然地与身体活动水平联系在一起，人类的特性——饥饿、味道、消化、吸收和新陈代谢——都是为了保护我们的体重不致增加或减少，但调节器总是设定成预防对物种生存最大的威胁——饥饿的。并且，如同生活在干旱的西南部的皮马印第安人一样，我们的祖先不断面临着这些威胁。他们在迎接挑战时表现得越好，就越有可能传递给我们一系列的生存特性，以保证我们不会吃得太少，而是总能吃很多，并且能将其立即储存为脂肪以防未来出现的饥饿。

我们的体重之所以会增加，原因很简单：我们摄入的热量比燃烧的热量要多。评估你是否超重的最好方法是计算你的身体质量指数（BMI）。[49] 它的公式非常简单：

$$\text{BMI}=\frac{\text{磅记体重}}{(\text{英寸记身高})^2}\times 703$$

或是：

$$\text{BMI}=\frac{\text{公斤记体重}}{(\text{米记身高})^2}$$

正常的身体质量指数应该在 18.5 到 24.9 之间。如果你的BMI在 25 和 29.9 之间，你就是超重的；如果是 30 或以上，那你就是肥胖的；假如达到了 35 或更高，那么你有重度肥胖症。我的身高是 5 英尺 9¼英寸（约 176 厘米），对我而言，正常体重就应该是 125~168 磅（约 57~76 千克），169~202 磅（约 77~92 千克）就超重了，203 磅（约 92 千克）或更重就是肥胖了。但这个公式没法区分你是有一个大肚子还是有 6 块腹肌，一些健身的人由于有额外的肌肉，可能会稍微超重。但通常，对于我们中的大多数，或是把所有人当成一个整体看待的话，这个公式相当精准了。

对于我们中那些基础代谢率较低或是没怎么锻炼的人，很容易就会吃多。但我们的热量需求实际上随着体重的增加而增加，部分原因是更壮的人需要更多热量来维持自己的体温和休息中的器官；另一部分原因是要让一个更重的人四处走动，需要更多的热量。正如科罗拉多大学的肥胖专家詹姆斯 · 希尔（James Hill）和他的同事所指出的那样，你看到体重更重的人消耗的食物在增加，但他们的体重并不会像你想的那样增加很多。这里有一个突出的例子。在美国，过去40年里，人们的平均体重增长了20磅（约9千克）左右，这得益于成人每日平均摄取热量的增长，但要是将增长的热量按理论换算成体重的话，那么我们增长的体重将是20磅的30~80倍！[50]值得庆幸的是，我们变重的身体燃烧掉了我们额外的热量。所以，虽然我们整体已经超重甚至是肥胖，但还没有成为超级大胖子。

让我们将目光从整体移到个体。1磅（约0.45千克）脂肪储存了大约3500卡路里的热量。从理论上讲，如果你每天摄入的热量比你所需要的多10卡路里——超过你身体实际所需热量不到1%——那么你每年将增重约1磅。然而，据营养生理学家凯文·霍尔（Kevin Hall）和他的同事分析，估计你每天得多吃10卡路里的热量，并且保持3年，才会增重1磅：第一年你会增重0.5磅（约0.2千克），后面两年会再增重0.5磅。这就意味着你要摄入大约11000卡路里的热量，这些热量一部分转化成体重，另一部分需要拿来维系增加的体重的活动，这样你才会有稳定的1磅体重的增长。而成人后，为了每年增加约1磅体重，你必须保持每年都要比上一年多摄入（或者减少消耗）10卡路里。这些估计表明，我们可以年复一年地通过每天比前一年多吃10卡路里，或者每天比前一年少消耗10卡路里的热量来慢慢地增加体重。

但是，即使你每天多摄入超过10卡路里，甚至约50卡路里的多余热量——足以导致明显的体重增加——也很难认识到自己真的吃得太多了。这是因为50卡路里的热量太容易摄取，1块奥利奥饼干、2颗好时之吻巧克力、1个小苹果、1个橘子、7颗杏仁、半根香蕉、1 根香肠、半片面包，或是一汤匙蜂蜜就含有这么多热量。也许每天看起来不多，但是热量会逐渐增加，这就是为什么许多美国人每年都要重约 1 磅。

当然了，重要的是要记住，每个人的差异很大。一项针对来自不同背景的 12 对同卵双胞胎的研究表明，在他们所需的基础上多给他们喂食 1000 卡路里热量总是会导致体重增加。尽管双胞胎中的任何一个人的体重都和另一个差不多，但一些双胞胎增加的体重是其他双胞胎增加体重的 3 倍。[51] 这些发现证明了个体体重增加的显著差异，以及许多这些差异来自遗传的事实。

另一个现实挑战是，你很难判断自己增加的 1 磅是真正的脂肪。我们吃下多少盐，会影响我们暂时储存多少水，因此体重会轻易地偏差 2~3 磅（约 0.9~1.4 千克）。这就是为什么我们不喜欢在吃了咸的晚餐后称体重。因此，即使最好的秤，也很难精确监测我们的体重，以确保我们不会慢慢地增加重量，直到某天，我们发现自己已经重了好几磅。

当我们认为逐年增加体重是件多么容易的事时，让我们考虑一个不同的问题。为什么事情不向着另一个方向发展，每 3 年左右就减少 1 磅呢？当然了，很少会有健康的人主动地想逐年减轻体重，即使你认为每天少吃 10 卡路里的热量和每天多吃 10 卡路里的热量一样简单。

对健康的人而言，减重比增重更难，原因有很多。首先，当我们减肥时，我们摄入的热量需要减少——要减少体重的 1%，我们需要少摄取大约 20 卡路里的热量。此外，无论我们的原始体重是多少，当我们体重减轻时，至少会有7种不同的激素和分子来刺激我们重提胃口，并将好胃口保持多年——对我们的祖先来说，这是非常重要的生存特性；对想减肥的我们而言，却是个重要阻碍。如果减肥需要我们减少卡路里摄入，但是我们又会比以前饿，那么不论你的体重是多少，减肥都是非常困难的。[52] 这些捍卫着我们体重的内在因素，也解释了为什么一开始就避免增加体重比等你增长体重后再去减肥来得容易。

那么，让我们回顾一下。我们的身体会积极地保护我们的体重不下降（通过减少能量消耗和减缓新陈代谢）并试图阻止我们增加体重（通过增加我们的能量消耗）。这种聪明的设计能够使我们保持合理的体重，尽管对体重下降的保护比对体重上升的保护更有效。

因为一个重的人会比一个轻的人燃烧更多的热量，你可能会认为这种自我修正机制意味着我们每个人的体重都会达到一个上限，即我们虽然摄入了多余的热量（与推荐摄入的热量数相比），但更胖的身体需要燃烧更多的热量，这两者会互相平衡。然而许多人在持续发胖，部分原因可能是他们逐渐吃得更多，也可能是他们的运动量在逐渐减少。这些变胖的人体力活动水平会下降，如果他们的运动频率还和之前一样（没有增加），那么其实他们需要更少的热量。著名的饮食专家琼·梅耶（Jean Mayer）在20世纪50年代所做的研究表明，人体其实非常善于控制热量的摄入，以使其与一定程度体力活动下消耗的能量相平衡。[53] 但是如果我们的体力活动低于这个程度，那我们的控制就完全说不上好——我们吃下的，会变得比我们需要的多。这种内在特性，无疑可以让那些暂时失去劳动力而无法外出打猎和采集的史前人类保持体重——这样，他们就能够储存足够的体力，在自己恢复后继续上述劳动。

我们中的许多人体力活动明显低于这个临界值，所以很容易吃下比我们所需要的更多的食物，这意味着如果我们想避免体重超标，就必须增加体力活动水平或限制食物摄入量，或者双管齐下。詹姆斯·希尔（James Hill）和他的同事们把始于工业革命且当今仍在持续的体力活动水平下降，称为现代肥胖盛行现象的“纵容”因子——或者，另外打个比方，体力活动减少就是装枪的过程，而现代廉价高热量食物的过于易得就等于扣动了扳机。[54]

这一“纵容”的观点在动物王国中其他动物身上也是成立的。野生动物是没有肥胖的体型的，因为它们要追踪自己的猎物或要在辽阔的户外吃草，而生活在农场或动物园的动物就很容易被养肥，因为农场主和饲养员在提供过量丰富食物的同时减少了它们的活动水平。这就是为什么如今我们吃的肉，相比采猎者吃的肉更油腻——还含有会提高我们胆固醇水平的饱和脂肪。

当我们超重或肥胖时，我们把多余的热量储存在了哪里？答案很简单：在我们全身的脂肪细胞中，尤其是我们的腹部、腰部和臀部。科学家估计，我们之中身材匀称的人大约有 350 亿个脂肪细胞，这些脂肪细胞总共储存了大约 13 万卡路里的热量，足以让我们在没有食物的情况下和那些爱尔兰共和军绝食者存活一样长的时间。但是我们之中肥胖的人有多达 1400 亿个脂肪细胞，并且每一个脂肪细胞的体积是瘦子的两倍。这些体型更大、营养更丰富的脂肪细胞总共可以储存多达 100 万卡路里的热量，足够让我们忍饥挨饿 16 个月，甚至比我们之前提到的那个 450 磅的绝食纪录保持者的绝食时间还长。[55]

从进化的角度来看，储存脂肪的能力无疑对我们物种的生存至关重要，正如它对许多其他哺乳动物的作用一样。在野外，许多动物会在冬季或冬眠之前催肥自己，一年一度的狼吞虎咽，为它们提供了一个不可否认的生存优势。因为我们的祖先，至少在寒冷的气候下（尤其是他们还没学会用盐保存食物以前），也会面临食物短缺的问题，他们就很可能在气温下降前变得肥胖起来。我们可以预见，那些最擅长将足量的热量储存为脂肪的人，最有可能在冬天和随后的食物短缺期存活下来。然而现在，随着制冷技术、货品丰富的超市、比萨饼，以及麦当劳开心乐园餐的出现，我们中大多数人从来没有面对过这样的困境——但我们仍然遗传了这些特性。这些基因特性让我们依然做出和史前人类一样的反应。

为什么我们要关心肥胖

如果肥胖只是外形上的问题，那么所有对它的关注都会被视为“无事生非”，但事实并非如此。

在美国，如果你的体重指数在 30 以上，那么你的预期寿命就会缩短 6 年左右；要是达到 40，就会缩短 10 年左右。与正常体重的人相比，肥胖者患糖尿病、高胆固醇、心脏病、高血压甚至癌症的风险要高得多，这可能是因为他们的胰岛素水平很高，而胰岛素对所有细胞，包括癌细胞都是一种生长刺激素。在美国，据经济学家估计，一个肥胖的人每年至少要花费 1400 美元的医疗费用（群体接近 1500 亿美元），而一名糖尿病患者则要额外花费 8000 美元（群体约 2500 亿美元）。[56]

尽管对于稍微增加一点体重，是否真像我们之前想的那么糟糕，现在还存在一些争论，但最好的分析是仔细斟酌你的所有风险，以便确定体重本身的实际影响。在这些分析中，死亡风险随着体重的增加而增加。

正常身体质量指数（20~24.9）上涨与死亡风险上涨

BMI 值	风险
25~29.9 超重	增加 10 %~15%
30~34.9 肥胖	增加 45%
35~39.9 非常肥胖	增加 90%
40~49.9 严重肥胖	增加 150%

有这样一份详尽的分析是很重要的，因为有些人比其他人更瘦，是其本身身体不好造成的（他们要么吸烟，要么是生病了）；有些人比其他人体重更重，是那些会带来间接利益的原因导致的（他们更富裕或得到了更好的医疗）。例如，对患有癌症和心脏病的人来说，稍微超重似乎对他们更好一点。这可能是因为体重更重的癌症患者不会像他瘦弱的病友那般病态，而体重更重的心脏病患者或许能够承受更激进的药物治疗方法，因为他们的胆固醇水平和血压更高。这也是为什么乍看之下，肥胖对 20 世纪初的美国总统来说并没有那么糟糕。[57] 同理，它在发展中国家似乎也并不那么可怕。

因为在那里，肥胖能够与不均衡的富裕所带来的其他利益中和。但在发展中国家，肥胖的富人比身材标准的富人拥有更高的死亡率，正如发达国家肥胖的穷人比身材标准的穷人拥有更高的死亡率一样。[58]

说到底，关键点就是要将你的体重保持在正常范围内，最好是在正常范围（身体质量指数在 22 到 24.9 之间）的前半部分——特别是如果你的身体可能或已经出现了问题，比如得了癌症，因为当状况越来越严重，你会变得食欲不振、体重减轻。

我们为什么要关心糖尿病

作为肥胖症蔓延的直接结果，估计有 2000 万美国人——大约占美国总人口的 10%，包括 25% 的超过 65 岁的美国人——患有糖尿病。世界平均水平要低一些——约为 3%，而 65 岁以上人口患糖尿病的比例约为 12%，但这一数字一直在上升，在世界上许多地区，尤其是波利尼西亚大部分地区、中东和加勒比地区，已经远远高于美国。[59]

如果肥胖是件不好的事，可能导致糖尿病就更糟了。糖尿病不仅是一种生化异常，还会减少约 12 年的平均寿命，并且这种风险是独立于肥胖本身导致的风险之外的。[60] 糖尿病患者比非糖尿病患者更有可能患上心脏病、中风、肾衰竭、失明、截肢，以及感染等各种疾病，不管他们的体重是多少。

糖尿病有两种主要类型，毫无特色地被称为Ⅰ型和Ⅱ型。Ⅰ型糖尿病有时也被称为青少年糖尿病，因为它通常出现在童年和青春期，也被称为胰岛素依赖型糖尿病，因为它是胰腺免疫受损而导致的胰岛素完全或几乎完全缺乏。Ⅱ型糖尿病又称成年发病型糖尿病，因为它通常出现在超重的人，以及中年和老年人身上，也被称为非胰岛素依赖型糖尿病，因为患者身体的胰岛素含量分泌正常，或者更常见的，水平还比较高。Ⅱ型糖尿病的问题不在于身体缺乏胰岛素，而是对其作用相对不敏感。

当我们谈论在世界各地蔓延的糖尿病时，我们真正谈论的是Ⅱ型糖尿病。根据目前的饮食趋势，估计在2000年出生的美国人患糖尿病的概率大约是35%，并且多半是Ⅱ型糖尿病。更糟糕的是，它不再是成年人的专利了。现在我们看到越来越多肥胖的年轻人、青少年，甚至是儿童患病。随着Ⅱ型糖尿病的加重，它可能不再“非依赖”胰岛素。病人常常不再对那些能刺激他们对胰岛素更敏感的药物有反应，因为他们的身体对胰岛素本身越来越不敏感。或者，他们可能已经无法靠自己增加胰岛素的分泌，即使被给予刺激性药物，由于他们的胰腺已经“烧伤”，也不会再有所行动。相反，他们实际上可能需要真的服用胰岛素，就像那些患胰岛素依赖型Ⅰ型糖尿病的人做的那样。

有效的药物可以降低血糖水平，甚至使血糖降至正常水平，但是用非常激进的方法来控制肥胖性糖尿病患者血糖水平的措施实际上可能增加，而不是减少并发症，因为患者身体的血糖水平可能变得非常低，从而患上低血糖症。急性的低血糖会导致意识恍惚甚至昏迷，这是因为大脑需要葡萄糖来提供能量，反复的低血糖发作还会引起脑部出现问题。这就是为什么虽然很难达到预期目标，但饮食和运动仍然是有效治疗的基础。

并不是所有体重增加甚至肥胖的人都会患上Ⅱ型糖尿病，而Ⅱ型糖尿病患者并不都是超重的。Ⅱ型糖尿病患者似乎受到了一些基因的影响：通常，这些基因会影响我们身体处理糖分和对胰岛素做出反应的方式，它们通常，但并不总是与体重增加有关。[61]

如今，每年世界范围内死于肥胖、糖尿病，以及与它们相关疾病的人，比死于饥饿和营养不良的人多得多。20 世纪的皮马人并不只是一个奇闻；相反，他们是对未来人类发展的早期窥见。我们的基因适合帮助我们的祖先在不同的环境中生存下去，这些环境总是充斥着热量不足的风险。然而，对于食物充足、人们更易久坐不动的现代世界，它们变得不再合适。

从皮马人身上吸取教训

要想了解皮马印第安人是如何成为肥胖和糖尿病蔓延的代表的，了解他们的历史就很有帮助。皮马人被认为是在约 3 万年前穿过白令海峡大陆桥的第一批亚洲移民的后代。他们定居在亚利桑那州希拉河和索尔特河交接处的索诺兰沙漠。在那里，他们依靠先进的灌溉系统以及不漏水的编织篮子来运输他们有限的水源。他们的传统饮食依靠农业和捕鱼。直到 19 世纪末，他们的水源被转移到上游农民手中。为了避免他们营养不良，美国政府为他们送去了面粉、糖和猪油。皮马人发明出了一种新的主食，即用猪油炸面团。他们的饮食中脂肪含量从约 15%提高到了约 40%。

在艾略特 · 乔斯林和阿莱斯 · 赫德里克的早期记录中，他们并没有对皮马人的饮食和健康产生特别的兴趣和关注，直到20世纪50年代，人们发现他们有着非常高的胆结石与胆囊癌的发病率。为了了解这一奇怪的倾向（即使今天也没有合理的解释），科学家们开始详细研究起了他们的饮食。[62]

作为这些研究的一部分，科学家指出，早在20世纪50年代，皮马人平均每天的饮食就含有约2800卡路里的热量，基本等同于当时活跃的美国人每日的推荐摄入量。但对不再打猎、采集、养殖或是参与传统耗力休闲运动的人来说，这个摄入量太多了。结果就是，约12%变得久坐不动的皮马人患上了糖尿病——这一比例是1937年的10倍。不幸的是，皮马人的每日饮食中的热量摄入量飙升到了3200卡路里。同时，由于体力活动的减少，他们的每日推荐摄入量减少到了接近2000卡路里。当然，皮马人体重增加了许多——平均来说，到1970年，他们比理想体重重了约50%。而且，他们的糖尿病发病率变得更高了。[63]

我们也可以将亚利桑那州的皮马人和他们的近亲——墨西哥的皮马人做比较。在20世纪90年代中期，亚利桑那州的皮马人每天摄入约3000卡路里热量，比他们的墨西哥亲戚高了500卡路里，然而他们的体力活动却减少了80%。不出所料，亚利桑那州的皮马人平均比墨西哥的皮马人重约65磅（约29千克）——墨西哥皮马人体重的40%！结果就是，亚利桑那州皮马人的糖尿病患病率比墨西哥亲戚高出了6倍。

由于其偏低的体力活动和高水平的热量摄入量，我们很容易理解为什么亚利桑那州的皮马人比他们的墨西哥兄弟有着更高的肥胖率和糖尿病患病率，但让我们提出一个不一样的问题：与那些和他们有着相似运动和饮食习惯的人相比，他们的肥胖率和糖尿病患病率也更高吗？

为了解决这个问题，让我们考虑两个假设。第一种是节约基因假说。该假说认为我们中的一些人能够靠比其他人少得多的热量活下来，这也许是因为我们需要更少的热量来驱动我们的休眠器官（更低的基础代谢率），或是我们的肌肉更有能力，使得我们不需要那么多热量就能让身体运动起来。[64] 第二种是节约基表型假说。该假说认为胎儿在发育过程中，遇到不利的生长情况，如营养不良，为了维持正常发育，胎儿在子宫内的新陈代谢就会变得更有效率，当他们出生后，在获得充足西式食物的情况下，就特别容易患上肥胖症和糖尿病。[65]

节约基因假说首次由遗传学家詹姆斯·尼尔在 1962 年提出，该假说认为挺过食物短缺期的基因优势是导致食物充足时患上肥胖症和糖尿病的罪魁祸首。简单来说，如果我们所有人都会犯一个错，即在能吃的时候，吃下的食物永远都会比我们所需的多一点，那就意味着我们中一些人无疑是那些面临艰难食物短缺时期的祖先的后代——对他们来说，这个特性显得尤其重要。我们之前讨论过的双胞胎研究表明，人类体重的区别，有 55%~85% 是遗传的。

如果多个突变解释了大约 7000 年前成人开始出现乳糖耐受性，约 6 万年前浅色肤色开始出现，那么想一想，要多少不同的突变才能解释人属在 230 万年间，保持体重和存储脂肪的能力逐渐提升。毫不奇怪，我们已经知道了至少有 30 种与体重相关的基因。一个已被充分研究过的例子就是关于FTO基因的，FTO基因可以制造出一种蛋白质——肾上腺素的远亲。而FTO基因变异减缓了我们燃烧脂肪的速度。[66] 如果你从父母一方那里得到了一个基因突变，平均来说你的体重会增加 3~6 磅（约 1.4~2.7 千克）；如果你从父母双方那里得到了两个突变，你的体重会增加 10 磅（约 4.5 千克）。FTO基因突变让变胖的风险增加了约 2/3，有趣的是，它也降低了 8%的患抑郁症的风险。大约 15%的皮马人有这个基因突变，相比之下，约 45%的高加索人有这个突变。

SIM1 基因上的变异对大脑控制食欲部分的发育非常重要，它也一直是皮马人和其他人出现肥胖状况的相关原因。[67] 而MRAP2上的突变则会影响下丘脑的功能，从而影响食欲以及我们会存储多少脂肪，而这一切与摄入了多少热量并没什么关系。[68]

除了体重增加和肥胖的风险外，有些基因似乎还会催发II型糖尿病，不管你体重有没有增加，这可能是因为它们影响了我们的新陈代谢。HNF1A基因突变会让人患Ⅱ型糖尿病的风险增加约 4 倍，约 2%的墨西哥糖尿病患者身上携带这种基因变异，而非拉丁裔人群中则没有发现这种突变。[69] 更令人印象深刻的是位于SLC16A11基因上的突变——50%的土著墨西哥人和拉丁美洲人会有这种突变，亚洲人有这种突变的概率大约是 10%，欧洲人或非洲人身上则很少有这种基因突变——如果你从父母一方继承了这种突变，你患Ⅱ型糖尿病的风险会增加约 25%；如果从父母双方都继承了这种突变，风险会增加到 50%左右。[70] 这种基因突变会影响我们的脂肪细胞储存一种高浓度脂肪——三酰甘油的能力。冬眠的哺乳动物会用三酰甘油来度过冬天，当鸟类在长途飞行无法进食时，也会把它当作能量来源。但特别有趣的是，这个原本属于尼安德特人的基因，正如我在第一章中所讲述的那样，当我们的祖先离开非洲后，它融入了我们的DNA中。看来，帮助尼安德特人储存脂肪以度过寒冷冬天的相同基因，也帮助了我们的祖先在横跨亚洲、一路东行的过程中存活了下来，特别是当他们越过白令海峡进入北美洲的时候。

我们还知道，目前已知的增加患肥胖性糖尿病风险的基因在非洲更为常见，而在远离非洲的地方则普遍没那么常见。[71] 所以，当我们看到撒哈拉以南非洲地区的新兴有闲阶级，正在步皮马人和1884年到1912年间美国总统的后尘时，也就不足为奇了。我曾探访过世界上最贫穷国家之中的一个国家的卫生部，该国艾滋病病毒感染率即将打破纪录，我拜访了负责促进该国民众健康的官员。与我会面的10个人中，有4个人明显肥胖，唯一消瘦的人还是在几年前被诊断出患有肥胖性糖尿病后曾经刻意减肥。

如果节约基因提供了生存优势，那么一个很明显的疑问是，为什么我们中有些人没有这种基因？一个假设是，乳糖耐受的人更容易从乳制品中获得他们需要的热量，这一突变能够让他们在没有这种基因的条件下生存下来。当代欧洲人没有来自尼安德特人的SLC16A11基因，以及那些喝牛奶的、有着北欧血统的人糖尿病患病率较低的事实符合这一假说。

我将在第六章详细讨论节约基因假说，它于20世纪90年代被首次提出，当时的研究人员C. 尼古拉斯 · 海尔斯（Nicholas Hales）和戴维 · 巴克（David Barker）指出，出生时体重较轻的英国婴儿长大后比那些出生时体重正常的婴儿更容易患上糖尿病。据报道，类似的现象在太平洋岛国瑙鲁也有出现，该国现在有着世界上最高的糖尿病患病率；这一现象还出现在那些营养不良，移居以色列的埃塞俄比亚犹太人身上。

那在未来，又会出现什么情况呢？在新世代瑙鲁人中，肥胖和患糖尿病的风险稍微有所下降，因为现在那里出生的婴儿营养更好，但瑙鲁人仍然比他们的祖先以及世界上其他许多地方的人体重更重。

具体原因我们还不完全了解，但父母营养过剩也会增加孩子肥胖的风险。孕期的母亲如果体重增加了许多，那么她生出来的孩子也可能是肥胖的：也许是他们继承了节约基因；也许是出生后的环境因素造成的；也可能是他们在子宫内的时候被高水平的胰岛素影响，永久地改变了自身的新陈代谢。[72]

基因的多样性已被认为与肥胖和糖尿病有关，它也证实了我们的祖先进化出许多节约基因是为了对抗饥饿。[73] 未来，我们还可能发现其他因素。然而，所有这些——不管是单个的还是全体的——都不能当作能够解释哪些患乳糖不耐受的皮马人不会患上肥胖性糖尿病，而哪些乳糖耐受的欧洲人会患上肥胖性糖尿病的基因层面的“确凿证据”。

现代社会的难题

要想在不是总能获得稳定食物供应的情况下生存下来，人类的身体逐渐具有了可以抵抗时不时的饥饿威胁的能力。我们的味蕾会刺激我们对热量含量丰富的脂肪、糖和蛋白质产生渴望。我们的肠道会最大限度地吸收营养，尤其是从那些自然形态已被分解的食物中。此外，我们还被打造成尽可能多吃，这样就可以储存脂肪，以应对未来的食物短缺。然而，我们的祖先并不想变太胖，因为当完成一项相同的工作时，体重更重的人实际上比更瘦或身材更匀称的人需要摄入更多的热量。虽然我们的祖先在旧石器时代的饮食不会始终如一，但我们知道他们的饮食不会很丰富。值得注意的是，现代工业化饮食中约有 70% 的食物是采猎者吃不到的。[74]

现代西方饮食：农业时代前采猎者不易获得的热量来源

来源	热量大概百分比（%）
动物性乳制品	10
谷物	24
精制糖	18
精炼植物油	17
酒精	1
总共	70%

我们不能忽略遗传因素对肥胖的重要性，但现代肥胖的盛行肯定不是人类基因组的突然变化引起的。简单地说，问题在于我们摄入了更多的热量，而运动却变少了。最近两代人行为改变的影响，也被我们刚刚讨论的FTO基因突变所证实。有一项大型研究并没预测出 1942 年以前出生的人的体重，但对较晚出生的人来说，却是一个明显的预示。[75] 这些结果表明，那些曾经保护了一万代人的基因，是如何在两代人的时间内变得对我们的健康有害的。

在 1960 年，只有大约 20% 的美国人超重，肥胖是罕见的。然而，从 20 世纪 70 年代开始，精制的碳水化合物及脂肪的摄入，以及由此导致的热量摄入急剧增加。

平均来说，我们的热量摄入增加了多少呢？这点很难确定，因为我们可能低估了我们每天吃掉的热量数。美国食品调查显示，在 20 世纪 70 年代，普通美国成年人声称每天会吃大约 2100 卡路里热量，而到 2010 年这一数值上涨了差不多 450 卡路里。相比之下，基于美国粮食产量和美国人平均体重的数据表明，即使在考虑了食物的浪费问题后，成人每天消耗的热量可能增加了约 500 卡路里——从 20 世纪 70 年代的每天约 2400 卡路里上涨到现在的每天约 2900 卡路里。[76] 而这一数字增长的原因是我们吃下了更多的脂肪和碳水化合物，分量更多，也更频繁。

现在，有将近 35% 的美国儿童和青少年以及 2/3 的美国成年人超重，而这其中有一半人——17% 的儿童和青少年以及超过 1/3 的成年人——是肥胖的。[77] 在世界范围内，有大约 5 亿成年人——超过了 10% 的比例——现在是肥胖的，这一比例是 30 年前的两倍，还有 15 亿人是超重的。[78] 肥胖率的变动范围很广，在埃塞俄比亚这样的贫穷国家可以低到 5%，而在许多西方发达国家（而美国的肥胖率比其他所有高收入国家都高）会达到 20%~35%，太平洋岛国萨摩亚、汤加、瑙鲁甚至超过了 60%。更多撒哈拉以南地区的母亲现在是超重的（19%）而不是体重不足的（17%），其中 5% 是肥胖的。我们在热带、温带以及北极气候地区看到了同样的趋势，那些不论自身传统饮食是依赖植物，还是像因纽特人一样完全来自动物，都将饮食习惯彻底西化的人，肥胖率提升得最快。为什么？因为这些传统食谱中没有哪个食谱是囊括了大量甜食和高碳水化合物的。唯一一个肥胖率保持很低的国家是日本，还不到5%。在日本文化中，特别是在冲绳，儒家文化中八分饱的观念教导人们感到八分饱的时候就应该停止进食。这样的社会规范能够很好地确保让尽可能多的人享受到有限的食物供应。2008年，日本还制定了一条国家法律，要求40岁到70岁之间的人，每年都要测量自己的腰围：法律规定男性的腰围不能超过33.5英寸（约85厘米），女性不能超过35.4英寸（约90厘米）。那些腰围较大或是体重有任何问题的人，必须减重或参与强制性的饮食咨询。[79]

这些观察结果进一步证实了这样一个假设，即体力活动的减少为肥胖提供了温床，而廉价热量的唾手可得则让其滋生出了恶果。皮马人身上就发生了这样的事，他们不再是从前勤奋的农民，因为他们的水源被限制，而主食也突然从自己种植和采集的食物变成了高热量的面粉和猪油。

即使我们面临着西方世界肥胖盛行的境况，并且看到第三世界出现了超重和肥胖的问题，我们的饮食习惯和代谢特性中那些历史生存优势也不应该被低估。营养不良每年仍然会导致近300万儿童死亡，几乎占了全世界儿童死亡人数的一半。世界上有1.5亿个体重不足的儿童，其中约70%都集中生活在十个国家，其中一半在南亚。但全世界的变化速度非常快。1990年，儿童营养不良还是世界范围内引起疾病和残疾的主要原因，到了2010年，它就被超重和糖尿病超越了。[80]

所以，在现代工业社会，食物不是供应不足，而是太充足了，并且满含脂肪和糖、口味俱佳的调料，更是让人难以抗拒。更糟糕的是，我们的饱腹感很大程度上取决于我们吃的食物分量。如果要达到同样的饱腹感，我们会从营养丰富的现代食物中摄取更多的热量，而同样分量的旧石器时代的饮食中，热量会少得多。

肥胖当然不是什么新话题，但引起我们新关注的是其发生的高频率，并且它的社会学研究还表明这一切呈双峰分布——作为至少是相对富裕的附带产物，肥胖的频率在发展中国家明显增加，在没那么富裕的发达国家同样增加明显，因为那里的人相比从前变得极不活跃。与此同时，他们还能随时获得大量廉价的热量。除非我们突然吃得很少并且运动得更多，否则美国的肥胖盛行状况——或者说，全球的肥胖盛行状况——不可能消失。同时，我们还得与许多社会和行为挑战做斗争。第一，在世界上大部分地区，超重甚至是肥胖与富裕和成功之间仍有着很强的社会联系，这一联系可以追溯到至少 35000 年前或是 1750 代人以前。第二，尽管大多数时尚杂志把瘦作为美的标准，美国中产阶层和下层阶层的社会标准已经开始变得接受肥胖，甚至享受“丰满”的美。第三，我们的运动量下降了，常常低于能让我们的饮食和运动水平相平衡的最低值。

但最大的问题在于，我们得与基因战斗。所有这些帮助我们的祖先在周期性食物短缺中存活下来的非凡特性，已经无法跟上现代超市、快餐店和无尽的零食选择的脚步。皮马印第安人永远不会像之前他们被认为的那样，是个奇闻。不幸的是，在这个变化速度超过了我们基因进化速度的世界里，肥胖和糖尿病患病率是对一种新的全球性流行病的意义深远的预警。

第三章
水、盐与现代高血压的高发

1945 年 4 月 12 日，时任美国副总统哈里 · 杜鲁门（Harry Truman）刚刚抵达众议院议长山姆 · 雷博恩（Sam Rayburn）的办公室——他们通常会在一天结束时一起享受一杯波本威士忌——就被告知需要给白宫回个电话，电话那头的人要求杜鲁门立即赶去总统的私人住宅。在那里，他见到了埃莉诺 · 罗斯福（Eleanor Roosevelt），她告诉他："哈里，总统去世了。"据说在短暂的沉默后，杜鲁门问罗斯福太太："我能为你做点什么吗？"传言罗斯福太太回了一句："我们能为你做点什么吗？你才是如今身陷麻烦的那个人。"

众所周知，富兰克林 · 德拉诺 · 罗斯福在 1921 年 39 岁时患上了小儿麻痹症。但不为人知的是，在其任期内，他患上了当时无法逆转、也无法治愈的慢性病——高血压。他在小儿麻痹症确诊近 25 年后才去世，享年 63 岁，而他的死也与小儿麻痹症无关。确切地说，他死于突发性中风。当时，他严重的高血压突然导致他脑中的一个小血管出现破裂，以至于脑内大量出血，并在数小时内杀死了他。

虽然在 1945 年，人们还不知道高血压产生的病因，但现在我们已经认识到，它与保护我们祖先免受削弱体力甚至致命脱水的生物机制是相同的。在旧石器时代，人类需要比现在更多的热量来维持更高水平的运动。此外，他们还需要更多的水和盐，因为他们出汗多。特别是在人类起源地的非洲，他们需要进行高强度的体力活动。由于获取水和盐远不如现在这么容易，他们的身体必须进化到能够寻找、摄入和储存足量的水和盐，以应对未来水和盐的缺乏。当水和盐不易得到时，他们需要靠多种激素综合作用来防止脱水导致的血压降低。简单来说，罗斯福死于身体过度保护机制导致的意外后果，而这一机制由一系列行为和激素综合作用形成，在 20 万年的时间里保证着人类物种的延续。[1]

生存挑战

按重量计算，我们的身体大约 60% 是水。正如必须吃食物以提供身体所需的能量一样，我们也必须喝水，它是我们血液和身体所有细胞的重要组成部分。然而不像食物可以通过燃烧热量来为我们提供能量，人体的水会通过四种渠道中的一种被排出。每天，我们通过排尿至少会失去 1 夸脱①的水，它有助于将人体日常能量代谢的废物和垃圾排出体内，否则它们会很快在我们的血液里堆积起来，并最终杀死我们。我们还会通过皮肤流失水分，部分原因是皮肤并不防水，还有部分原因是我们会出汗。我们也会通过呼吸失去水分，因为我们的肺部会吸入湿润的空气，以使其不至于太刺激。

---

① 夸脱是容量单位，主要在英国、美国、爱尔兰使用。其中，1 英制夸脱约为 1.1365 升，1 美制湿夸脱约为 0.946 升，1 美制干夸脱约为 1.101 升。——编者注

最后，我们还会通过排粪便损失掉一点水。即使没有任何可被察觉的出汗或腹泻，平均每天我们也会通过皮肤、呼出的空气，以及粪便流失掉至少半夸脱的水——加上通过尿液失去的水分，我们通常每天至少会失去约 1.5 夸脱的水。

我们通过出汗失去多少额外的水分，取决于我们身体产生的温度和外部环境的温度。我们运动得越激烈，消耗的热量就越多，身体产生的温度就越高，我们就越需要通过流汗来避免过热，尤其是当锻炼的环境本身就很热的时候。总体来说，现代工业化国家的成人，通常每天会通过汗水失去 2~2.5 夸脱的水。因为每天的食物会为我们提供约半夸脱的水，所以我们每天至少要喝 1.5~2 夸脱的水来弥补我们日常水分的最小减少量。然而为了弹性一点，以防我们哪天流汗比平常多，一般推荐每天水的摄入量为：男性每天 3.5~4 夸脱，女性每天 2.5~3 夸脱。

如果我们没喝足够的水，就会脱水，从而导致血压下降。为什么会这样？这与利用喷嘴给水管尾端增加压力的情况没什么不同。当我们脱水时，血容量会下降，因为血液中运送红细胞的液体减少了。在较低血容量和血流量的情况下，为了维持血压，我们的血管就会收缩，正如从水龙头流入水管里的水减少后，会用喷嘴来保持水压。但在某个时刻，压力会下降。血压降低后，我们会感到头晕、虚弱，甚至死亡，这是因为没有足够的压力让血液涌入我们的大脑，并最终运输到其他重要器官。

没有食物，健康的人通常在 7~10 周就会饿死，在这一过程中，他们的身体会分解储存的脂肪，甚至是肌肉来供应所需要的热量。相比之下，如果没有水，我们在几天内就会死去，因为我们没有什么大的内部“储水箱”，可以储存供我们数周或数月使用的水。[2]

但是光靠水也不能维系我们的生存。由于我们的尿液和汗液中也含有大量的盐分，所以我们需要吃盐。正如肾脏能帮助我们排出多余的水一样，它们也能帮助我们排出适量的盐，这样我们身体的盐浓度就不会变得太低或太高。盐还能帮助我们保留所需的，甚至一点额外的水。那些每天都称体重的人会很明显地看到这一现象——当他们吃下一顿特别咸的饭，体重在接下来的一两天就会变重，这是因为他们需要暂时保留更多的水来平衡摄入的盐。[3]

回到旧石器时代

历史上，我们对水的需求与一项人类重要的生存特性尤其相关，那就是耐力。耐力，即当其他动物疲劳时，我们还能保持移动的能力，一直是人类物种延续的关键。人类历史上被吃掉的大多数野生动物要么比我们大，要么比我们快（或者两种优势都有），那它们怎么会被人类捕获呢？在某种程度上，人类运用了许多食肉动物都会采用的策略——捕捉那些弱小或幼小的动物。但采用这一策略的其他肉食动物在短跑方面都比猎物更快，也更强壮。换句话说，我们要么能够智取猎物，要么耗尽它们的体力。史前的狩猎往往是集体策略，脑子更大的祖先们会追逐动物，直到它们疲惫不堪，然后困住它、杀死它。他们通过这种方式战胜了这些动物可能拥有的速度或体型优势。

克里斯托弗·麦克杜格尔（Christopher McDougall）在其著作《天生就会跑》中指出，我们的腿和脚拥有适合长跑的完美设计。人类进化生物学家丹尼尔·利伯曼（Daniel Lieberman）则强调赤脚时，人能发挥出最好的跑步能力，我们要用脚趾落地而不是脚后跟，而能够跑垮猎物的耐力是人类生存的关键。路易斯·莱本伯格（Louis Liebenberg）在其著作《追踪的艺术》中描写了卡拉哈里沙漠的布须曼人是怎样猎杀羚羊的：首先，他们会喝下大量的水；然后，他们以每小时4~6英里（约6~10千米）的速度奔跑追逐羚羊，距离长达22英里（约35千米），直到羚羊停下来甚至体力不支。生物学家戴维·卡里尔（David Carrier）指出，直到20世纪，非洲、墨西哥、澳大利亚和美国西南部的人仍然会追赶更大、更快的动物，直到它们疲惫不堪，被长矛杀死甚至是拳头打死。[4]

为什么动物会疲劳？让我们看一个实验。曾有研究人员将两只猎豹放到跑步机上，让它们奔跑15分钟，并用直肠温度计监测它们的体温。在跑过1英里（约1.6千米）多一点的时候——这是猎豹在野生环境中的近似狩猎范围，它们的体温上升到105华氏度（约41摄氏度）。[5]在这么高的体温下，猎豹停止了奔跑，四脚朝天，滑下了跑步机。每种动物的耐力都受到了限制，因为它们的体温不能在运动过程中上升到危险水平。

我们是如何被打造成能应对挑战的

所有恒温动物都必须将自己的体温保持在一个非常狭窄的范围

内，人的正常体温大约为98.6华氏度（约37摄氏度），而大多数哺乳动物的正常体温则要稍高一些。[6]为了使我们的体温高于环境温度，我们通过燃烧热量来生热。但是，如果环境温度上升，或者体力活动要求我们迅速消耗大量热量，从而产生了更高的温度，我们就需要散热。而和自然界的猎物相比，我们的优势在于，我们能在长时间的运动中避免体温超标，特别是当环境温度很高时，而猎物则没有这一优势。

我们可以通过吸入大气中较冷的空气，然后呼出带有体温的空气来交换热量。随着环境温度的降低，我们会被动地在较冷的空气中失去更多热量。然而在大多数情况下，我们都能通过出汗来排出绝大部分多余的热量。

我们有两种汗腺，顶浆汗腺和排泄汗腺。顶浆汗腺分布在我们的腋窝和腹股沟附近，通过毛囊分泌出密集、黏稠、刺鼻的汗液。这种汗液通常对细菌具有吸引力，而细菌的生长会引起异味。人体顶浆汗腺分泌的汗液，还不足以让我们身体的温度明显降下来。

相应地，我们有大约200万个排泄汗腺，它们集中在我们的手掌、脚底、头皮等地方。在体力劳动者身上，这些腺体通常每小时会排出半夸脱的细密、无味的汗水。当人进行剧烈运动，比如跑马拉松，或在95华氏度（约35摄氏度）的温度下踢一场足球比赛，能够每小时分泌多达1.5~2夸脱的汗水。在那些适应了热带地区生活的人身上，这些汗腺每小时可以分泌多达3.5夸脱的汗水。[7]

其他哺乳动物呢？大多数非灵长类动物通常在鼻部和足趾处分布着有限的汗腺。它们散热的主要方法是喘气——让呼吸变得更快，这样它们就能将肺部更多的热空气与外界的冷空气进行交换。但是，喘气是一种低效的散热方式，特别是当环境变热时——这就是为什么猎豹不能和我们跑得一样久的原因。有蹄类动物，比如马，主要依靠它们的顶浆汗腺散热——这就是马会渗出泡沫状汗液的原因，同时也解释了为什么运动中的马体温比人类上升得更快。

我们无与伦比的出汗能力是我们保持耐力的关键，因为即使在剧烈运动中，它也能让我们保持或接近正常体温。让我们看看它是怎么工作的：当我们的身体产生汗水时，就需要能量来蒸发皮肤表面汗液中的水分。而被用来蒸发水的能量，从身体中以热量的形式被释放出来，从而让身体冷却下来。人类每小时 3.5 夸脱的最高出汗量——假设一半滴落，一半在皮肤表面被蒸发——蒸发产生的冷却功率相当于 1.2 千瓦，大约相当于 1.6 马力，或约 4000 BTUs（英热单位）。这相当于多少制冷功率呢？它的功率和你卧室里标准空调运行 30 分钟左右的功率差不多。所以，在理想情况下，如果我们拥有足够的水来补充失去的汗水，就能为自己的身体降温，就像一台空调给卧室降温一样！[8] 这一非凡的降温能力使我们能够进行各种活动，否则我们的体温就会上升到致命水平。

这种优势也有助于解释人类为何能取代尼安德特人，尽管他们的大脑比我们大，身体也更强壮。相比拥有更多肌肉、也更健壮的尼安德特人，人类能够走得更远、跑得更快，与此同时，却比尼安德特人大约少燃烧 30% 的热量——因此产生的温度也更低。而且，我们光滑无毛的身体比毛发茂密的尼安德特人更利于降低身体温度。所以大约 4 万年前，当冰川消退、更多宜居的陆地露出来后，相比尼安德特人，我们有着一个巨大的生存优势——在开阔的陆地上探索的速度比他们更快，也更有效。[9]

水和盐

由于排汗能力对人类非常重要，所以比起其他哺乳动物，我们也需要喝更多的水。由于脱水和低血压可能会造成非常危险的后果，我们祖先的身体需要被打造得能够防范这些问题。[10] 最后，由于我们体内没有一个“大水箱”能够为出汗提供水分，人类一直依赖脑、肺、肝、肾以及肾上腺分泌的各种激素，通过饥渴感受来确保体内有微微多余的水，它们还通过让我们渴望咸的食物来指导盐分的摄入。它们也控制我们的肾脏，在盐和水短缺时将其储存起来，在盐和水过量时将其排出。[11]

如果身体的水位下降到一定程度，我们就开始脱水。在一般情况下，训练有素的运动员可以忍受失去 2~3 夸脱水分，如果再继续脱水则会让他们的血压降低，并且会造成身体里所有细胞的外液渗透压升高，从而影响它们的正常功能。[12] 当发生这种情况时，我们没法继续运动，因为没有足够的水来形成维持正常体温所需的汗水。

口渴的感觉源于大脑的一个特定部位，它对体内水分的量或血液中盐分和其他物质浓度 1%~2% 的变化都会非常敏感。不管盐的浓度是否改变，脱水都能刺激口渴。[13] 或者当体内的盐分浓度过高时，即使体内水分含量本身是正常的，也会刺激人产生口渴的感觉。口渴是一种精心调节的生存特性，比如孕妇的卵巢会分泌一种叫作松弛素的激素，以使其保持饥渴状态，即使她体内已有充足的水分，因为脱水可能会对她和胎儿产生不利影响。

虽然盐可由任意的盐基（如钠、钾、钙或镁等）和酸（如氯、碘、氟或硫酸等）组合而成，但我们通常想到的盐，指的是食盐——氯化钠，它由钠原子和氯原子组合而成。每天，我们都需要吃足够的盐以补充我们通尿、汗和粪便流失的盐分，所以我们会渴望盐，就像我们会口渴一样。钠原子比氯原子轻，所以它约占食盐重量的40%。通过计算，我们可以得出，每2.5克盐中含有约1克钠。人体所需的约50~80克钠（具体量取决于身材大小）都来自我们所吃的食盐。[14] 就像金发姑娘的粥不能太热也不能太冷（出自童话故事《金发姑娘和三只熊》，引义为凡事都必须有度，不能超越极限），如果身体内的盐和水，以及相对盐分水平太高或太低，我们都无法存活。血液中过量的钠会让水离开细胞，使得它们脱水，甚至会置它们于死地，这就是为什么喝海水会杀死我们。另一种极端情况是，如果血液中钠的含量太低，就会导致意识模糊甚至癫痫发作。[15] 激素必须随时微调我们体内的含水量和钠的浓度——准确地感知到不平衡，并尽快解决问题。

当身体需要盐时，对我们而言，盐的味道尝起来会更好，我们会想多吃一些。[16] 但要了解这一渴求的真正力量，不妨让我们看看医学研究人员劳森·威尔金斯（Lawson Wilkins）和柯特·里克特（Curt Richter）在1940年记录的一个三岁男孩的极端情况。该男孩的肾上腺功能失调，因此导致尿中流失了大量盐分。一岁时，他就会从饼干中舔食盐，并且总是要求吃更多。他喜欢吃饼干、薯片、咸肉和咸菜。只要加上盐，他就会很乐意吃下那些他不喜欢吃的东西，比如蔬菜，甚至谷类。当得到盐罐时，他会把盐倒在盘子里，然后用手指蘸着吃。除了食物中已经添加的盐外，他每天还要食用一茶匙或更多的纯食盐。不出所料，他学会说的第一个词就是"盐"。最终，他被送去医院进行医学评估，然而不幸的是，当他的食盐摄入量受到限制后，他失去了生命。[17] 因为这个男孩的肾上腺是不正常的，所以他对盐不寻常的渴求实际上是一个正确的反应。他悲惨的故事表明了当我们有需求时，对盐有多么渴望，为了得到它愿意付出的时间、精力，以及这些努力失败后产生的致命后果。

但是大量的实验表明，即使不需要盐，我们的味蕾和过分保护的生存本能也会促使我们选择咸的食物。例如，研究表明，四个月大的时候，婴儿通常就会挑选那些咸的食物。婴儿食品生产商认识到了这一点，出售了许多每份含有 0.5 克钠的产品——几乎一份就涵盖了婴儿每天所需钠的一半。餐馆和加工食品生产商也知道这一点，它们现在为我们提供了日常所需盐分的 1/3。

如果我们不出汗、不呕吐或腹泻，那么我们日常的盐分需求量将是微乎其微的。然而，平均每夸脱汗水就含有大约 1 克钠（训练有素的运动员每夸脱汗水含钠量更少，我们中有些人则更多），大约是血液和细胞中正常钠浓度的 1/3。如果我们进行体力劳动每小时出半夸脱汗，每天持续进行 10 小时左右，那么每天大约会损失 5 克钠。如果大多数人每天的出汗量少于 1 夸脱，那么每天摄入 1 克钠就足以补充我们在流汗中可能流失的钠。[18]

现代美国成年人平均每天会消耗约 3.6 克钠，世界平均水平甚至更高——每天约 5 克。[19] 我们通常通过尿液排出大部分钠，因为肾脏必须保证我们的盐分水平不能太高。但如果不需要排出多余的盐分，肾脏也可以很轻易地将排出量减少到极少。例如，巴西北部和委内瑞拉南部的亚诺玛米印第安人获取盐很困难，因此其尿中钠的流失量可以被限制到每天约23毫克，或我们通常尿中钠流失量的一半。

虽然许多器官参与了盐和水的平衡过程，但我们的肾脏进行了大部分的调整。由于我们会间歇性地喝下液体、吃下盐，我们的肾脏就会在缺少这些东西的时候保证水和钠的含量，并在它们过量的时候通过尿液将其排出。肾脏会让水的总体含量保持在一个很小的范围内，通常只会在理想含量的左右浮动几个百分点。[20]

当我们脱水、流向肾脏的血量降低时，肾脏按一定比例存储大量钠和水，以保证我们体内的盐分保持在正常水平。其结果就是，尿量减少了。在轻度脱水的情况下，我们可以将尿液中水的流失减少到每天少于0.5夸脱，刚好可以排掉那些会毒害我们的废物。

体内水分不足还会刺激动脉和静脉的肌肉收缩，以维持足够的血压来增加回流到心脏的血流量，即使在血量减少的情况下，还会刺激心脏更猛烈、更迅速地泵血，从而使减少的血量循环得更频繁。

正如第二章所讨论的，如果你不知道明天会发生什么，最好还是选择过度保护的方式。对于钠和水，过度保护带来的生存益处很明了。如果我们的身体没有足够的水分，那么脱水就可能让我们的血压降低到使身体得不到足够血液的程度。如果血压过低，我们就会晕倒甚至死亡。相比之下，如果钠和水的含量偏多，那么即使出很多汗、腹泻，或不能喝到足够的水，我们的血压也不太可能会下降到危险的水平。即使这些偏多的钠和水含量会使我们的血压升高，但这一升高的血压通常也会使我们平安无事许多年。因此，我们身体的微调机制主要是确保我们的钠和水的含量不要太低，而不是担心我们体内这两者的含量是否过量。

在许多代人的时间里，我们可以认为那些能够储存最多钠和水的人，最有可能熬过脱水，获得更好的生存机会，并将这一基因优势传递给我们，也就是他们的后代。但是，如果你不能够获得足够的水和盐，或者由于脱水而感到意识不清或昏厥，这些保护机制可能还不足以拯救你。

当我们的生存能力还不够时

公元前 490 年夏末，雅典军队在马拉松附近的平原打败了波斯军队。胜利是决定性的，也是出人意料的。最初在战场上，波斯拥有较强的兵力，但其决定将军队一分为二,一些人被派出去乘船到雅典的港口。他们本以为当地爆发的内战削弱了该城市的防御能力，然而他们想错了。雅典军队果断地击败了留在马拉松的波斯步兵，而波斯的海军队伍在认识到该城是如此团结一致、防御良好后，根本就没有直接进攻雅典。

公元 1 世纪，普鲁塔克在《雅典人的荣耀》中讲述了一名可能叫作斐里庇得斯的信使，被雅典将军米太亚德派去告知雅典的居民这一伟大胜利。从马拉松到雅典城的路程，如果沿丘陵路线大概是 22 英里（约 35.4 千米），如果走平坦一点的路线大约是 25 英里（约 40.23 千米）。据传，当斐里庇得斯在夏末的高温中到达雅典城，传递完胜利的消息后就精疲力竭，倒地而亡。[21]

乍看之下，第一位马拉松跑者因筋疲力尽而死去似乎并不那么令人吃惊。但实际上，这是非常奇怪的。也许，真如有些传说记载的那样，斐里庇得斯之前还被派到斯巴达，去说服斯巴达人与雅典结盟一起对抗波斯人，但他失败了。如果是这样的话，他在马拉松战争前几天或前几周就已经跑过了 150 英里（约 241 千米）左右。或者，还像其他一些传说中描述的那样，他已经经历了残酷的战斗。但不管斐里庇得斯在出发去雅典前有多么累，米太亚德可能也只能选择他来当这名信使，因为他是最好的人选，最有可能在夏末的高温中独自穿山越岭，将这一至关重要的消息告诉在家等待的人。

在分析这个传说时，即使它不是史实，也至少会有两个重要的问题浮现在我们脑海中。第一，米太亚德为什么派人步行去送信而不是骑马去呢？希腊可是有马匹的：1500 多年前，这种动物就被引入了希腊，而且古代奥运会同时包括了人类赛跑和赛马项目。第二，为什么整个希腊军队中最好的跑者从马拉松跑到雅典时就力竭而亡？这个距离实际上比现代马拉松还要短 1 英里（约 1.6 千米）。马萨诸塞州的长跑运动员狄克 · 霍特（Dick Hoyt）在将近 75 岁时，已经完成了 70 多场马拉松比赛，包括 30 多次波士顿马拉松比赛，并且这些比赛都是在他 37 岁以后完成的。在这些比赛中，他不仅要自己跑，还要推着坐在轮椅上、患脑瘫的儿子瑞克。[22]

在刚开始跑步时，人类的速度几乎和马一样快。在 100 码（约

91.4 米）短跑赛中，奥运金牌得主杰西·欧文斯就曾击败过一匹马。然而，如果跑步距离拉长到 1 英里左右，一匹马只需不到两分钟时间，而最好的赛跑运动员也需要只比 4 分钟略微少一点的时间。但如果距离更长呢？从 1980 年开始，英国威尔士的勒兰蒂德威尔斯每年都会举办“人马马拉松大赛”。在前 24 场比赛中，人都被马击败了，然而成绩之间的差距却并没有人们想的那么大。后来修改了赛制，各种自然障碍也被包含其中。2004 年，一名男子击败了所有马匹，领先了约两分钟。[23]

有趣的是：2004 年人类的第一次胜利和随后 2007 年人类的再次胜利都发生在炎热的天气里；而在 2011 年，一匹马在下雨的大风天气里以领先 17 分钟的优势击败了所有参赛选手。所以，在夏末的高温天，米太亚德派出了他最好的跑手，而不是让人骑马穿越也许并不比威尔士平坦的地形，是有几分道理的。

在斐里庇得斯的故事演变成一项奥运赛事以前，它也赋予了“马拉松”这一词语特别的意义——通过持久的、似乎永无休止的努力将耐力推到极限。但在人类历史上，跑马拉松就像是孩子的游戏。超级马拉松①的赛程之一是 62 英里（约 100 千米）。铁人三项包括了 2.4 英里（约 3.9 千米）的游泳赛、112 英里（约 180 千米）

① 超级马拉松是一种长跑运动竞赛，距离超过标准马拉松 42.195 千米的距离，通常分为两种：一种是固定距离，常见的距离有 50 千米、100 千米、50 英里（约 80.4635 千米）、100 英里（约 160.9269 千米）；另一种是固定时间，常见的有 6 小时跑、10 小时跑、12 小时跑、24 小时跑，在固定时间内奔跑距离最远者为优胜。——编者注

的自行车骑行赛和26.2英里（约42千米）的马拉松赛，并且中间没有休息。即使这些艰苦卓绝的比赛，与我们祖先追逐那些有蹄类猎物的距离比起来，也只不过是转移注意力的消遣而已。

斐里庇得斯被分配到的并不是什么自杀任务，而是对雅典军队身体条件最好的战士来说，非常容易完成的事。他的死亡表明，当人类的身体达到运动的极限时，是多么的脆弱。能否熬过马拉松比赛，取决于我们保持正常体温的能力。这要求我们能出汗，而出汗则需要有足够的水和盐才能实现。

在温暖的室外，我们的身体会迅速升温，因为无论呼吸还是出汗，都很难将热量迅速散发到周围的空气中。结果就是，我们的运动能力下降了。例如，在95华氏度的条件下，我们的最大运动量比在60华氏度（约16摄氏度）的条件中下降了25%。在干燥的空气中，我们的体温会下降得更快，因为干燥的空气可以吸收更多的蒸发水分。在潮湿的空气中，即使在相同的温度下，蒸发过程也会变得更慢，汗水在皮肤上停留的时间更长，我们就会出更多汗，因为我们的体温依然很高。因此，当我们在潮湿的气候中运动时，体温升高得更快，脱水的风险更大，我们的耐力就会下降——在相对湿度为80%的情况下，我们的最大运动量比在相对湿度为24%的情况下减少了约30%。[24]

如果要进行更激烈的运动，我们可以通过在运动前补水（如同卡拉哈里沙漠的布须曼人一样）来提高4%左右的耐力，如果在运动前让身体冷却下来，那么可以提高约6%的耐力，如果在运动的过程中喝下冰凉的液体，那么可以提高约10%的耐力。如果我们把水倒在自己身上，可以锻炼得更久——水会像汗水一样蒸发——尤其是将水倒在头上，因为大脑的温度一般比正常体温高一点。而且，最值得注意的是，喝下薄荷饮料，刺激身体的冷感受器，也可以提高约 10% 的运动表现。[25]

但是，就像其他任何适应机制一样，喝水这一行为也会走向不合理的极端。直到最近，马拉松运动员和健身爱好者还经常被要求多喝水以补充可能流失的汗水，或者不渴也要继续喝水，这样就能持续排尿，即使他们并没有进行运动。[26]但这种策略并不明智，因为这会导致水和盐的含量严重失衡。我们最好在感觉到口渴或认为必要时才喝水——本质上，运用让人类种族延续下来的相同生存机制。在错误的指导下尝试饮用过量的水，会导致排尿频繁，这会大大增加血液中的钠浓度降至正常维持大脑功能所需水平以下的风险。剧烈运动时，尿液减少并非异常——这实际上正是对压力的适当反应。

虽然汗液的盐浓度只有我们血液和身体细胞中盐浓度的约 1/3，但大量出汗也会导致钠过度流失。这就是为什么剧烈运动后也需要补充钠。这一挑战对那些在极端条件下、运动强度极大的运动员尤其重要——比如佛罗里达大学的橄榄球运动员会在夏末的高温和湿热条件下开始练习，他们面临的困境和斐里庇得斯面临的差不多。为此，一组大学的研究人员研发了第一款运动饮料——佳得乐（Gatorade）。他们将这款饮料命名为“佳得乐”，是因为佛罗里达大学运动员的绰号就是鳄鱼（Gators），这一绰号来源于他们的吉祥物——鳄鱼（alligator）。[27]现代运动饮料配方中钠的含量高达汗水中钠浓度的 40%——只要我们喝下与失去汗水等量的运动饮料，就能够将钠浓度保持在理性的平衡状态。

马拉松选手通常要在 101~103 华氏度（约 38~39 摄氏度）的体温下完成比赛，然后迅速冷却下来。平均来说，当我们的身体温度达到 104 华氏度（约 40 摄氏度）左右时，就不能继续奔跑了——大约比猎豹的极限低 1 华氏度（约 0.55 摄氏度）。[28] 但如果我们继续流汗，停下来后比猎豹冷却下来的速度快多了。另一方面，如果我们没有喝足够的水，没有足够的水分来出汗，即使在停下来之后，温度也会保持在很高的水平。

平均来说，如果我们以出汗、脱水的方式失去约 2% 的体重，也会很好，如果失去 2%~3% 的体重，也不会病倒，但如果失去 3% 以上的体重，就会有热疲劳的危险。[29] 因为即使是有经验的跑步者，也经常将他们的体液损失平均低估 50%，所以补水的重要性再怎么强调也不为过。

热疲劳的特征是皮肤湿热、头晕、头痛、意识模糊、疲乏、虚弱、恶心、呕吐。患者的血液会从重要的内部器官转移到皮下，以希望外界环境的温度帮助它冷却下来，因此患者的皮肤会变红、变热。血液的这种分流方式会加剧脱水，将重要器官置于更大的风险下。如果脱水严重到血压降低，从而导致眩晕，那么让患者躺下和抬高腿，就能让血液回流到心脏和大脑中。热疲劳的人常常需要迅速放松下来，口服液体，有时也用风扇、空调甚至冰来冷却皮肤。冷却皮肤也会使血液从皮下回到重要器官中。[30]

热损伤比热疲劳更为严重，通常发生在体温持续达到 104 华氏度的情况下。热损伤的人通常有着湿热的皮肤，常常因脱水和低血压而崩溃。血流量不足可能会损害肝、肾、肠，甚至可能会导致肌肉分解，这被称为横纹肌溶解。患者必须积极冷却下来以降低体温，减少相对脱水的状况。

中暑时，人的体温通常维持在 104 华氏度以上。严重脱水会使人无法继续出汗，因此皮肤虽然很热，但却很干燥。体温升高以及流向身体重要器官，尤其是大脑的血流量减少，会使人意识模糊，最终导致昏迷。中暑通常会对人的肝脏、肌肉和肾脏造成大范围的损毁。中暑的人急需外部冷却，通常会通过快速的静脉输液来恢复血流量。[31]

当斐里庇得斯不停地在希腊山麓奔跑时，当时的温度可能至少达到了 80 华氏度（约 27 摄氏度）。与现代马拉松比赛不同的是，在跑步途中不会有崇拜的观众为他递上水和其他点心。如果每小时的出汗量达到了预期的两夸脱左右，那他面临的主要危险是脱水。当脱水时，他就不能继续流汗了。一旦停止出汗，他的体温就会升高。如果体温上升得太高，他就会中暑。[32]脱水引起的中暑是长跑运动员面临的主要风险，尤其是在炎热的夏季——几乎可以肯定，正是这一原因杀死了斐里庇得斯。

我们的祖先为了避免因脱水而死亡，至少到他们能生养孩子，就需要一些生存特性——比如口渴、对盐的渴望，以及肾脏储存水和钠的能力——来过度保护自己。不幸的是，即使这些过度保护的生存特性也不足以拯救斐里庇得斯。

文明的进步

如果连现代人类都会经历各种感到口渴的困境，那么想象一下早期人类面对这些挑战有多频繁。在人类历史的大部分时间里，水一直是一种重要的商品。像耶路撒冷和耶利哥城这样的城市，都是在自然泉水的位置上建起来的。甚至还有更多城市是沿河建造起来的。rival（对手）这个词来自拉丁语rivalis，表示“一个人与另一个人同享一条溪流”。[33] 在干燥的地方栖息的人们发明了各种巧妙的集水装置和输水系统。大约在9000年前，约旦佩特拉古城的居民就学会了在坚硬的岩石上雕刻出水槽，然后用防水石膏将它们密封起来，并将其与赤土陶管相连，这样他们每天可以运输多达1200万加仑（约4542万升）的新鲜泉水。[34] 还有一处令人惊叹的地方，那就是伊斯坦布尔的储水池，该储水池纵横交错的排水管，让土耳其人能够将水从罗马帝国的所在地引入到该城。

在人类历史上，获取盐也是至关重要的。我们的史前祖先或许能从他们吃的动物的血液和肉中获得足够的盐。[35] 但是，当我们更多地依赖耕地以后，摆在我们面前的是一个新的难题，因为只吃蔬菜是没有办法得到足够的盐的。这就是为什么草食动物如鹿和马会寻找盐来舔，而狮子则不会这样做。随着农业的出现，我们的祖先也越来越依赖非动物来源的盐，它们可能来自海洋、盐泉或岩盐。

盐也是一种有效的防腐剂，可以防止肉类和蔬菜腐烂。因此，在食盐充足时，人们可以用它来储存食物，在之后需要的时候再拿出来食用。正如马克 · 科尔兰斯基（Mark Kurlansky）在他令人印象深刻的著作《万用之物 · 盐的故事》中记录的那样：我们的祖先建造并开发了卓越的公共工程和贸易航线，以在世界各地运输盐，通常它们比黄金更珍贵。

我们知道，早在公元前6000年，在位于现代罗马尼亚地域的人就会将咸的泉水盛在陶瓷器皿中煮，直到盐结晶出来。大约在公元前2000年，盐常常被用来保存肉和鱼。奥地利的萨尔斯堡（Salzburg），从字面上看，就是“盐之城”的意思。甚至salary（工资）这个词，也来自拉丁语salarium，指的是支付给罗马士兵用来买盐的钱。Salad（沙拉）这个词在拉丁语中意思是salted（咸的），最初指的是罗马人腌制叶状蔬菜的方式。[36] 罗马人还认为盐是一种春药，或许是因为膀胱满涨的男人更容易被撩起性欲——而如果他吃下过多的盐，就很容易做到这一点，因为他得喝更多的水来维持正常的身体含盐量。

由于盐的产量越来越多，其保存肉类和其他食物的能力导致工业化社会的人们对盐的摄入量也相应增加了。到19世纪，在冰箱出现，以及罐装、冷冻甚至新鲜蔬菜和肉类能够被广泛配送之前，欧洲人平均每天钠的摄入量约为7克，而美国人平均每天钠的摄入量则达到了惊人的24克！[37]

彼时与此时

当斐里庇得斯在马拉松结束后中暑倒下，古希腊人没法给他提供空调、冰，或是静脉注射。炎热和脱水造成的内伤使他迅速死去。

大多数现代人很少会去跑马拉松——尤其是在那种自然条件下——但是我们的水盐系统可能会通过其他方式面临失衡的挑战。我们任何人都可能会呕吐或腹泻。炎热的天气中，老年人尤其容易脱水，因为他们的激素分泌受限——口渴的本能就相对迟钝一些，而且他们体内的激素刺激肾脏保留盐和水的能力相对年轻时有所下降。然而，对大多数人来说，我们生活在一个满是瓶装水、咸味零食、静脉输液和空调的时代，斐里庇得斯和我们石器时代的祖先所面临的威胁，不再是我们需要重点关注的问题。

此外，由于我们运动更少，出汗也更少——因此需要的钠也更少。我们的采猎者祖先显然每天只摄入约 700 毫克的钠也能过得很好，而那些很难得到盐的人群，比如巴西的亚诺玛米人，可以每天只靠 400 毫克或更少的钠摄入量生存。[38] 在像亚诺玛米以及巴布亚新几内亚这样的社会里，人们每天的钠摄入量可以低于 600 毫克，而血压却几乎都是正常的，并且也不太可能升高，即使真的有升高，也只与年龄增长有关。

美国人平均每天摄入的钠绝大部分来自加工食品（包括面包、点心、汤和调味酱）以及餐馆，而不是盐罐。尽管美国人现在摄入的盐比 19 世纪少——因为当时盐还是一种重要的食品防腐剂，但仍然远远超过了我们延续物种所需要的量。

简单地说：一种在最开始需要花大价钱、付出风险才能得到的东西，现在却供过于求。一种以前比黄金还贵的东西现在被添加到了各种食物中，然而却并不是因为食物需要防腐，而只是为了增加口感。过去我们需要努力才能摄入足够量的东西，现在却唾手可得，因此我们必须努力避免摄入太多。

而且问题还不只是我们的盐摄入量。要想了解在公元前490年，都不足以拯救斐里庇得斯的同样的生存特性，为何会在2000年后杀死罗斯福，我们就需要了解血压——它是什么，它与食盐摄入量以及我们自身激素的关系怎样，它是如何又是为什么会升高，以及它升高后会产生什么样的破坏性后果。

搞清楚什么是高血压

血压以毫米汞柱（mmHg）计算，由两个数字组成。第一个数字总是两者中较高的，叫作收缩压。收缩压是心脏产生的最大压力，是将血运输到大脑、肾脏以及最重要器官的压力。它是根据每次心跳泵出的血量乘以血管的阻力计算出来的。第二个数字是舒张压，指当人的心脏舒张、动脉血管弹性回缩时产生的压力。舒张压更准确地反映了动脉对血液流动的真实阻力。

维持我们生存所需的准确血压因人而异。简单地说，如果你是健康的，没有靠药物降低血压，那么你的自然血压越低（只要你能保持清醒和警觉），就更健康。但它一旦变得太低，你就可能会非常危险。

如今正常血压的定义为不高于120/80毫米汞柱。收缩压高达139毫米汞柱或舒张压高达89毫米汞柱是高血压的边缘。60岁以下的人如果收缩压高于140毫米汞柱或舒张压高于90毫米汞柱就需要进行治疗，而现在很多专家认为60岁以上的人只有收缩压高达150毫米汞柱才会建议他们服用药物。[39] 我们这里所讨论的高血压，通常指的是持续、长期的血压升高，而不仅是一两次的数字。医生在测量血压时应该让被测量者保持坐姿，并且每只手臂都要量，至少要量两次，中途休息五分钟。

作为对日常行动的反应，我们的血压每分钟都在变化。例如，当你运动时收缩压会升高，因为你的心跳变得更快了，每次心跳都有更多的血液泵出。但是收缩压并不会随着血流量的增加而成比例地升高，因为通往我们腿部和手臂大肌肉群的动脉血管会在运动时扩张，尤其是当我们步行和跑步（等张运动①）时，以帮助肌肉获得所需的血液。同样，进食后通往肠道的动脉血管也会扩张，这样肠道就能获得足够的血液和氧气来吸收和消化食物。我们之所以被告知不要在进食后一个小时内游泳或运动，就是因为肠道和肌肉会竞争血液，其中一方的血流量会减少，从而导致肌肉或肠道（或两者同时）痉挛。[40]

在等张运动中动脉血管扩张时通常舒张压会微微下降。然而，高血压患者的收缩压和舒张压通常会在等张运动时升高。血压会在人举重（等长运动②）时短暂增加，这是因为心脏泵出了更多的血液，但动脉血管并不是按比例扩张的。[41]

无论你是在家，还是在药店测量自己的血压，都会发现有 5~10 个点的偏差，这是很正常的。所有焦虑、压力都可能会暂时让血压升高。那些在有压力的情况下血压瞬间超过正常值，之后又恢复正

---

① 等张运动是肌肉收缩时肌纤维缩短，即肌纤维长度改变而引起的肢体活动。——编者注

② 等长运动是以增加肌肉张力来对抗一个固定阻力的运动。——编者注

常的人，他们有着不稳定的血压，但不是真正的高血压。有些人甚至患有“白大褂高血压”，当身处医生的办公室时他们会备感压力，以至于当医生或是护士进来时，他们本身正常的血压会突然上升到异常范围。

我们所有人都有周期性的压力，但不是所有人都会有短暂的高血压，血压不稳定之人的动脉血管往往比其他人的动脉血管反应更强烈，并且有着更高的患慢性高血压的风险。但这种高风险的产生是因为这些人本身更具患高血压的倾向，而不是因为压力本身等导致了慢性、持续的高血压。

一个常见的错误想法就是，如果血压升高，我们可以感知到。但事实上，高血压本身并不会引起任何症状。高血压在英语中也被称为hypertension（过度紧张），但它与一个人过度紧张没有任何关系。一般来说，焦虑或紧张的人的血压通常并不会长期都比感到放松的人高。

高血压是由什么导致的

如果压力不会导致长期、持续的高血压，那么高血压是由什么导致的呢？在血压计刚被推广的时候，也就是大约在1905年后，传统观点认为血压会随着年龄的增长而自然升高，只不过我们中有些人升高的速度比其他人更快。人们相信，随着时间的推移，我们的所有动脉血管都会自然而然地变得更坚强，阻力也会更大，因此即使每一次心跳泵出的血量都不变，血压还是会上升。

由于血压升高的现象几乎随处可见，人们认为它并不那么危险。甚至在20世纪40年代末，广受好评的美国心脏病教科书中，还将高达200毫米汞柱的收缩压和100毫米汞柱的舒张压的高血压定义为轻度、良性的高血压。而其中唯一推荐的治疗方法就是使用轻微的镇静剂，要是有必要的话，还会让患者减轻一些体重。[42]

现在我们知道，这一切都错了。正常血压的数值不应该随着年龄的增长而被重新定义。在发达国家，血压会随着年龄的增长逐渐上升，不是因为这种情况是正常的，而是因为太多的人随着时间的推移，动脉都逐渐异常，变得硬化（或固化），不能正常扩张以使心脏收缩时血液流经它们。相比之下，舒张压在50岁至59岁之间趋于最高水平，之后可能会下降，因为在心脏舒张期间，僵硬、弹性较小的血管不能在心跳间隙提供同样的回弹阻力。

我们的动脉会以两种方式逐渐硬化。首先，如果脂肪块，主要成分是胆固醇，沉积在血液流过的血管薄薄的内膜表面，就会让它变硬。这个过程被称为动脉粥样硬化（atherosclerosis），这个词由希腊语中的sclerosis（硬）和athero（粥）组合而成。[43]

其次，所有动脉血管都有一层能收缩或放松的细小肌肉。当这些肌肉收缩时，动脉血管变得对血流量更有抵抗力，血压就会上升。正如我们前面所讨论的，这种收缩对于维持我们脱水时的血压至关重要。但即使我们的血压只是轻微升高，这层肌肉也会收缩，但却是为了另一个目的——保护我们的器官不会被压力增大所导致的太多血流量损坏。这个过程会形成一种恶性循环，因为收缩的动脉血管会迫使心脏产生更高的压力，从而使动脉收缩得更厉害。所以血压一旦升高，随着年龄增长，通常会越来越高。这种恶性循环导致的较高压力，虽进行缓慢，但一定会让主动脉，甚至最小的动脉分支都变得硬化起来。

大约95%的高血压患者患上的是如今所谓的“原发性高血压”，这是对由体内钠调节器设置错误引起的高血压的一个花哨说法。导致体内钠调节器设置错误的原因可能是一种或多种激素分泌过量，这些激素可以保存钠或收缩血管，以保护我们免于脱水。这些激素的突然增多可能是由已知的40多个特定基因的突变引起的，这些基因在调节激素的分泌时发挥着一定作用。现在我们的寿命更长，并且吃下了比我们所需更多的钠，因此这些过度保护我们的调节器——是以那些在我们的祖先脱水时，帮助拯救他们的基因突变为基础设置的——引发了意想不到的后果，导致并逐步加重了高血压。[44]

另外5%的高血压病例是由外界可辨识的导致我们正常的水盐系统失衡的情况造成的。大约2%的病例是由于连接一个或两个肾的主动脉变窄导致的。连接肾脏的动脉变窄的原因，可能是动脉粥样硬化，也可能是一种罕见的肌纤维发育不良，由动脉肌组织的过量积累导致。[45]为什么这种情况会导致高血压？因为肾脏通过感知心脏每分钟向身体泵出的血液量，来检测身体是否脱水——例如，它们知道当我们脱水时心脏输出的血量会下降。但不幸的是，这种方法是不完美的，因为它太简单了。如果向肾脏供血的动脉变窄了，肾脏通过对心脏输血量进行估计从而对机体对盐和水的需求的判断就可能会出现偏差。心脏总的输血量可能很正常，但是由于流向肾脏的血液被限制了，使它们误以为心脏输血量减少了。因此，肾脏将会在极力保留水和钠的同时释放出激素刺激全身动脉收缩——这是当它们感知到身体脱水时应该做的事。

另外1%的病例发生在那些肾脏受损的患者身上，他们的肾脏发生了功能性改变，无法再感知血流量或他们身上多余的钠和水。而剩下的2%是由肾上腺肿瘤导致的，它会分泌过多的肾上腺素或其他物质来收缩动脉，或让我们的身体保存下比我们所需要的多得多的钠和水。在原发性高血压的情况中，控制各种激素的调节器稍微有些失调，而肾上腺肿瘤则完全不同，它不受任何身体的自动调节器控制——所以它们导致的高血压不应该被认为是重要生存特性导致的意想不到的后果。

我们内部盐和水的调节器也解释了一个有据可查的种族现象。由于人们在炎热的气候下比在凉爽的气候下脱水的可能性更大，所以我们可能会认为那些在炎热的气候下生活了很多代的人，尤其擅长保存钠和水——或是能更好地保持血压平稳，即使是在脱水的情况下。毕竟，如果没有一定的血压，我们无法生存下来，必须尽我们的所能来保护自己。但在现实中，这一切是如何上演的呢？

在美国，大约30%的成年人患有高血压，但在非裔美国人中，这一概率却达到了约40%。[46]这是为什么？非裔美国人通常比白种人对特定含量的钠更为敏感，结果就是，平均而言，过量的钠摄入量在更大程度上增加了他们的血压。对此，我们不应该感到奇怪，更有效地防止脱水的生存机制带来的意想不到的后果，竟是特别增加了患高血压的风险。

摄入过量的钠进一步加速我们的身体过分保护的倾向，并会导致高血压的出现。不管高血压的诱因是什么，如果你吃更多盐，血压都会变得更糟。平均每天多摄入 1 克钠可使血压增加约 2.1 毫米汞柱并使高血压发生的可能性增加约 17%。摄入过量的钠会损害我们的心脏、肾脏和血管——每天摄入超过 6 克钠与死亡风险增高密切相关。一些专家估计，对钠的过度摄入导致了每年超过 150 万人死亡。[47]

高血压所造成的损伤

通常，血液会通畅地流过动脉光滑的内膜。但是当血压升高时，血流量开始变得更快，而且会更加紊乱，就像打开水龙头使水流通过水管时你所看到的那样。这一压力和湍流破坏了全身所有动脉的内膜和肌肉层，尤其是大量供血的主动脉，特别是在血液需要改变方向甚至转弯的分支点。当受损的地方随后愈合时，可能会形成一个微小的含有胆固醇的疤痕，并可能使动脉变得窄一些。正如我们会在第六章中所了解到的那样，如果含有胆固醇的伤疤被湍流冲坏，它会破裂，并通过形成血块愈合，这一过程进一步使动脉变窄。如果动脉窄到一定程度，就很少有血流能通过，动脉变狭窄处的器官就会受到损伤。如果狭窄处发展到完全阻塞，那么由动脉供血的器官就会死亡。发生在心脏处，就是心脏病发作；发生在大脑中，就是中风。

除了逐渐对动脉内膜造成损伤并使其变窄外，血压还可以高到足以在增厚的动脉中相对薄弱的部位吹出一个洞——甚至是在将血液输送到全身的主动脉处。在例行检查中，家庭医生或眼科医生可以在眼睛的视网膜上观察微小、增厚的动脉，检测是否有破裂的痕迹。大脑中的动脉对血管破裂特别敏感，也许是因为颅骨内固定的空间限制了它们为应对高血压的调整形状的能力。当大脑动脉出现破裂时，会导致出血性中风——脑出血——而缺血性中风则是由血液凝块引起的。

在肾脏中，高血压破坏了过滤血液中有毒废物的毛细血丛（肾小球）。每个肾脏约有 100 万个肾小球，两个肾脏每天可以从我们的血液中过滤出约 200 夸脱的水。肾脏的其他部分则去除废水中的废物和多余的盐分。如前所述，每天，它们以尿液的形式排出 1~2 夸脱的水，但它们会将其余剩下的物质全部回流到血液中——经过净化的废物和适量的盐。

但当高血压损坏肾小球后，它们就不能有效地发挥作用，肾脏滤出的水（以及它携带的废物）的数量会下降。如果每天过滤的水的数量下降 50%，甚至 75%，我们也可以活得很好。但当每日过滤的水低于 25 夸脱时，肾脏就没有足够的水来工作，有毒废物会积聚在血液里，并最终毒害我们——除非我们用肾透析机，将这些有毒废物从血液中过滤掉。更糟的是，还记得我们的肾脏认为流向它的血液不足时会怎么做吗？它会认为我们脱水了，从而激活激素来保存盐和提高血压。因此，当肾脏被高血压破坏后，它会荒谬地竭尽全力将血压提升到更高！在美国，超过 1/4 的肾衰竭是由高血压导致的。

高血压还会影响心脏泵血的能力。简单地说，如果心脏泵血时必须要克服更大的阻力，那么心肌就必须变得更厚、更强壮。但这种增厚不同于我们通过举重逐渐增强手臂肌肉的情况。虽然高血压在短期内会使心脏肌肉变强，但从长远看，长期的高血压对其是种损害。长期的高血压最终会使心肌疲惫不堪，就像我们试图长时间地举起太重的重量，手臂会疲倦一样。在有效的药物问世之前，在美国，高血压曾是导致心力衰竭的主要原因。而如今在发展中国家，高血压仍是导致心力衰竭的主要原因，因为那里的人不太可能接受有效的治疗。[48]

最初，医生认为最好通过使用能使心肌收缩更剧烈的药物来治疗心力衰竭，例如洋地黄，它是从毛地黄中提取出来的，能够轻微提升心脏肌肉的功能，此外还有肾上腺素和其他一些对心脏肌肉有作用的药物。但是，除了洋地黄可能是真正有益的——虽然其作用非常有限，其他药物实际上对心脏造成了更多的损害而不是有所帮助。为什么？因为心力衰竭时，心脏已经被我们自身的激素最大限度地刺激过了，所以更多的刺激其实并没有什么帮助。改善心肌功能的最佳方法不是更用力地去鞭打它，而是阻断导致我们保存了太多水和盐的激素的恶性循环——这些同样的激素还引起了血压升高。令人惊讶的是，我们现在用来治疗心力衰竭的药物和用来治疗高血压的是一样的！

罗斯福的高血压

虽然小儿麻痹症的后遗症让罗斯福在没有背带的情况下无法站立，但当美国民众在 1932 年第一次推选他为总统时，他们认为这位 50 岁的老纽约客是健康的。他通过游泳和其他体育活动锻炼出的有力的肩膀和手臂，弥补了他脚上的缺陷，让他看起来既强壮又有活力。同时，他身体外在的活力，也掩盖了他的高血压问题。

他去世后公布的医疗记录显示：早在 1931 年时，罗斯福的血压就已经达到了 140/100 毫米汞柱——现在这一数值被认为是正常血压与高血压的边界；1937 年，他的血压大幅提升到了 162/98 毫米汞柱，并在他的任期内继续升高；在 1944 年 6 月诺曼底登陆时，达到了 200/108 毫米汞柱——严重高血压的水平。到 1944 年夏天民主党大会召开时，高血压和频繁的头痛表明他可能已无法连任总统。他的顾问们迫使他提拔哈里 · 杜鲁门作为其第四次总统竞选的竞选伙伴，因为他们知道自己可能正在挑选下一任美国总统。

在选举之后，罗斯福的血压上升得更厉害了。他最后一次出现在公众面前是 1945 年 1 月。当时，他发表了一篇简短的 500 字的就职演说。到了 2 月，当他和丘吉尔、斯大林在雅尔塔会议上安排战后国际事务、维护战后和平时，他的血压达到了 260/150 毫米汞柱。[49]

在罗斯福担任总统期间，他的主治医生是海军中将罗斯 · 麦金泰尔（Ross T. McIntire），他一名耳鼻喉专家。麦金泰尔注意到了罗斯福恶化的健康状况，包括体重减轻以及呼吸急促，但他将其归结为感冒和支气管炎，而不是高血压及其对心脏的有害影响。在罗斯福女儿的请求下，麦金泰尔最后咨询了心脏病专家霍华德 · 布尔诺（Howard G. Bruenn）博士，他正确诊断出了罗斯福的病是高血压引起的心脏衰竭。麦金泰尔随后开出了一份低盐饮食的医嘱，这在当时被认为对降低血压有一定的好处，他还为罗斯福注射了含有汞的药剂，以抑制肾脏保存盐和水的能力。他还开出了洋地黄，这是当时治疗心力衰竭最好的药物。[50]

但在那个时代，即使最好的治疗方法也是无济于事的。从现代医学角度看，罗斯福的高血压基本保持在未治疗的状态，并且毫无争议地上升到了即使是当时，也是公认的恶性状态。他的医生们知道——或是应该知道，即使是在 20 世纪 40 年代——患有恶性高血压的人剩下的寿命不会超过一年或两年。

当罗斯福大脑中的血管破裂时，他经历了最具毁灭性的急性高血压反应，患上严重、致命的中风。他在昏迷前曾抱怨“我的头很痛”，因此他可能是经历了所谓的蛛网膜下腔出血，在这种情况下，血液会进入脊髓液。他昏倒后的血压高达 300/190 毫米汞柱。

当罗斯福在第四任期内去世时，人们很容易认为这是因为他是个老人。然而事实上，他死时只有 63 岁，比威廉 · 亨利 · 哈里森和扎卡里 · 泰勒都年轻，这两位 19 世纪的总统在选举后不久都死于“自然原因”。罗斯福的年龄甚至还不够领取他任职期间建立的社会保障老年养老金。

当代社会的难题

在美国和其他发达国家，高血压的患病率随着年龄的增长而急剧上升：35 岁以下人群的患病率为 5%左右，35~44 岁人群的患病率为 15%左右，45~54 岁人群的患病率约为 35%，55~64 岁人群的患病率约为 50%，65~74 岁人群的患病率约为 65%，75 岁以上人群的患病率则为 70%以上。[51] 它的影响是巨大的。在心脏病和中风导致的死亡案例中，高血压患者占到了约50%。高血压还是导致心力衰竭和肾功能衰竭的一个重要原因。总的来说，每年有近40万美国人，全球范围内有700万~800万人死于高血压。[52] 治疗高血压也很费钱，考虑到医疗服务的成本和工作时间的限制，仅在美国，每年治疗高血压的花费就超过750亿美元。幸运的是，使用药物来降低血压的代价是很值得的，通过避免中风和心脏病发作而节省下来的费用，远远超过了使用普通药物时药物本身的成本。

斐里庇得斯去世时，他超越了帮助人类在1万代的时间里生存下来的自然适应机制的极限。富兰克林·罗斯福63岁时也因为同样的过度保护生存特性太过激进而去世。事实上，人类物种的延续，不需要任何人活到63岁——我们只需要活到能够生下孩子，并在他们还很弱小的时候能够养育他们就行。在大部分历史时期，在面对有限的盐和水的情况下，我们的身体必须这样做，更不用说偶尔还会流行的传染性腹泻。在发展中国家的一些地区，这些威胁仍然不足以引起人们对高血压的担忧。如果稍微过分的保护机制的代价只是让我们在60岁左右患高血压和中风的风险增高，却能让人类这一物种延续下去，那么人类是承担得起这一损失的。但现在，由于水、盐，甚至静脉输液唾手可得，几千年来让人类得以挺过脱水的同一生存特性就变成了好坏参半的事：如今15%左右的美国人死于高血压，这比死于脱水的人数高了很多。

当下，美国人实际需要多少钠？我会在第六章讨论这个问题。但为了弥补从汗液、尿液和粪便中失去的钠，我们的身体现在每天只需要不超过1.5克的钠——连现在美国成年人平均每天摄入的约

3.6 克钠和我之前引用的世界平均水平的 5 克钠的一半都不到。所以不出所料，美国心脏协会将每日钠的摄入量限制在同样的水平（1.5 克/天），而世界卫生组织则建议每日摄入 2 克钠，美国食品和药物管理局以及美国医学研究所建议每日摄入 2.3 克钠（约为我们每天平均摄入量的 2/3）。[53] 即使我们每天损失超过 1 夸脱的汗水，这些量也能在误差范围内保证我们体内的钠充足。如果我们能更接近于亚诺玛米人和其他采猎社会的低盐习惯，就能完全避免患上高血压。

第四章

危险、记忆、恐惧与现代社会焦虑、抑郁的蔓延

2012 年，在离情人节仅有 10 天的时候，前陆军上士，同时也是参与了伊拉克战争的第八十二空降师老兵杰森·彭伯顿（Jason Pemberton），在位于佛罗里达州的公寓里开枪杀死了自己的妻子蒂凡妮，随后自杀。28 岁的彭伯顿 18 岁就参了军，并和 25 岁的蒂凡妮已结婚一年左右。

彭伯顿曾担任过侦察员——收集和传递信息，同时在需要时也化身为狙击手——他不是普通士兵。在伊拉克服役期间，他被授予了三枚紫心勋章。[1]

为什么在战斗中通常要靠杀害敌手才能幸存下来的士兵，会患上创伤后应激障碍（PTSD），突然决定结束自己的生命？更糟的是，为什么要夺取他们所爱的人的生命？

问题的答案并不简单。但要理解像杰森·彭伯顿这样的前模范士兵，是如何突然崩溃并犯下如此残暴的罪行的，我们就必须了解自旧石器时代以来，我们的祖先面临的挑战。他们会乐意夺取他人的生命，不止为了自卫，获得食物、水或伴侣，有时也为了荣誉或自尊心。为了避免被杀——被谋杀或是被其他手段杀害，人类需要

感到害怕。有些恐惧是天生的，是我们内部反射行为的一部分，其他的恐惧则是我们从经验中学习到的。根据具体情况，有时我们会反击，有时我们会逃避，有时我们会顺从，希望暴徒不会把我们伤害得太严重。

帮助我们的祖先了解、学会并记住如何避免被杀的那些过度警觉、由恐惧驱动的生存机制，有着很大的副作用——它们可以导致焦虑、恐惧、抑郁，甚至自杀。随着世界变得更加安全，这些生存机制给人类带来的利益与副作用的天平发生了倾斜。在当代美国，每 10 个成年人中就有一个患有抑郁症，每年大约有 4 万人自杀。美国人现在死于自杀的人数是被谋杀或死于战斗的两倍还多。具有讽刺意味的是，在旧石器时代那些保护我们的、与生俱来的行为导致的死亡人数，比它们本来应该应对的生存挑战杀死的人数还多。随着我们的世界继续从历史上弱肉强食、杀气腾腾的环境发展成一个文明社会，这些问题只会越来越严重。因为在现代社会里，置人于死地的力量不再适合应对那些变得更加隐蔽的威胁。

生存挑战

史前的采猎者群集，平均包含约 30 个有相互关系的成人和他们的孩子。他们会在一个相对有秩序，但物资稀缺的社会结构中搜寻食物。即使在同一个地理区域有超过一组采猎者群集居住，这一扩大化的社区也不会超过 200 人。这些群集不仅是贸易伙伴、潜在的伴侣，而且还可能是争夺食物和水的充满敌意的竞争者。[2]

我们的祖先会面对形形色色的体能挑战和潜在的掠食者，这些挑战可能在他们互相紧密抱团的群集中，也可能在别的群集中。如果你被自己的群集排斥，只能一个人干的话，那么你生存下来的概率会很低。并且即使你生存下来了，也没法延续你的基因，除非你偷到了一个伴侣或被群集重新接纳。

当面对危险时，我们通常会想到两种可能的行动方案：像狮子一样战斗，或像老鼠一样逃走。然而，我们的祖先经常会遇到两种方案都行不通的情况。如果你没有强大到足以打一场可能取胜的战斗，或可以跑掉，那么你还有一个选择：表现得毫无威胁，顺从你的对手，就好像鹿被车灯照到时会停住不动，或是像狗会夹着尾巴呜呜地叫。你顺从的目的是让掠食者——无论是野生动物还是其他人——放你一条生路。换句话说，不要打一场不能赢的仗或是知道逃不掉还要跑。相反，表现得恭顺、安静，以期望自己不会受到身体上的伤害，或许幸存下来后将来能够处于更好的位置。

回到旧石器时代

1991 年，冰人奥兹的尸体在蒂罗尔州阿尔卑斯山脉融化的冰川中被发现。这个生活在距今约 5000 年前的人类，尸体保存得非常完好，此外他还携带着斧头、匕首和一箭袋的箭。虽然最初，科学家认为他是在打猎时不知何故绊倒后被冻死的，但后来经 X 光检查，他们在他的肩膀上发现了一个箭头。通过法医的进一步分析，他身上还有其他未愈合的伤口，并且他的箭、匕首和衣服上，至少沾有四个人的血。我们不知道他究竟是怎么死的，但他肯定不是无疾而终。[3]1996 年，在华盛顿州的哥伦比亚河岸出土了已有 9400 年历史的肯纳威克人遗骨。通过对他的骨骼分析，人们发现他的骨盆里嵌有一块石弹，并且附近的地方还骨折了。[4]

最开始，许多考古学家认为这两人只是特例，因为我们的祖先是爱好和平的觅食者、猎人、农民，但进一步的证据很快就打破了“温柔的野蛮人”这一神话。[5]

就如同劳伦斯·基利（Lawrence Keeley）在《文明前的战争》一书中所描述的那样：多个考古遗址的遗骨表明，约有 15%的史前采猎者死于暴力冲突，而这些冲突可能是他们与他人争夺资源、伴侣，或是为了复仇或维护自尊导致的。[6]斯蒂芬·平克（Steven Pinker）在《人性中的善良天使》中进一步解释了这一观点。我们不知道他们为什么以如此高的频率互相残杀，但基于美国、亚洲，以及澳大利亚现存的采猎者群集，我们可以做一些猜测。[7]值得注意的是，这些现存的群集中因暴力死亡的平均概率，几乎和我们旧石器时代的祖先一样高。

例如，在巴拉圭的亚契人中，当地群集之间仪式性的社团打斗经常导致头骨骨折和死亡。大约 60%的亚契儿童和 40%的亚契成年人是因暴力而死的，这些行为包括群集内的对婴儿和孩童的屠杀、仪式性的打斗，以及真正的战争。在巴布亚新几内亚，成年男子中 20%~30%的死因是遭到了其他成年男子的谋杀。在委内瑞拉，成年亚诺玛米男人几乎一直生活在战争中，他们中的 25%会被其他亚诺玛米人杀害或是在与其他本地群集的战斗中身亡，这些冲突多是因为女人或复仇，而不是为了争夺食物。在同样生活在委内瑞拉的希维人中，暴力致死的人数约占所有死亡人数的 15%。

一项详细的人类学研究表明，没有一个希维人是被掠食者杀害的，尽管当地的环境中充斥着美洲虎、食人鱼和蟒蛇。超过一半的受害者是被其他希维人杀害的，另外 25% 是由其他委内瑞拉人杀害的，剩余的约 25% 死于事故或环境危害。暴力致死的手段中最主要的是杀婴——尤其是女婴。希维人内部的互相残杀通常是因为争夺妇女，来自嫉妒的丈夫的报复，以及为之前的杀戮复仇。而其他委内瑞拉人杀害希维人，通常是由领土争端引发的。博茨瓦纳的昆人通常被称为“温柔的人”，但他们的谋杀率，也比美国曾报道过的最高谋杀率高了六倍左右，仅次于中美洲毒品战争的战场——萨尔瓦多和洪都拉斯两个现代国家。[8]

从这些案例研究中，我们可以清楚地看到，史前的暴力死亡绝大多数是由谋杀引起的，而不是由动物袭击或坠落悬崖造成的。这些统计数据带出了一个显而易见的问题——为什么在 1 万代人的时间里，人类都有互相谋杀的冲动呢？

心理学家戴维·巴斯（David Buss）和乔舒亚·邓特雷（Joshua Duntley）认为，谋杀的能力是自旧石器时代起就被保存下来，并不断增强的一种进化优势。从历史上看，杀手——几乎都是男性——能够得到食物、水和女人，以及她们的生殖潜力。谋杀也可以是维持或提高社会地位、维护荣誉的一种手段，还能收获显示主导地位所带来的相关利益。[9] 我们之所以生活在这个世界上，不是因为我们的祖先们没有打斗过，而是因为他们不仅打斗过，而且还赢了。

换句话说，我们是杀手的后代，而不是被害者的后代。有时，我们的祖先可以通过其他方式生存下来——逃跑、谈判，甚至是变得顺从——所有这些特性都延续在我们DNA中的某个地方。但有一点是明确的，温顺的人在旧石器时代并不会占统治地位，而温顺的人的后代至少现在还没有主导地球。

但问题是，在有法律和执法机构存在的成熟社会里，谋杀所需的身体能力和避免被杀所需的自卫能力，不仅变得远没从前那么重要，并且对我们还是不利的。我们现在更有可能在体育、商业和社会地位上进行竞争，而不是使用身体暴力决一死战。因此，我们的许多防御机制可能并不适合现在面临的真正挑战。

我们是如何被打造成能应对挑战的

显然，杀手比受害者更容易将自己的基因传承下去。正如我们在第一章中所讨论的那样，一个只提供10%生存优势的基因突变可以在150代人，即约3000年后传播到几乎100%的人身上。我们没有一个可确认的“谋杀基因”，但是超过90%的男性和超过80%的女性在被仔细询问后，明确表明有杀人的想法。[10] 如果情况危急的话，几乎每一个人都愿意杀人，比如自卫或是为了保护他们的家人。

至少有85%的谋杀案是男性犯下的，大约80%被谋杀的人也是男性。[11] 在像美国这样的发达国家，男性的谋杀倾向有时被归咎于受文化影响——从儿童玩具枪的盛行到充满暴力的电影以及电子游戏。但在所有文化中，不管有没有玩具店、电影和电视，男性的谋杀率都差不多是这个比例。

从进化的角度来看，男人杀害其他男人，可能是为了获取资源，减少对手的威胁，抵御攻击或建立优势，从而威慑未来可能对自身发起的攻击。谋杀不仅是一种极端的暴力行为，还具有明确的进化目的。[12] 如果受害者能够舔舐伤口，生存下来再继续战斗，那么凶手积累起来的许多好处就将不复存在。被谋杀的受害者则会失去自己的生命以及未来拥有孩子的机会。此外，受害者的孩子会发现击败凶手的后代变得更加困难，假如不是立即的话，他们最终也不太可能生存下来。

成功的攻击会增加资源、交配机会和传递基因的可能性。例如，蒙古人犯下过有史以来最大规模的屠杀。这一切值得吗？事实证明，生活在曾经是蒙古帝国征服地的男人中，有 8% 的人拥有相同的Y染色体，这些染色体可以追溯到成吉思汗和他的儿子们征服这片土地的时候。[13] 因此，在取得领土并最大限度地传递基因方面，成吉思汗和蒙古人的确如愿以偿。

男人也会杀害女人。全球有超过 1/3 的被害妇女是被亲密伴侣杀害的，尤其是当她们处于最好生育期的时候——特别是在杀人的伴侣或前伴侣认为她已经无法挽回后，到她与另一个男人建立起明确关系前这一段时间内。当她与其他男人建立了关系，就能传承他的基因，这个男人就可能会保护她。相比之下，针对亲密伴侣的非致命暴力——通常是杀人的先兆——旨在阻止或惩罚配偶的不忠行为。简单地说，如果一个人认为非致命暴力可以换回女人的忠诚，那么杀死她就是件适得其反的事。[14]

另一种谋杀形式是杀婴，主要由妇女犯下。因为她们不愿意将稀缺的资源给予一个虚弱的孩子，而不是给那些已经投入了大量精力养育的其他孩子。而当男人杀死孩子的时候，绝大多数情况是因为他们知道或害怕孩子不是他们亲生的，不想花费任何精力去保存别人的基因。这一现象也解释了灰姑娘效应——孩子被继父杀死的概率是被亲生父亲杀死概率的约 100 倍。[15]

从进化的角度来看，性竞争是年轻男子倾向于与其他年轻男子争夺地位和荣誉的原因。这也是为什么他们会使用暴力，甚至是致命的暴力来对付被怀疑不忠的伴侣。考虑到不论任何群体中，女性的生殖能力都是有限的，男性在零和博弈（zero-sum game）中会相互竞争交配的机会。[16] 一个男人可以比一个女人拥有更多活下来的孩子，但相比女人，他也可能一个孩子都没有。

男性的攻击性大多是由睾酮驱动的——这是一种能增强肌肉的男性性类固醇。我们必须把它与应激类固醇、皮质醇区别开来。研究表明，当一个男人看到一个迷人的年轻女子，或参加一场体育比赛时，他的睾酮水平会急剧上升，他很快就会变得更愿意冒险，不管这是否真能帮他获胜，还是他只是想出出风头。已婚男性的睾酮水平会下降，这可能是因为他们不再需要为了寻找一个女人而进行激烈的竞争，如果他们很冷静，他们作为配偶和父亲的表现会更好。[17] 对波士顿青少年犯罪的一项研究表明，那些成年后依然单身的男子中有 75%的人会犯罪，相比之下，只有约 1/3 的已婚人士会犯罪。考虑到之前所讲述的观点，这一现象也就不足为奇了。[18]

但是降低的睾酮水平和家庭责任可能会在其他方面造成问题。例如，男子职业网球运动员结婚后一年的表现不如前一年好，而同龄未婚同事的表现则不会变差。[19]

有密切关系——亲属关系——通常会增加结盟的可能，并会减少氏族成员遭受暴力行为的可能性。迈阿密的一项研究表明，约30%的共谋杀人犯有血缘关系，但只有2%的受害者是被有血缘关系的亲属杀害的。即使是在一个单独的家庭中，一个杀人犯杀死没有血缘关系的家人的概率也是杀死有血缘关系的家人的概率的十倍以上。[20]

从史前时代起，谋杀就可能升级为战争甚至种族灭绝，所有失败者，包括妇女和儿童，都会被杀害，他们的尸体会被肢解甚至被吃掉。但是，为避免我们将其看作完全不文明和不道德的行为，想想《旧约》民数记第31章中的这一段描写："以色列人击败米甸人后，他们杀光男人，抢劫村庄，绑架了妇女和儿童。但那还不够。摩西，大概是收到了耶和华的指示，让以色列人杀死了所有男童和非处女。"有什么比这更好的方式来确保以色列男性的基因，而不是米甸男性的基因延续下来呢？

记忆和恐惧

正如谋杀的能力赋予了我们生存的优势，同样，任何能大大降低你被杀风险的能力也是一种生存优势。这就像两个相互关联却又相互竞争的本能之间的一场军备竞赛——当可以为我们以及我们的基因带来生存优势时，我们学会杀戮，基于同样的原因，我们学会如何利用我们的大脑来避免被杀死。[21]我们无法确定驱动这两种行为中任何一种行为的明确的基因突变，也没有办法确定它们传播的确切速度，但当我们的祖先为了存活下来不断进化时，这些生存特性肯定是和那些恰如其分的肤色变异一起并肩战斗的。

我们的大脑只占体重的2%，但是它消耗了我们17%的热量。此外，生物学家估计大约有一半的基因会影响我们大脑的功能——这一比例远远高于其他器官。其结果就是，与我们身体其他任何器官的功能相比，大脑的功能更容易受到任何随机突变的影响——无论是好是坏。人类的大脑体积（相对于我们身体的大小而言）至少比其他动物的大脑体积（相对于它们身体的大小而言）大三倍，而差异的部分几乎都在所谓的新皮层（大脑皮层）。哺乳动物、灵长类动物，特别是人类大脑中的这一部分逐渐增大，而大脑中较原始的部分占身体的比例和动物王国中其他动物基本没什么两样。

大脑皮层不仅对记忆很重要，而且对人们通常所说的情商也很重要，情商是利用我们的记忆来应对具有挑战性的社会环境的能力。例如为了避免被杀，我们要学会恰当运用恐惧。[22]

我们对记忆的理解还相对肤浅，但我哥伦比亚大学的同事、诺贝尔奖获得者埃里克·坎德尔（Eric Kandel）已经发起研究开始解决这个难题。[23]我们现在知道，记忆最初是被记录在我们的颞叶深处，即位于前额两侧的大脑部分，随后被归档到大脑的其他部分。我们颞叶中的海马体不仅充当了文件管理员，而且还能充当搜索引擎，在需要时检索记忆。我们甚至可以通过人工刺激与记忆编码相关的那部分大脑来制造完全错误的记忆。[24]1953 年，为了治疗亨利 · 莫莱森（Henry Molaison）的难治的癫痫，他的这一部分大脑被移除，自此他再也无法记住超过 30 秒的事，他成了德鲁 · 巴里摩尔（Drew Barrymore）主演的电影《初恋 50 次》中的女主角的现实男性版本。[25]

当记忆被重新取回时，它并不是完美的——这就是为什么人们对于同一件事的记忆会有所不同，并会彼此争论到底发生了什么。每当我们回忆起一件事，它可能会在我们的脑海中被肯定或质疑，甚至会因被外部环境打扰而出现偏差。但是，不管它们有什么缺陷，对可怕和危险的处境的记忆都会一直跟随我们，由此产生的恐惧会让我们在未来试图避免或处理这类情况。

另一个极端例子是有些事我们没经历过，却从本能上对它很了解。这就是为什么婴儿在学会爬行但还没学会害怕汽车的时候会有分离焦虑（separation anxiety）。我们有一个建立在进化所需生存特性上的强大的、与生俱来的、内心深处的恐惧模块，在很大程度上，它不受意识控制。初学走路的孩子会害怕蛇和蜘蛛，但他们并不害怕那些更为常见和严重的现代威胁，比如枪支和电器插座。我们内心深处的恐惧是如此强烈，以至于当我们看到恐怖事物——比如蛇和愤怒面孔的图像时，我们的心率会明显上升——即使这一图像出现的时间短暂得只有几百分之一秒，甚至我们根本意识不到看过它。[26]

一方面，我们会有意识地学习，另一方面，我们有来自内心深处的本能反应，而位于这两者之间的，便是被称为“条件反射”的有趣现象。只要我们想起那些会对身体造成伤害的事，就会激发恐惧。著名的巴甫洛夫实验也是基于同样的原理：他用食物喂狗的同时会摇铃，经过一段时间的训练，即使只有铃声，狗也会分泌唾液。想想下面这个实验：你被连接在电极上，同时有人向你展示一系列图片，当你看到一张通常会让人觉得愉快的花的照片时，就会被电击。过不了多久，你就会开始害怕花。但如果有人向你反复展示同一种花，但在这过程中不电击你，那么这一恐惧习得便可以逆转。不仅仅是习得的对花的恐惧会消失，即使是对现代威胁，比如电源插座和枪的恐惧，也可以在这些实验中被减弱或消灭。在这些实验中，实验对象会观看各种图片，同时会随时被电击。

但如果在观看蛇或蜘蛛的图片时被电击，那么人们对这些东西的恐惧反应会变得更强烈，并且将它们与可预知的痛苦电击分离开后，这种恐惧也不会消失。实验证明，有些恐惧是天生的，有些则是后天学会的——无论是有意还是无意。

孩子们通常对火不会有天生的恐惧，但他们会知道不要将双手放在火焰上，这要么是因为他们相信大人所教的东西，要么是因为他们以前被烧伤过。但是，如果所有恐惧只有通过亲身体验和有意识地从危险中学习才能习得，那么我们的大多数祖先将永远不能生存下来。

恐惧是如何影响行为的

恐惧的一个主要好处是它能帮你避开危险的情况。如果你的恐惧能帮助你避免被攻击，那么你是安全的，至少暂时如此。但有时，危险是没法避免的。虽然我们的祖先对危险的东西有“预警措施”，但有时他们还是会被可怕的对手袭击，这时他们的本能需要采取行动来保护他们。即使今天，那些帮助我们的祖先活命的防御特性依然存在于我们的身体里。

精神病学家斯蒂凡·布拉查（H. Stefan Bracha）描述了6种抵御危险或严重攻击的方法：站住不动、晕倒、逃跑、战斗、顺从或装死。[27]这些防御方法都非常有用。例如：对高度的恐惧会让你麻痹（站住不动），这样你就不会从边缘掉下去；害怕血液会让你晕倒——当你流血的时候，最好躺下来让血液流向你的大脑；如果遇到一只驼鹿，你应该尽可能快地逃跑；如果面对的是一只捕食的狮子，你应该高高地站起来，大声喊叫，向它扔石头，准备为了活命而战；相比之下，如果你发现自己面对的是狼，那么最好避免和它们目光接触，并采取顺从的姿态；要是遇到了熊，那么你的应对方法应该介于遇到狮子和狼之间——不要跑，但要制造噪声来吓跑熊，如果熊没被吓住，那么躺下来装死。[28]如果这还不够复杂的话，这些威胁只是我们的祖先不得不克服的险境的冰山一角——有时他们天生就知道这些威胁，有时通过父母教导知道，有时通过亲身经历习得。

平均而言，逃离危险可能受到的伤害远没有危险本身可怕。密歇根大学的精神病学家伦道夫·尼斯（Randolph Nesse）认为，如果我们的祖先需要消耗200卡路里热量来逃避掠夺者——否则会被它们伤害，然后在接下来的两个星期左右少采集含有2万卡路里热量的食物，那么他们应该尽最大努力逃跑，只要被攻击的可能性大于1%。他们宁愿逃跑100次以躲避一次攻击，这一现象被比喻成“烟雾探测器原理”——忍受许多次假警报所带来的不便和紧张，总好过家里的房子被烧掉。如果我们可以为了房子不被烧掉宁愿忍受多次假警报，那么我们的祖先为了避免被杀当然愿意忍受甚至更多的假警报。[29]

但是反复的假警报会增加身体的负担，甚至会导致我们停止对其做出反应。这种现象在所有压力出现时都可能会发生。压力会直接刺激大脑的垂体释放激素，然后告诉我们位于肾脏附近的肾上腺释放肾上腺素和皮质醇。肾上腺素的暴发提升了我们的脉搏、血压和警觉意识——就像火灾警报一样，所以我们可以快速地进入战斗状态或逃跑。自然释放的生理皮质醇让我们变得更加警觉，并能帮助我们保存盐，提高我们抵抗感染的能力。我们大多数人并没有遇到过这些应激激素超量的情况，因为当我们知道大多数预警是假的以后，我们的恐惧和压力就下降了。然而对另一些人来说，当压力上升时，它还会引起其他问题。例如，老鼠和人类一样，能很快明白特定音调和电击之间的联系，但如果它们服用了皮质醇，就不仅会对训练时用到的音调感到害怕，还会对其他与这种音调类似的声音产生恐惧。[30]

过多的皮质醇会破坏全身细胞，包括我们的脑细胞。我的哥伦比亚大学的同事安德鲁·马克斯（Andrew Marks）和其他工作人员的研究表明：压力会损害我们细胞中的钙调节剂——不管是心脏、肌肉，还是大脑中的细胞，因此它们会像受损的汽车引擎漏油一样将钙泄漏出去，而在大脑中，这一钙调节剂对我们的“战或逃反应”至关重要，压力引起的损伤会导致我们的学习和记忆出现问题。[31] 泄漏的钙解释了我们所有人都知道的现象：当身处压力时，我们的头脑就变得不那么清醒，我们更有可能做出糟糕的判断——在恶性循环中，这常常又会进一步加深压力。

获诺贝尔奖的生物学家伊丽莎白·布莱克本（Elizabeth Blackburn）进行的研究揭示了压力是如何破坏细胞的。我们每个细胞的DNA末端都有许多非编码碱基对，叫作端粒（telomere）。当细胞分裂和复制时，端粒会变短——直到它们短到使细胞不能正常分裂或正常活动。布莱克本和她的同事比较了健康儿童的母亲和长期患病儿童的母亲的端粒长度——这些被研究的母亲是孩子的主要监护人。他们在这之中发现了令人吃惊的联系——母亲为她生病的孩子担当主要监护人的时间越长，她的端粒就越短。在压力最大的母亲中，端粒缩短了相当于通常要衰老10年或更长时间才会缩短的长度。当布莱克本和她的同事们去实验室研究可能的原因时，他们发现皮质醇——我们一直在谈论的同一种应激激素——降低了维持端粒长度的酶的活性。[32]

我们的皮质醇水平、钙的调节，以及端粒表明了我们对压力和恐惧所产生的反应的缺点。虽然稍许的紧张和恐惧是生存的关键，但太多的紧张和恐惧，或是我们对其反应过度，都会导致我们身体的运行方式出现可检测出的问题，并且让我们的思考和行动模式出现偏差。

过度恐惧

在面对即将到来或正在发生的威胁时，我们会有相应的、预感这一威胁的情绪反应，即使这一威胁可能永远不会发生。例如，在非洲的旅行途中，如果你真的被一头野生大象攻击，你感到害怕是正常的，但你也可能会有担心的情绪，因为你预感在明天的旅行中会有被野生大象攻击的可能。如果你能正确地预估这种被攻击的可能性，那么这种担心是完全合情合理的。但如果你大大高估了被大象攻击的风险，就会紧张得无法享受旅行，那么你就已经产生了适应不良的焦虑情绪。

同理，现代的焦虑可以被认为是许多帮助拯救我们祖先的行为适应（behavioral adaptation）的夸大版本——只是现在它们的弊大于利。[33] 对于那些你准备充分且有技能完成的任务，一点点的兴奋和焦虑可以提高你执行任务的能力，但是，太多的焦虑和压力会让你的表现变糟。适宜的害羞和沉默有助于保护我们的祖先免于树立敌人，以防被群体放逐。但如今，同样的倾向却让大约 7% 的美国人患上了社交恐惧症——对尴尬或丢脸的明显恐惧，具体可以表现为在公共场合讲话或表演会感到焦虑，难以交到朋友，甚至交谈困难。

当动物、掠夺者以及强大的潜在杀手在你周围潜伏时，非特异性的警觉，甚至偶尔的恐慌可能是生存的关键。然而如今，据报告，约有 3% 的美国成年人患有综合性焦虑症——日常生活中的难题，比如家庭和工作中的责任、财务状况以及自身或家庭成员的健康和安全，导致他们无法正常生活。在大约 2% 的美国人中，这种不合情理的担忧和焦虑会导致恐慌症——伴随有诸如心悸、颤抖、头晕、胸部或腹部疼痛等身心表现的一种强烈的恐惧。

即使是常见的恐惧症，即对特定威胁的不合情理的焦虑，也与历史上的危险有直接关系。例如：恐高症是对坠落的恐惧，因为我们的祖先在穿越高山和悬崖时不得不非常小心翼翼；恐旷症则害怕开放的空间，因为在那样的环境中我们的祖先无法躲避掠食者。

我们可能会高估了潜在的危险，以至于做出适应不良的过度反应并承担其带来的副作用，但我们也可能在面对真正的危险时反应过度。例如，当面对一个绝望的境地或不能取胜的挑战时，顺从可能是最好的生存策略，然而，较低的自尊感产生的副作用，可能会导致反应过度的社交退缩和悲伤情绪。

在旧石器时代，悲伤是一种保护性特性，是顺从的一种表现，能让你免于被更强的对手杀死。[34]但在现代世界，悲伤通常由与身体对抗无关的各种损失导致——失去社会成就感、声望、财产、伴侣以及健康。在大多数人中，悲伤是种反应，而且常常是短暂的。但是当悲伤——能够从相对轻微的状态发展成严重状态——持续超过两周，就开始转变成了我们所说的抑郁。在当代社会，抑郁已经成为我们发自本能的、精神层面的生存特性所造成的最严重的副作用。

正如焦虑的特点是害怕的情绪超出了实际所需，并且在不需要害怕时也会表现出这种情绪，抑郁的特点就是被放大的、持续的悲伤——悲伤程度超过了正常或对你有益的界限。我们很容易理解史前生存特性中包含有担忧和暂时的顺从——甚至是焦虑——但真的很难理解为什么持续的悲伤会作为有益的特性被保留下来。毕竟，我们在《独立宣言》中将自由权和追求幸福的权利列为我们不可剥夺的权利。

心理学教授保罗·基德威尔（Paul Keedwell）在他的《悲伤是如何幸存下来的》一书中，为我们提供了一种观点：抑郁症的进化原理。正如他所指出的：当情况变得毫无希望时，我们所有人或多或少都会感到抑郁，但我们中的一些人的确比其他人更容易受抑郁影响。关于这点，他认为：在几千代人的时间里，平均而言，我们悲伤和抑郁的能力可能传递出了一些生存优势——或者至少不是什么劣势。他和其他进化心理学家强调，悲伤是对损失和失败天生的心理反应。没有人喜欢悲伤，所以悲伤是一种让人不愉快的触发机制，以告知我们去寻求其他方式来追求我们不可被剥夺的幸福权利。悲伤的人会消失，节省精力，避开社交，开始自我反省。悲伤是改变方向的警钟——它意味着你要么使用不同的策略去追求你最初的目标，要么换一个更合理、更有可能实现的目标。

但是，人为什么会得抑郁症呢？基德威尔认为：抑郁症是由长期无法实现能使我们快乐的目标，或没法从不易实现的目标转向更易实现的目标引起的。如果产生了真正的抑郁，那就是一种适应不良的过度反应。严重抑郁、忧郁的人会吃不下饭，无法睡觉，并将自己孤立起来——在觅食的环境下，这些应对措施肯定会降低他们的生存能力。在旧石器时代，忧郁可能是一个弱小的个体自我消灭的方式，因为他的依赖性会拖累整个群集。例如，重度抑郁症（major depression）在青少年和老年人中最为常见——这些年龄段的采猎人吃下的热量比他们能找到的热量多。[35]

那些没有达到，就极有可能引起悲伤甚至抑郁的重要目标是什么呢？很简单——那些自旧石器时代起，人类天生就会不断追求的目标，比如足够的食物和水，保证身体的安全，保持积极的人际互动，找到伴侣。在现代社会，这些目标可以转变为拥有一栋漂亮的房子、一个充满爱的家庭、健康的孩子、财务上的成功、社会地位，甚至名声。为了实现这些目标，我们通常需要有足够的自信去和那些想要同样东西的人竞争。

为了避免受到身体或其他种类的伤害，抑郁的人自觉或不自觉地选择了顺从而不是竞争，从战斗转向了和缓地接受失败。一个沮丧的人适当地放弃了不太可能有结果的任务，停止尝试追逐无法实现以及有潜在危险的目标，并试着去接受自我定义的失望与失败。如果悲伤，甚至是轻微的抑郁只是暂时的，那么它就只是一个过渡阶段。在这个阶段中，一个人可以有时间去寻找更现实的策略，从而更可能成功。相比被杀或被排斥，你所做的，只是调整自己，充好电，然后就可以在更有利的条件下竞争，无论是在目前的环境中或之后去的其他地方。这个过渡期可能就是暂时的抑郁反应所带来的进化优势，它给了人们退后一步、沉思并为未来的成功积蓄能量的机会。

抑郁与大脑血清素水平偏低有着密切的联系，几乎所有人都会被足够严重的生活事件触发，从而引发这种脑中的化学性不平衡。但毫无疑问，那些具有遗传易感性（inherited susceptibility）的人更容易出现这种情况。例如，当雄性灵长类动物失去战斗力，社会地位下降，成为“阿尔法男性”[①]的下属时，它们的血清素水平就会下

① 人们把在群体中游刃有余，一切尽在掌握之中的“老大型”男性称为“阿尔法男性”。——编者注

降。意料之中，我们可以用选择性血清素再吸收抑制剂（SSRIs：selective serotonin reuptake inhibitors）这样的药物来治疗抑郁症病人脑血清素的相对缺乏。SSRIs可以干扰血清素的降解过程，从而让我们的大脑细胞浸染在更多的血清素中，减轻或逆转抑郁症状。

科学家们还发现，脑细胞还依赖另一种化学物质γ-氨基丁酸（GABA）来逃避社会挫败感。例如，当被迫面对一只训练有素的流氓老鼠时，那些在失败面前畏缩的老鼠，被GABA影响的大脑细胞都变得活跃了。[36] 正如我们稍后在第八章中会讲述的那样，通过药物阻断大脑中的GABA可能是未来治疗抑郁症的一种选择。

为什么女性患抑郁症的概率是男性的至少两倍？我们也不太清楚，但在生存过程中，女性一直依赖体型更强壮、更高大的男性，如果她们被认为是不听话的，就有遭受严重身体伤害的危险，更不要说不忠了。只有在竞争中失败了的男人才需要顺从，但即使是那些在竞争中成功并赢得她们的奖励——阿尔法男性——的女性，也得保持适度的顺从。

在某种程度上，基于记忆的恐惧会保护我们免遭危险，但不会让我们发疯，它是适当的、有用的。但是太多的压力会导致老鼠的大脑反应过度，同样的反应也会在PTSD患者紧张的大脑中出现，即使是日常活动，也会触发那些能让他们极度恐惧的回忆。痛苦的往事会在患有PTSD的人脑海中不厌其烦地重现，他们的记忆会反复重播那些创伤性的事件。为了应对这些持续不断的恐惧，他们通常会对任何他们认为的威胁反应过度。就像那些觉得没有什么输不起的人一样，PTSD患者往往会变得行事鲁莽，甚至是自我毁灭。

虽然我们倾向于把创伤后应激障碍与经历过战争的士兵或经历过种族灭绝的幸存者联系起来，但几乎任何身体或心理上的创伤都可以引起这种病症。我们还不确定它的生理学原理是什么，但一项针对大脑大麻素受体的研究为我们提供了线索——大麻素受体是大麻活性成分与脑细胞结合的地方，它们之间发生的反应能减轻焦虑。在约20%有欧洲血统的人以及约45%的尼日尼亚人中，存在一种特别的基因突变，它会减少一种抑制大麻素活性的酶的活性，而大麻素是一种天然的大脑物质，它与大麻的效果差不多，被委婉地称为“幸福激素”。在老鼠和人身上，这一增强大麻素活性的突变减少了习得的恐惧以及与之相关的焦虑，它甚至帮助消灭了已存在的恐惧。意料之中，有这种突变的人更容易对大麻上瘾。PTSD患者通常还有着低水平的胃泌素释放肽（GRP），它通常控制着我们对恐惧的反应。PTSD患者大脑的一些特定部分，包括取回记忆的海马体，体积都变小了。虽然我们还不知道这些脑结构的变化是导致PTSD的原因，还是PTSD导致的结果，但它们提供了令人信服的证据，证明了PTSD与大脑生理机能甚至解剖结构的真实改变有关。[37]

战败、失败以及恐惧也会导致其他有助于减轻精神痛苦的适应不良的行为。“一醉解千愁”可能有着一个非常基本的解释，并且在如果蝇一样简单的生物体上也会表现出来。一只能够接触到受欢迎的雌性果蝇的雄性果蝇，并不在乎他的食物里是否充盈着酒精，但是，当一只雄性果蝇被潜在的雌性伴侣拒绝后，它会更喜欢有酒精的食物。雄性果蝇可能不会“一醉解千愁”，但果蝇大脑中似乎有一个奖励或快乐中心，让它非常乐于交配，它也发现了酒精是很好的安慰。许多患抑郁的人会对酒和其他东西上瘾，这让情况变得复杂，他们做出正确决策的能力会变得迟钝，并增加了自我毁灭和自杀的可能性。[38]

由于保护本能已经融入了我们的DNA中，所以并不令人奇怪的是，基本上所有过分保护的倾向——恐惧、焦虑、抑郁等——都倾向于在家族中遗传。如果同卵双胞胎中的一方处于抑郁状态，那么另一方有 40%的概率处于抑郁状态；在异卵双胞胎的情况中，另一方也有 20%的概率处于抑郁状态。但是，当同卵双胞胎的一方患抑郁，另一方还是有 60%的概率不会患上抑郁。[39]很明显，没有遗传突变能够提供确凿证据来解释哪些人会抑郁——这和那些能准确预测乳糖耐受性的突变不一样。

数据还表明，压力事件会导致表观遗传标记（更多将在第六章中讲述）的出现，它会改变我们的DNA，从而改变大脑对未来压力的反应。[40]在其他具体的精神病诊断中，也有同样的情况发生。例如，一些精神疾病与调节钙的基因有关，但特定个体的临床表现还和他的生活经验有关，并且还可能受到了DNA上后天习得的表观遗传变异的影响。

即使科学家还在寻找引发焦虑、恐惧和抑郁的具体基因和环境诱因，但从进化的角度看，这些行为是有意义的。你的焦虑可以帮助你预见危险，而你的恐惧能帮助你避免危险。[41]但当面对一个不可战胜的侵略者或一个不可能赢的局面时，你可以通过变得顺从、悲伤，甚至暂时消沉来保护自己。如果先前的经历让你特别有压力，痛苦的记忆将会经常提醒你不要再陷入那种困境。

当我们的生存能力还不够时

如果我们的所有祖先都是焦虑的或顺从的，他们就不会有勇气在地球上进行探索和迁徙。然而，另一个极端是，恐惧太少的人更容易从悬崖上跌落，被野生动物杀死，鲁莽地投入战斗，在生育前就死去。我们的祖先得像走钢索的人一样：要愿意冒险，但也要谨慎、警惕，有足够的反应以保证他们生存下去。

为了说明当恐惧不足时会发生什么，让我们看一个包含了三组古比鱼的实验——一组好奇地观摩着被隔离在安全领域的潜在的掠食者，一组完全没兴趣，另一组的反应介于这两个极端之间。一条鲈鱼随后被放进鱼缸，60 小时后，所有好奇的鱼都被吃掉了，不感兴趣的鱼被吃掉了 60%，介于中间的被吃掉了 85%。[42] 显然，我们需要一些勇敢的人，但在某些情况下，好奇不是只会杀死猫。

毫无顾忌的勇敢是危险的，历史上就有人吃过亏，比如乔治·卡斯特将军。在 1876 年 6 月 25 日的小大角战役中，卡斯特——西点军校炮兵科当届最后一名毕业生——率领不超过 500 人的骑兵和支援部队，发动了一次对拉科塔人和北夏延印第安人的愚蠢的袭击，而当时对方的军力至少是他们的 7 倍。他缺少适当的恐惧，因此很快害得他的所有部下被屠杀。

虽然卡斯特太过无畏以致付出了生命，但我们总是需要一些不那么胆小的祖先展现出勇敢并赢得战斗。毕竟，如果我们的所有祖先都恐惧过头，那我们所有人都可能还在非洲觅食。我们祖先中的一些成功者必须愿意冒险。

在我们的大脑中，有 5 种不同的受体能感知多巴胺的存在，多巴胺是调节大脑活动的主要化学物质之一。然而，在第四受体上有一个特殊的基因突变，能够改变第四受体的活性，那就是DRD4，它与探索、冒险以及冲动有关。[43] 这种突变甚至有助于解释在所有爱冒险的人中，滑雪爱好者为什么相对更勇于冒险，即使他们已经比普通人冒险得多。这一基因的另一种突变则在 90 岁以上的人中更为常见，这可能是因为它能鼓励人们保持活力，从事可以促进长寿的社会和体力活动。

不幸的是，这种基因突变也是有缺点的。能够增加寿命的突变在患有注意缺陷多动障碍（ADHD）的儿童身上更为常见，尤其是在那些早期没有接受到足够的亲密母体的照顾，或是在托儿所里待得太久的孩子身上。同样的基因突变还与低的学业成就、高的不忠率和滥交有关。

但从进化的角度来看，最关键的是，科学家估计这些DRD4 基因突变最早出现在大约 4 万年前，也就是我们祖先走出非洲，开始探索这个世界的时候。DRD4 变异现在在 20% 的人身上都有，但在那些出走非洲最远的人的后代身上更为常见。

对我们中的一些人来说，敢于冒险是件好事，而对我们中的另一些人来说，小心谨慎才是生存之道。这也就解释了为什么科学家认为DRD4 基因突变已经达到了一种平衡——全球 20% 的携带率可能是追求冒险的人和他们更谨慎的同伴间一种令人满意的社会平衡。

抛开DRD4 基因突变的影响，如果我们觉得没有什么可以失去时，所有人都会变得勇敢，并且更愿意冒险。这就是为什么PTSD患者对于冒险常常有着不恰当的纵容。这也是为什么那些来自预期寿命更短的贫困地区的美国人，要比来自富裕社区的人更容易犯下暴力和谋杀罪。[44] 一个不抱什么希望的人更可能冒着被杀或监禁的危险去追逐威望、金钱、街头信誉以及这些为他带来的传承基因的可能性——毕竟要是他不愿意去拼，那就没什么希望将自己的基因传递下去。

竞争、侵略、防御、记忆、恐惧以及它们所引发的情绪一直是一把双刃剑。我们旧石器时代的祖先如果太冒险或太犹豫，都无法生存。但他们每个人都要么赢得了战斗，要么逃离了战场，或者找到了一种方法屈服于胜利者而免于被杀害——否则，今天出现在地球上的，就是其他人的后代了。

文明的进步

大约 1 万年前，当我们的祖先第一次进行农业种植时，合作对整个群体来说都是有益的，不管是饲养动物还是修建灌溉系统，但也有更多的东西需要争夺。随着不平等加剧，一夫多妻制变得更加普遍，资源竞争更加激烈。[45] 身体有优势的男人，即肌肉组织发达并能在战场上取得胜利的男人——想想睾酮——能与更多的女人发生性关系，就像成吉思汗和他的儿子，孕育出了更多生存下来的孩子。其结果就是，暴力致死的人数占到所有死亡人数的 25%，大大高于农业出现前的 15% 左右的水平。

然而，我们的祖先逐渐抱团成了拥有共同防御、规则，甚至评价体系的群体。例如，大约 6000 年前，英国农民在他们的定居点附近建起了栅栏和防护沟。[46] 虽然考古学家最初看到满是人骨的沟渠时，还以为是发掘出了墓地，但随后他们挖掘出了成千上万的箭头，它们被安装在栅栏上，尤其是门的旁边。答案是显而易见的——防护沟和栅栏为这些农民提供了关键的保护，侵略者在试图破坏它们的时候都被杀死了。

随着聚居地合并成市、州，以及帝国，暴力致死率得以下降。在欧洲，随着复仇文化逐渐消退以及荣誉文化的兴起，到 11 世纪，暴力开始减少。1100—1135 年，在亨利一世统治时期的英国，杀人成了国家层面的犯罪，而不再只是针对受害者家庭的犯罪。[47] 中世纪末期，经济体系的兴起越来越依赖于商业，而不仅仅是土地。争夺土地是终极的零和博弈——土地只有这么多，要么你拥有它，要么我拥有它。相比之下，贸易和商业可以提升每个人的利益。

有趣的是，人类物种的逐渐驯化，始于旧石器时代的合作群集，并随着农业社会的发展继续进行着。客观上，人类的解剖学特征也随之发生了变化。在过去的 8 万年里，我们的眉棱骨缩小了，脸也变小了，尤其是男性。如今，男性的脸的大小与旧石器时代早期女性的脸的大小更接近。[48] 这一现象的合理解释似乎是睾酮水平的降低——自然选择逐渐偏向睾酮水平较低的男性，他们会表现出较少的攻击行为，因此能更好地与他人共存而不会被杀。

但是，即使是在趋向社交性的进化过程中，我们仍然必须认识到，只要文明崩溃或社会压力改变，暴力和谋杀都会迅速蔓延。例如，马来西亚的希麦人竭尽所能避免暴力，可能是因为他们长时间落败于邻近更好战、人数更多的马来人。20 世纪 50 年代，英国招募希麦人作为对抗共产主义游击队的反游击侦察兵，但在游击队杀死一些希麦人后，他们幸存的同伴变成了坚定的战士，一心寻求复仇。当战争结束后，希麦人回到家中，又崇尚起了非暴力主义。希麦人的经历表明，即使是最爱好和平的人，被复仇激怒或是需要保护自己或他们的家人时，也会变得非常暴力。[49]

战争和种族灭绝也会导致暴力死亡，并且死亡率远远大于谋杀。例如，近代在波斯尼亚、科索沃、印度尼西亚、卢旺达和刚果民主共和国都发生了大屠杀事件，数以百万计的人丧生。仅在孟加拉国，巴基斯坦军队就可能杀死了多达 300 万人。20 世纪发生的所有战争和种族屠杀事件，让这 100 年成为近 500 年来最暴力的一个世纪——估计有 1 亿 8000 万人被杀——但这一数值只占这一时段内死亡人数的 3%，远低于史前文明社会的百分比。[50]

在文明国家，暴力的消失总是始于精英阶层，然后是中产阶层，他们看重礼仪、规则和正式的司法制度，而不是个人复仇。社会经济地位低的人——也许是因为他们对制度不太信任——更倾向于使用暴力而不是诉诸法律手段，他们把道德当作复仇的理由，并导致了冤冤相报的恶性循环。西弗吉尼亚的猎人家族哈特菲尔德和肯塔基的农民家族麦科伊之间的世仇，便是一个很好的例子。[51]但即使是这场旷日持久，最终导致十几人死亡的著名世仇，与昔日的战斗相比也显得微不足道。

然而社会规范在对男人暴力对待不忠伴侣这件事上则变化得比较慢。在一些早期群集中，已婚妇女和不是丈夫的男子之间发生性关系会构成犯罪，接近于两人密谋偷丈夫的财产这样的罪。在许多采猎社会，一个被戴“绿帽”的男人，是有权杀死自己的妻子以及她所偷之人的，古希腊人甚至连英国早期的普通法，也遵循着同样的规则。直到 1974 年，在得克萨斯州，基于这样理由的杀人行为还被认为是正当的。[52]

作为一个物种，我们越来越依赖法律和社会压力来减少暴力。在个人层面上，我们有独有的人的能力，能够利用记忆和情商，通过和解或谈判找到非暴力的解决问题的办法。比如刘易斯和克拉克——托马斯·杰斐逊总统从一个文明国家派遣他们去探索一些领地，而这些领地当时被一些史上最成功的采猎人控制着。一路上，他们与 20 多个原住民群集进行了互动，并面临各种各样的危险，从身体挑战到严冬，还得依靠那些没有特别意愿想帮助他们的人。他们用自己的记忆力、警惕性和判断力来决定何时逃离危险，何时与对手作战，何时以及如何通过谈判来让自己脱险。最终，他们只经历了一次致命的战斗。

在现代世界，如果彼此同意不互相杀害，也许我们两个人的基因都能保存下来。社会进步显著地降低了暴力和谋杀的比率，但并没有消除对成功、声望或伴侣的竞争。我们中认为自己在这些现代竞争中失败的人，同样会被那些发自本能的恐惧、焦虑、悲伤、抑郁，甚至创伤后应激障碍所困扰。

彼时与此时

随着文明的进步和商业的繁荣，人们不需要互相杀害也能在城市中生活，暴力致死的人数一直在下降。目前，英国的凶杀率还不到13世纪的5%，而整个西欧的谋杀率不足史前文明社会的1%。[53]如今的全球平均犯罪杀人率自1967年以来下降了近50%，每年100万人中约有60人死于谋杀。美国的谋杀率从1960年的每100万人中50人上升到了1980年的每100万人中100人，随后又逐渐下降到差不多20世纪60年代初的水平。但即使1980年美国谋杀率最高的时候，在美国被谋杀的风险，也只有1450年西欧的25%，现代洪都拉斯的1%——而洪都拉斯是目前世界上最危险的国家——只有国家出现前社会的2%。在今天的美国，谋杀和战争的死亡人数占所有死亡人数的1%。[54]

在现代美国，意外死亡的原因也与我们与生俱来的恐惧不相符。例如，对蜜蜂和黄蜂的过敏反应每年导致大约50人死亡，每年因狗和因狗咬伤死亡的约为30人，每年约有20人死于与马有关的事故，蛇、蜘蛛、蝎子和其他昆虫每年杀死的美国人不到50个；[55]相比之下，汽车事故造成的死亡——尽管由于安全带、气囊和更安全的汽车以及道路的改进而处于60年来的最低水平——每年有3.3万例。[56]显然，如果美国的孩子天生害怕的东西是汽车，而不是蛇、蜘蛛和蝎子，将会更好。

尽管许多人担心被之前不认识的攻击者在抢劫或劫车的过程中杀害，但在美国，只有20%的谋杀案是由受害者之前不认识的人犯下的，只有7%的谋杀案与抢劫未遂、入室行窃或偷盗有关。在美国，约有40%的受害妇女是被有亲密关系的人杀害的，通常情况是一个处于生育年龄的女子在试图结束一段关系时被杀害。[57]在大多数谋杀案中，男人会杀害其他与自己有着相似特征的男人——并且可能是同一个地方的同龄人，而原因则是一系列并不与法律相冲突的争吵和纷争。

对其他人来说，那些最终导致谋杀的纷争或许看起来很微不足道，但它们通常与可感知的荣誉、地位或潜在的伴侣有关。我们中的许多人可能还记得情景喜剧《快乐时光》——没人敢惹方奇（Fonzie），他是无可争议的阿尔法男性，当然也没有人会想和他的女朋友调情。作家蒂莫西 · 贝内克（Timothy Beneke）曾经指出，当我们试图去追求别人漂亮的伴侣时，就会有受伤或遭受暴力的危险，从我们定义的这些美丽女性的词语就可见一斑：性感炸弹（bombshell）、让人倾倒（knockout）、目眩神迷（striking）、倾国倾城（drop-dead gorgeous）、打扮销魂（dressed to kill），或蛇蝎美人（femme fatale）。[58]

所以，统计结果很简单：与那些想偷你钱财的人相比，你更有可能被你认识的人杀害，尤其是非常了解你并且和你有严重分歧的人。[59] 建立在约 1000 年的法律基础上的现代司法和刑罚制度，改变了推动史前社会通过滥杀、抢劫和灭族获得利益的动力——至少在大多数工业化国家中是如此。

现今焦虑和抑郁的大暴发

不管在哪一年，都有 18% 的美国成年人称自己很焦虑，并且有将近 30% 的人称他们一生都被焦虑困扰。这些病例中，近 1/4 的人都声称自己是重度焦虑，相比男性，女性自称患焦虑的概率要高出

50%。[60] 这些焦虑包括分离焦虑、陌生焦虑、社交焦虑、广泛性焦虑、恐慌，以及一系列的恐惧——包括对高度、开放空间和封闭空间的恐惧。常见焦虑症的诊断通常要通过自我报告或依靠家人以及朋友的证言，因为当患者在医生的办公室时，可能不会碰到引起自身焦虑症的具体诱因。

按照公认的标准，近年，大约 7% 的成年人患有严重抑郁，大约 17% 的人在他们的一生中都会抑郁。而美国并不是特例。在美洲和欧洲的 7 个国家中，估计抑郁症患者的人数一直比总人口的 4% 还多。虽然这看起来很难令人置信，但一些报道显示，在 40 岁至 60 岁的美国女性中，有超过 20% 的人服用过抗抑郁药。[61]

若要达到抑郁的标准，你必须几乎每天都得是心情抑郁的，或者至少持续两周时间对平时参与的活动失去兴趣或难以从中体会到乐趣。此外，你还得有至少三个如下症状：体重明显减轻或增加，几乎每天都不能入睡或睡得太多，相比周围的人动作和思维明显变得迟缓，几乎每天都很疲劳或嗜睡；感到无价值或负罪感满溢，犹豫不决或精力不集中；反复出现过死亡或自杀的念头。

虽然焦虑往往会逐渐消失，但它们也会变得足够令人厌烦并导致我们的社交能力变弱，进而发展成悲伤和沮丧。好消息是大多数的悲伤和沮丧在我们还没有服用药物之前就会消失。人们会振作起来——会找到新的目标和快乐，重新融入社会——大多是因为来自家人和朋友的支持。

然而，不幸的是，如果人们不能发现并达到新的目标，会患上慢性抑郁——又称神经性抑郁、精神抑郁，或是忧郁。这些新的目标——不论是关于地位、荣誉、财务上的成功、爱情，还是其他类似的东西——通常和之前导致抑郁的目标是不同的，并且没有那么有野心。如果人们无法重新定位和调整，短期的悲伤就不能成为有用的激励，让人们改变方向向着更高效的生产实践前进，与之相反，它变成了一种长期没精打采和抑郁的状态。严重抑郁使人虚弱无助，几乎实现不了任何目标，而持续的抑郁所带来的连续不断的痛苦最终会使患者自杀。[62]

创伤后应激障碍：回头看杰森·彭伯顿

在一次降落伞事故伤到后背后，杰森·彭伯顿于 2009 年退伍。他和蒂凡妮搬到了佛罗里达州的代托纳比奇。在那里，他经过学习，成为一名摩托车修理工。蒂凡妮似乎对杰森很投入，尽管邻居们经常听到他们大吵大闹。在谋杀发生大约六个月前，杰森打电话给警察，称蒂凡妮对他进行干扰；但当警察赶到时，他撤回了投诉。[63]

我们不知道他们在吵闹什么，也不知道杰森是否在担心他的妻子会离开他。我们知道的是，一段时间以来，杰森一直在一所退伍军人事务部开办的当地医院接受创伤后应激障碍的治疗。但早在惨案发生前三天，蒂凡妮显然就已经被告知，除了继续给他开抗抑郁药外，退伍军人事务部的医生已经没什么能帮助杰森的了。

创伤后应激障碍，一度被称为“战争神经症”，会折磨那些幸存下来，并记得特别不安场景的人。官方的诊断包括超过一个月的功能障碍，导致这些障碍的原因在于那些曾经历过清楚确定压力事件的人在包括情绪、思维、反应方面的变化，他们在脑海中反复经历创伤性的事件，最终导致了行为举止的改变。[64]大约2%的军人会经历创伤后应激障碍，但在曾驻扎伊拉克或阿富汗的美国老兵中，这一比例高达10%，在那些受过伤或看到过别人被杀的人中，这一比例要高得多。甚至与美军战斗部队随行阿富汗的军犬，都有约5%患上了犬类版本的创伤后应激障碍。[65]

创伤后应激障碍是扩大了的基于记忆的恐惧，它经常会导致焦虑和抑郁。尼泊尔一项关于心理健康的研究表明，2007年的战争后，焦虑症的患病率几乎增加了两倍，患创伤后应激障碍的人数约占总人口的14%。这种焦虑的增加与个人暴露在战争的影响密切相关。前尼泊尔童兵比那些没有参与过战争的儿童更容易患创伤后应激障碍。[66]

尽管创伤后应激障碍是重要生存特性——记忆和恐惧——导致的结果，但它一直都是一种不良的适应。创伤后应激障碍的自我毁灭的部分可能导致自杀，而由它引起的过度攻击性可能导致谋杀。在杰森·彭伯顿的案例中，我们看到了两种结果同时出现，但常常我们只会看到过度攻击性的一种表现。1968年3月，在越南的美莱村，美军士兵杀害了大约350名平民，其中大部分是妇女、儿童和老人。这些士兵，包括威廉·卡利中尉，最初可能认为村里藏着对方士兵。但是持续屠杀的规模让任何想象中的威胁都相形见绌，随后的目击者也没有发现敌人的武器和符合应征年龄的男人。而近年，在阿富汗战争中，陆军上士拜勒斯（Robert Bales）在晚上溜进了两个村子，打死了16名平民。[67]

有大约 2/3 的创伤后应激障碍患者，其症状会自然消失，并最终痊愈。其他人则只能随时间的推移去学着应对它。但是，创伤后应激障碍也会持续下去——那些受其影响的越南老兵中，大约有 10%的人在 40 年后仍然患有创伤后应激障碍。[68] 为什么有些人比其他人更容易康复的确切原因还不清楚，但一个能对其提供支持的社会环境确实是有帮助的。但当创伤后应激障碍一直持续并最终让人忍无可忍时，杰森 · 彭伯顿的故事就会屡见不鲜。

自杀

从进化的角度来看，自杀似乎是违反本能的。这里面的逻辑很简单，如果说谋杀有助于你将自己的基因传承下去，那么自杀似乎就与生存特性相矛盾了。如果我们之所以能立足地球，是因为我们继承了那些生存下来所需要的行为，那人类为什么要自杀呢?

但自杀可能一直是老年人、残疾人或将自己视为需要其他人照顾的、被赡养的人的一种自我淘汰方式。这种利他主义的自杀有例可援，比如印度的娑提（sati），[69] 即女人会在丈夫死后自杀，还有日本的自害（jigai），即一个日本武士的遗孀会用刀割开自己的颈静脉。[70]

对个人而言，顺从、悲伤、绝望以及抑郁——回想起来，要么治疗不充分，要么只被诊断了出来，并未治疗——所积累起来的痛苦通常会导致自杀。[71] 自杀常见的诱因包括与亲密伴侣的关系、财务、工作或身体健康出现了问题——和那些导致抑郁的常见问题差不多，并且这些问题在患创伤后应激障碍的人身上也很常见。

因恐惧以及厌恶处于顺从地位所带来的无法忍受的痛苦，并不是唯一会让人变得难过和绝望到自杀的诱因。但它与丧失自尊导致的失败、失望、社会隔离、悲伤有着直接的关系。也许因自尊而自杀的最著名的例子便是日本的切腹了，日本武士被打败后会切腹——直到“二战”的日兵俘虏也有同样的传统——以避免被敌方羞辱、丢脸，以及可能的折磨。

自杀也可能是因为与家人和朋友失去社会联系（egoistic suicide，自负型自杀），未能达到预期的目标（anomic suicide，失范型自杀），无力与体制抗争，事情无法改善而带来的沮丧（fatalistic suicide，宿命型自杀）。自负型自杀、失范型自杀和宿命型自杀都符合自杀诱因的概念，即它们是由某些情绪推动的，而这些情绪源自被某个群体孤立、重要关系的中断、对自我成就的失望、试图避免失败和耻辱、通过极端手法掌控无望境地的欲望。

自杀这一现象可能和人类本身的历史一样古老，但将目前的自杀率与史前的自杀率比较是不现实的。对于史前自杀率的一个估测来自委内瑞拉从事采猎行为的、暴力的希维族，在7年时间里，记录在案的就有4名成年希维人自杀，这一比例比美国自杀率高2.5倍。[72]第一个清晰的、关于自杀的记录可以追溯到约4000年前的埃及。[73]《圣经》中也记载了几起自杀：扫罗王在战争受伤后自杀，参孙在救人时自愿牺牲，而犹大则因羞愧而上吊自杀。历史上其他著名的自杀者包括安东尼和克利奥帕特拉。[74]

自杀在滥用药物和酒精的人中更为常见。酒精和毒品可能会直接增加自杀的风险，但也有可能是因为这些滥用药物和酗酒的人饱受着会导致自杀的情绪的折磨。[75]

与从来没有想过自己会成功的人相比，如果一个人认为自己能成功，但结果却失败，那么他更有可能会自杀。例如，我们所了解的那些自杀的奴隶。虽然很难得到准确的统计数据，但现有数据表明，被俘的非洲人在前往美国从事苦役的过程中，以及到达美国后的自杀率都非常高。而那些出生在奴役制度中的黑人，和其有关的记载的自杀率则明显下降了许多，而在反抗失败后，这一比例又众所周知地升高了。此外，我们也无法了解奴隶故意违背命令以求死的概率——现在，这被称为“加工自杀”（suicide by proxy）。一个可能的解释是，这些非洲人在被俘后不久，面对恐惧和顺从的前景，他们产生了严重的焦虑和悲伤。而相比之下，出生在奴隶制度中的人更倾向于接受这种来源于他们无从选择的生长环境中的顺从——直到他们产生了希望，试图改善自己的处境，并且遭受了失败。[76]

出于同样的原因，失范型自杀被认为在富裕的社会里更为常见，理论上在这些社会中机会更多。但不论出于什么原因，这些有抱负的竞争者在竞争失利后，就会变得沮丧。在现代社会，经济竞争取代了体力竞争，成了地位的主要标志。因此，美国失业率每上升 1%，自杀率就会上升 1%，并在经济萧条时达到顶峰，也就不足为奇了。[77]

同样，在苏联解体后，俄罗斯的自杀率也上升了，随之而来的还有失业率的上升，酗酒和谋杀案的增多。[78] 苏联中的立陶宛，以及一些战乱缠身的非洲国家，如布隆迪，也有着很高的自杀率。在富裕国家中，韩国有着最高的自杀率的纪录，那里的成年人所占人口比重与希维族差不多。[79]

在21世纪的美国，每年有近100万人企图自杀，大约每15分钟就有一个人成功自杀。尽管女性的自杀人数是男性的3倍，但男性自杀的成功率却几乎是女性的4倍。[80]

在过去的几年里，美国医院里收容的靠过量服药而自杀的自杀未遂案例增加了50%，比我们通过高失业率预测的自杀率还要高得多。[81]如果我们没有先进的急诊医疗系统，几十年来一直保持稳定的成功自杀率将会上升。

现在，自杀是美国第十大最常见的死亡原因。正如本章前面所述，每年它几乎会导致4万人死亡，而谋杀则只导致了约1.6万人死亡。自杀率的上升和谋杀的减少在与枪支相关的死亡案例中也很明显。迄今为止，在发达国家，美国与枪有关的谋杀率是最高的，平均比其他发达国家高出20倍。但美国每年约1.1万起的涉枪杀人案实际上比约1.9万起的涉枪自杀案要少。[82]在一个更加安全、文明的世界里，人们通常希望凶手能被绳之以法，对他人的暴力行为正变得越来越不受欢迎。[83]其结果就是，过去通过他人发泄的愤怒现在越来越多地被自我消化，表现为焦虑和沮丧——而由此导致的攻击也越来越与他人无关，而是伤害自己。

从一个你能够对他人实施进攻的环境转移到一个你没法做到这一点的环境，会对你有什么影响？要想找个合适的例子来论证，我们只需要看看美国士兵自杀率的增加。2012年，每天约有一名现役美国军人自杀——与同年因战争受伤造成的死亡人数相比，这一死亡人数更多。有趣的是，在这些自杀受害者中，只有大约20%的人当时是真的在进行一场激烈的战斗，其他人自杀时都处在一个不能合法射杀他人的环境中。

尽管战争创伤和创伤后应激障碍无疑会导致自杀，但研究表明，自杀的士兵中有50%以上的人最近刚结束了一段亲密关系，大约25%的人被诊断滥用过药物。过去，现役美国军人的自杀率常常比平民低，大概是因为他们入伍前都经过了精神和身体素质的双重筛选。但现在，现役美国军人的自杀率要比平民高约50%，[84]退伍军人的自杀率更是比现役军人高了两倍都不止[85]——也许是因为更多的药物滥用、给其致命打击的身体残疾、现代战争的本质，以及在经济衰退时回家却找不到一份好工作。[86]如今，13%在军队服役的成年美国人，占据了美国自杀人数的20%。[87]

所以很明显，自杀并不是什么新现象，自杀率随经济条件和文化的变化而变化。当文明和社会规范崩塌时，诱发暴力的压力也会诱发自杀——就像在杰森·彭伯顿和许多其他美国士兵身上发生的那样。

现代战争甚至是种族灭绝，虽然可怕，但与过去的战争比起来——无论是在数量上还是在野蛮程度上——都相形见绌。此外，为了在人口稠密的工业化世界中生存下来，我们需要社会规范，而社会规范大大降低了谋杀率。但我们仍然有着各种史前生存特性——记忆、害怕、焦虑、各种恐惧症，并且在面对无法取胜的处境时，会发自内心地变得顺从、难过，甚至沮丧。

现在，美国人更有可能自杀，而不是被人杀害——即使将谋杀和战争伤亡一并算上——那些在旧石器时代保护我们祖先的恐惧、焦虑和顺从，在当今更安全的世界里明显过了头。现代文明社会的竞争通常不再以杀戮或避免被杀害为中心。虽然我们仍会争夺爱情、金钱、资源和地位，但这些现代竞争很少涉及你死我活的搏杀。然而，在这些竞争中失败仍然会对我们生存和交配的可能产生不利影响，我们可能因此变得悲伤、沮丧，甚至想要或实行自杀。

近 20 万年来，我们的祖先一直在研发更巧妙的杀戮方式和设计避免被杀的更具防御性的策略之间开展着名副其实的军备竞争。好消息是，防御策略起作用了。坏消息是，这种平衡已经被打破了。我们对被杀害的本能防御，如今催生出了焦虑和沮丧。它们导致的伤残和死亡人数，已远远超过了它们本来应该抵御的暴力本身对我们的伤害。

不幸的是，这个世界目前仍然是一个危险到需要谨慎以待的地方，所以即使我们可以关闭所有防御本性，现在这样做也有点太急。这就是为什么焦虑、抑郁、创伤后应激障碍，甚至自杀的危险，还将继续成为我们需要为祖先付出的代价，他们靠着这些特性成功避免了被杀，并将自己的基因传给了我们。

第五章

出血、凝血与现代社会心脏病、中风的蔓延

2012年8月，女演员罗茜·欧唐内（Rosie O' Donnell）的胸部和两只手臂开始疼痛。因为50岁的欧唐内当天早些时候帮助了一个很胖的女人，她以为自己一定是肌肉紧张或拉伤。但随着时间的推移，疼痛持续，她的皮肤变得湿黏，她感到恶心并开始呕吐。在通过自己的电脑查询到女性患心脏病的症状后，她太过担心以致服用了一片阿司匹林，但也没担心到要马上去看医生，而是等到了第二天。在那次会诊中，她的心电图表明她患上了明显的急性心脏病。她被送往医院，进行冠状动脉造影后的X射线显示，她向左心房泵血的左冠状动脉主干被阻塞了99%。医生快速插入导管，将气球放进阻塞的血管中，然后打气膨胀，压迫阻塞它的血管，使血管涨出一条通路，然后在血管中放入一个金属支架，防止因血管再次堵塞而进一步损害她的心肌。[1]

几十年来，医生婉转地用“寡妇制造者”这个词来强调左冠状动脉几乎完全被阻塞的危险，以及这一症状多见于男性，而不是女性。但现实是，与美国男性一样，左冠状动脉阻塞也是美国妇女死亡的主要原因，唯一的区别是，女性心脏病的发作时间平均比男性

晚约 10 年。

1628 年，英国医生威廉 · 哈维第一次描述出血液循环，医学科学迈出了伟大的一步。[2] 我们的循环系统，包括大约 6 万英里（约 9.65 万千米）的动脉、毛细血管和静脉，包含了大约 5 夸脱的血液。即使这个封闭的循环系统出现一个很小的泄露，我们也要立即用血块将这一漏洞堵上，不然就会流血而死。但同样让我们免于流血死亡的凝血系统，在我们不需要它的时候运作了起来，那么血块——就像罗茜 · 欧唐内左冠状动脉中的一样——就会让我们身患重病，甚至杀死我们。

在旧石器时代，这一风险并不是什么了不得的事。但现在，由于我们的饮食和缺乏锻炼的原因，心脏病和中风已经分别成为当代美国排名第一和第四的死亡原因。[3] 为了搞清楚这些不必要的凝血是如何以及为什么会成为这些现代流行病的罪魁祸首的，我们必须首先了解我们在流血死亡方面是多么脆弱，以及我们是如何被打造成预防这一切发生的。

生存挑战

在几千年的时间里，我们的祖先都在原始世界的自然地形里步行或运动。各种日常伤害——滑倒、摔倒、划伤、碰撞、擦伤——都会使他们的动脉或静脉受伤，从而导致出血。当血液在体外时，你会看见它们流过皮肤，当它们在体内时，会形成看不见的淤伤。即使很小或外观上看不出来的创伤，都可能让血管破裂流血——事实上，我们中许多人可能都会注意到，自己身上出现过青紫色的淤伤，但却不记得是什么伤害导致的。一个更极端的例子是，每次婴儿出生时，他的母亲都可能因胎盘（有时称为胞衣）剥离子宫而出血死亡。如果我们都那么容易出血，我们的祖先怎么能从抓伤、擦伤、危及生命的穿刺、砍得很深的伤口，以及分娩这些意外情况中活下来呢？

当我们休息时，我们的循环系统每分钟就有10品脱[①]的血液游走全身一次。好消息是，通常我们能够承受失去约15%的血液——约1.5品脱——这不会造成任何实质性的伤害。但是，如果我们快速地失去比这更多的血液，就会深陷困境。如果你在几天之内失去了1.5~3品脱的血液，你的心脏会做出反应，它会试图将剩余的血液以更快的速度泵出，整个系统循环的速度就会加快，你的脉搏数将会上升。如果你在几小时之内流了超过3品脱的血，你的血压会下降，你的许多器官，尤其是大脑，可能无法获得正常运转所需的足够氧气。如果你在几小时之内快速失去了超过4品脱血，你需要接受现代的急诊治疗，以免休克甚至死亡。

此外，并不只有外部流血才危险。如果足够多的血液从血管中泄漏，并在身体内部积累起来，就会造成血肿——我们身上都曾经出现过那种很大的青紫色淤伤。大腿上的血肿可以轻易聚集起多达1品脱或更多的血液。如果形成血肿的地方是那些没法容忍它们肿胀的身体部位，比如，头骨受伤可能造成的硬脑膜下血肿——大脑

---

① 品脱是容量单位，主要用于英国、美国、爱尔兰。其中，1英制品脱约为568毫升，1美制湿品脱约为473毫升，1美制干品脱约为550毫升。——编者注

内膜里的瘀伤。硬脑膜下血肿会给大脑造成压力，占用头骨内固定的空间。大脑中只要有超过约 3 汤匙的血液，通常就会导致大脑功能障碍，如果超过半杯，通常就是致命的了。

为了避免危及生命和致命的出血，血液需要迅速凝结以填补任何泄漏。但凝血系统也需要有完美的校准，这样它才会只在需要的时候，在精确的地方发挥作用。这是因为假如一个不必要的、错误的、大小超过需要的血液凝块干扰到了循环系统的正常流动，那么它可能会和出血本身一样糟糕。动脉内的血块拦截了下游器官所需的营养物质，特别是氧气——没有氧气，这些器官里的细胞就会死亡。事实也是这样，当一个血块阻塞了通往心脏肌肉的动脉，只要超过 60 分钟就会导致心脏病发作。而当其阻塞了通往极其脆弱的大脑的动脉超过约 5 分钟，就会发生中风。与动脉血栓比起来，我们静脉中的血块造成的直接伤害通常没那么严重，但仍然可能导致严重的后果。

血液必须平稳地不断流动，我们的凝血系统必须像一个消防站一样，随时保持警惕，做好准备，当听到真正的紧急状况的号角时，才迅速果断地做出反应。这是一个非常微妙的平衡，而我们可以非常容易就打破这种平衡。

回到旧石器时代

如果我们大约 12% 的旧石器时代的祖先和 25% 的早期的农夫死于他杀和致命的伤害，想象一下他们遭受非致命的划伤、碰撞和擦伤的频率。为了描述他们面临的出血危险，让我们回溯一下冰人奥兹。对他尸体进行的仔细的放射学研究表明，他是因肩膀上的箭伤而死。箭头切断了为他左胳膊供血的左锁骨下动脉，导致他流血而亡。但这似乎还不够，奥兹的大脑也有出血现象，要么是摔倒导致的，要么是有人袭击了他的头。[4]

在史前时代，受伤是一个很严重的问题，而为了延续种族必须经历的分娩导致的出血，则是一个更大的问题。当代的美国母亲，在得到良好护理的情况下，假如不使用剖腹产的方式，生孩子时的胎盘分离平均只会导致失去不到 1 品脱血液，只有 1% 的母亲将失去超过 2 品脱血。[5] 但在历史上，生孩子并不总是这样安全的。我们并不知道在这一过程中，旧石器时代的母亲具体会流多少血，但是我们可以基于最近的一些统计数据预估她们所要承受的风险。直到 1990 年，在发展中国家最贫困的地区，每 100 位分娩的妇女中就有 1 位死亡也是很常见的事，而其中 1/3（或者每 300 人中就有 1 人）是因无法止住的出血而死。[6] 如果一个旧石器时代的女人平均会生 10 个孩子，每次分娩都会冒着同样的风险，那么她一生中就有 1/30 的概率死于分娩时或者分娩后的大出血。

我们的祖先经历了几千代人的分娩和暴力致伤事件，没有现代的产科护理、输血、外科医生或缝针，他们需要能够凝血，还要能快速凝血。今天，我们还用着同样的凝血方式。

我们是如何被打造成能应对挑战的

血液由心脏左心室泵出，然后通过动脉流向我们的器官。我们最小的动脉与微小的毛细血管相连，它们将血液直接提供给我们的细胞。血液通过毛细血管回到我们的静脉，之后才回到心脏右边。接着，它被输送到肺部以获取氧气，然后通过左心房返回左心室，接着再以约每分钟一次的频率不断重复这一完整的循环。到你 75 岁的时候，这个循环将发生约 4000 万次。

我们 10 品脱的血液中包括 4 品脱的红细胞和 6 品脱血浆。红细胞为我们身体内的细胞输送它们所需的氧气。[7] 血浆携带着从肠道吸收来的溶解的盐和营养物质、由肝脏制造的蛋白质、各种腺体和器官分泌的激素、身体细胞释放出来的废物、死亡细胞的代谢产物，以及少量的溶解氧。循环中的白细胞——我们需要它来对抗感染——远远没有红细胞数量那么多，对我们血容量的影响并不那么明显。

红细胞的功能很简单——从肺部获得氧气，并将它运输到身体各处。每个红细胞都含有血红蛋白分子，它就像卡车一样将氧气运送给我们的细胞。在肺中，我们会尽力在血红蛋白中储存尽可能多的氧气。当我们休息时，循环系统平均每次会将血液中约 25% 的氧气传递到人体的器官和组织中，供它们直接使用，剩余 75% 不需要的氧气会被送回肺中以备下一次循环使用。每次循环，我们的红细胞都会运输相当于 1 加仑（约 3.8 升）的氧气，或相当于 5 加仑（约 18.9 升）空气中的含氧量。

通常，当我们运动时，心脏的泵血量会从每分钟约 5 夸脱增加到每分钟约 20 夸脱，这部分是由于每次泵血量的增加，部分是由于每分钟心跳数的增加。此外，我们的细胞从红细胞中汲取的氧气量会达到平时的两倍。对大多数人来说，这将导致身体细胞的供氧量增加 5~10 倍。但对于训练有素的运动员，他们的心脏在运动时比休息时可以多泵出 6 倍多的血液，身体细胞可以从每个循环的红细胞中汲取 3 倍的氧气量——总的供氧量将增加到令人惊叹的 18 倍！[8] 不幸的是，我们没法将这一状态保持太久——并且如果我们的肌肉得不到足够的氧气，就会积累起乳酸并产生痉挛。这就是为什么只要我们不用最快的速度，就可以跑很长的距离，但却没法一直保持冲刺状态跑下去。

我们有 4 品脱的红细胞——总共约 25 万亿个，它们大约占了我们身体所有细胞的 25%。具体来说，每一滴血液中就有约 2.5 亿个红细胞。[9] 血细胞是由我们的骨髓生成的——骨髓位于髓腔及所有骨松质内，尤其是长骨，比如我们的脚和手臂，以及盆骨、胸骨和肋骨。骨髓需要大约 7 天时间才能生成红细胞，但在生产线的终端，其生产率可以达到令人叹服的每秒超过 200 万个。

制造红细胞的正常过程需要多种激素、维生素和矿物质。这其中最关键的是铁，它是红细胞血红蛋白分子核心的组成部分。没有足够的铁，我们的骨髓便不能造出那么多的红细胞，即使制造出来，其铁元素和血红蛋白的含量也更少。[10] 所以，如果我们的身体缺铁，将对我们血液携带氧气的能力造成双重打击。

一个正常的红细胞能生存 120 天。异常或畸形的红细胞平均寿命要短得多，因此，这会给我们的骨髓造成更大的压力，它需要加速生产以维持红细胞的数量达到或接近正常水平。

如果红细胞的数量逐渐下降——可能是因为产量减少、寿命减少，或者任何导致缓慢失血的原因——我们的身体会通过提高血浆量来维持整体血量不变。这种不平衡会导致贫血，也就是我们通常所说的血球计数低，因为在相对正常的总体血量中，红细胞所占比例减少了。当发生贫血时，我们可以通过增加心脏的泵血量以及增加每次循环的氧气摄入量——就像运动时我们身体会做的那样——来自我补救。[11] 这两种方法都能够提供大量储备，即使我们逐渐失去一半的红细胞也足以应付。在休息时，我们就得靠这两种方法来提供储备，然而当运动时，我们就没有足够的——如果有的话——储备来用。这就是为什么活动时感觉疲劳且呼吸短促，是患有明显贫血症的人的典型症状。

在红细胞减少 50% 或者更多之前，保持你的血量比填补失去的红细胞更重要。那是因为你的血压——血液循环的驱动力——严重依赖于 6 万英里的血管中足够的血量。这就是为什么突然失血比红细胞数量逐渐降低危险得多。血量的迅速减少——红细胞和血浆都减少——使得心脏无法增加其每分钟的泵血量。由于血量减少，无论心脏多么努力，它的泵血量实际上都是在减少的。如果没有足够的血量，血压就会降低，整个循环系统就会崩塌，人就会出现休克。对医生而言，在紧急情况下，即使他们无法立即给你输血（或者提高你血液中红细胞的数量），补充你血液中的液体比例（比如生理盐水）也是非常关键的。

平稳流动

正常情况下，血液会平稳地流过我们数千英里的血管，因为血管壁内膜的一层细胞能够生产和释放出一系列化学物质，阻止血液在某个固定位置以及在循环的过程中凝固。[12] 但是血管内膜下的血管中膜的细胞却不具有同样的抗凝血功能——所以，如果内膜损坏，暴露出了中膜，比如正在流血的人（以及我们之后会讨论的，患有急性心脏病的人）身上所发生的那样，凝血功能就会被激活。

反应迅速的凝血功能主要通过两种独立但相互关联的途径实现。其中，一种途径以血小板为基础。血小板会随血液循环，当任何位置的内膜细胞受损，暴露出特定受体后，它就会像磁铁一样迅速地吸附上去。单个血小板与暴露的受体结合后，会释放出具有引诱力的物质，迅速招募其他血小板加入战斗，帮忙补住动脉或静脉上泄漏的位置。

在我们的每滴血中，通常包含约 1500 万个血小板——是我们遭遇重大创伤后充分凝结所需血小板数量的至少 4 倍，是我们日常规律生活中血管周期性受损后防止流血所需血小板数量的至少 10 倍。引起贫血最常见的一个原因是铁元素含量低，偶尔，这是由不良的饮食习惯造成的，但更多的是因为慢性胃肠道出血或月经量大，导致我们失去的铁比通过饮食吸收补充的铁更多。当我们患上缺铁性贫血，血小板数量就会上升，通常会高于它的正常范围值。[13] 这是多么完美的代偿性反应（compensatory reaction）啊！——当你的血细胞数量减少到没法再失去更多的血时，你的血小板会自动增加以阻止你流更多血。

另一种凝血途径由十几种血液蛋白质参与，它们通过一系列多米诺般的级联反应形成了一种纤维组织。这种纤维会填补血管壁上更大的撕裂，并且为血小板提供了可以聚集的基质。[14]

正常血管内膜释放的抗凝血物质能够破坏或停止使用那些形成重要凝血纤维的蛋白质。通过这种方式，它们能防止血块过大阻塞整个血液系统。不出所料，任何减少抗凝血物质或使它们失效的因素都会增加非必要凝血的风险——特别是我们静脉中血压低、血流速度慢的地方，尤其是当我们并不那么活跃的时候。我们体内的凝血因子和抗凝血因子之间的平衡必须反复地迅速转换，以保证我们的血液能平稳流动而不会有不必要的凝血或泄漏。任何对这种微妙平衡的扰乱都会造成致命的后果，即使这种扰乱只有几分钟。

分娩

出血与凝血之间的平衡在分娩期间尤其重要。正常的胎盘重 1 磅多一点，与母亲的子宫内膜相连，长约为 10 英寸（约 25 厘米），宽约为 7 英寸（约 18 厘米）。胎盘有两个独立的循环系统——母亲的和婴儿的。在母亲的循环系统中，子宫动脉分成了网状的较小动脉，其作用是滋养胎盘并为其毛细血管供血。这些毛细血管中分布着氧气和营养物质，通过母亲的胎盘循环传输到婴儿的胎盘循环，这一过程中不会混合母亲和婴儿的血液。[15] 在婴儿的循环系统中，脐带将婴儿与胎盘相连，作为一根导管，它里面包含着脐静脉，能将胎盘中的氧气和营养物质输送给婴儿，此外还有两根脐动脉，能够将婴儿心脏泵出的血液输回胎盘以重新获取营养。

子宫动脉每分钟从母亲的血液循环中输送超过 1 品脱的血液到

胎盘——比冰人奥兹手臂失去的血液多一点，与一个成年人休息时流向腿部的血流量差不多。[16] 我们失去 3 品脱的血液约 1 小时都会出现休克，也就不难理解为什么奥兹的伤口是致命的了。分娩时，胎盘自然脱落，子宫动脉也就断开了，那为什么分娩的女人不会在几分钟之内失去远超过 1 品脱的血液，从而导致休克，甚至是死亡呢?

第一，在怀孕期间，母亲的红细胞数量会增加约 25%，而她血浆的量几乎会增加 1 倍。这些额外的血量不仅能够输送给胎盘，还能为分娩时的失血提供一个缓冲。为了让这些多余的红细胞能够在滋养胎盘的同时又不会产生贫血的症状，孕妇需要额外补充铁和维生素，而她们的味蕾并不会对这些滋味产生渴望——这就是为什么现在医生通常会给孕妇开一些含铁的复合维生素补充剂。[17] 然而，血浆中过量的盐和水也会有潜在的副作用，那就是我们在第三章讨论过的高血压。为了应对这种风险，孕妇的身体通常会自发地减少对提高血压激素的反应。其结果就是，孕妇怀孕期间的正常血压实际上会稍低于平时的正常血压。但即使有这些激素的帮助，还是有 3%~6% 的孕妇会患上令人担忧的高血压。[18] 比如，在那些位于撒哈拉以南非洲西部地区的国家，如今孕妇分娩死亡的风险可能和旧石器时代差不多，因为这些地区的产前护理不发达，血压药也不普及，高血压引起的产妇死亡数，占了流血死亡数的一半。

第二，在怀孕的后期阶段，母亲的肝脏将产生更多的凝血蛋白，从而减小胎盘分离时严重出血的可能性。但多出来的凝血蛋白也带来了一些风险——与没有怀孕的女人相比，她们体内非必要血液凝块的产生概率相对高了10倍，尤其是当她们刚刚分娩，不怎么动的时候。[19] 这些凝血蛋白和产生血液凝块的风险大约需要4~6周才会下降到正常水平。1990年，在撒哈拉以南非洲地区的许多地方，死于产后出血的概率约为3%，而刚分娩后增高的非必要凝血概率（约为1%的绝对风险）与之前9个月怀孕期间增高的非必要凝血概率（大约是这个数字的两倍）加起来与这个数值差不多。[20] 这些统计数据表明，在怀孕和分娩过程中，我们的祖先母亲体内的史前凝血系统在出血和凝血上取得了非常好的平衡，尤其在当时并没有其他有效方法来应对这两种挑战中的任何一种的情况下。

第三，在婴儿出生后，刺激子宫收缩以将婴儿推出的激素，继续收缩着子宫以及它的血管——直接或通过加强周围的子宫肌肉来进行。很明显，在这些更小的、收缩的血管中，更容易形成血栓。

大约20%的产后出血风险与遗传因子有关。[21] 其中一种保护性因子是叫作第五凝血因子（factor V leiden）的突变，它是凝血蛋白上最常见的遗传性突变。[22] 在只有一个突变的人中，这种突变适量增加了凝血蛋白级联反应的活性，在有一对突变的人中，这种增量就非常可观。这种突变可能起源于大约3万年前的欧洲，如今5%的北欧人身上携带有这种突变，其他人身上则很少有这种突变。虽然医生认为这种突变是不利的，因为它能导致严重的甚至致命的血液凝块，但它同时也能减少产后出血的量——对我们的祖先来说，这个好处就足以掩盖其他不利了，这也解释了为什么这一突变会在产后出血还是严重威胁的时代渐渐蔓延开来，而不是今天。

另一种防止失血及其带来的贫血问题的办法是——在体内储存

大量的铁元素，它能帮你迅速重建红细胞的数量。一种叫作血色素沉着症（hemochromatosis）的基因突变正好能实现这一目的，它能帮助我们从食物中吸收更多的铁。[23] 它可能首次出现在1500~4000年前的英国或斯堪的纳维亚，然后经北欧海盗传播开，尤其是在欧洲沿海。只有一个变异基因的人的血液和红细胞中有较高的平均含铁量——足以保护他们免于失血后经常出现的铁缺乏。而有一对基因突变的人会吸收更多的铁，得到更强的保护。考虑到在还没有复合维生素补充剂的时代，体内含铁量高一点可能带来的好处，你就不会为如今约10%有北欧血统的人都携带有一个血色素沉着症最常见的突变而感到奇怪了——并且还收获到了一些它带来的好处。大约每1000个这样的人中就有5个携带了一对基因突变，他们体内的额外含铁量很高。但这种双重突变是件令人喜忧参半的事。携带一对突变的人——尤其是男性——在中年时会逐渐积累起多到会损伤胰腺、肝脏和心脏的额外含铁量。

如果血色素沉着症能给失血和缺铁带来那么多好处，并且直到中年才会有比较严重的副作用，那么我们也许会感到疑惑，为什么它没有从它的起源地欧洲，蔓延到非洲去呢？一种可能是，在艰难的撒哈拉沙漠中没有广泛分布的混血儿来进行基因传播。但我们也知道，一种完全不同的血色素沉着症突变独立出现在了非洲大陆上，但它并没有像欧洲突变在本土蔓延一样在非洲流行开来。最好的解释是，许多传染性微生物——特别是疟疾寄生虫——需要我们身体里的铁，以便在我们体内进行自我复制。相对而言，体内含铁量低的人被保护起来免于受到感染，而有血色素沉着症的人则更容易得病。[24]因此，我们很容易理解为什么体内含铁量较正常在北欧有着更好的适应能力，那里的维京人不用担心疟疾，但是在撒哈拉以南非洲却没有太多优势。在那里，即使是今天，每年也会有超过50万人死于疟疾，它是第四大致死原因，紧随其后的是心脏病、中风，以及癌症。[25]

不管是生孩子这种可预见的挑战，还是不可预见的受伤，我们的身体都趋向避免流血致死有着重要的历史意义，一直是我们生存的关键。事实上，其关键作用就表现为潜在地让血色素沉着症以及第五凝血因子这种不良突变蔓延开来，而原因就是它们带来的好处超过了它们带来的副作用。相比之下，没有什么已知的抗凝血突变和这些突变一样常见。

当我们的生存能力还不够时

血小板或十几种凝血蛋白中的任何一种出现任何缺陷或失灵都可能导致出血异常。在这些出血病症中，最著名的也许要算血友病了，它常与一种叫作凝血因子VIII的蛋白质缺陷有关。与凝血因子VIII对应的基因位于X染色体上，基本上所有血友病患者都是唯一的X染色体有突变的男性。因为女性有两条X染色体，她们只要有一个没有突变的X染色体，就能制造足够的凝血因子VIII来促成正常的血液凝块——而一个女人同时含有两个突变的X染色体是极为罕见的。因此，无症状的女性突变携带者，通常会将血友病及其导致的严重后果传给拥有她一半基因的儿子（从历史上看，他们不太可能孕育后代)，同时还会将无症状的突变传给一半的女儿，她们再将这一突变传承下去。

对男性的异常流血现象的最早记载可能来自《塔木德》，该书写于约 2000 年前。根据犹太教法典的传统，如果一个男孩在做包皮环切术后因失血过多死亡，那么他后面的兄弟就不应该再接受割礼。[26]

1803 年，一位费城的医生，约翰 · 奥托（John Otto）描述了一个世世代代只有男性会严重出血，而女性则平安无恙的家族故事。不久，在离费城非常遥远的德国，其他医生也记录下了没有女性，只有男性会遭受严重甚至致命出血的家族情况。由于逻辑上无法解释的原因，这种疾病被称为血友病（hemophilia）——其字面意思是“血液的偏爱”，到 19 世纪中期，据医生报告，超过一半的被血友病折磨的男孩会在 7 岁时死亡，只有 10% 的男孩活到了 21 岁。[27]

也许最有名的血友病患者要数英国维多利亚女王的后裔了。幸运的是，她四个存活的儿子中只有一个患了血友病，她五个存活的女儿中，只有两个把它传给了她们的儿子。但她的女性后代与欧洲各地的王室成员通婚，最终将疾病传给了普鲁士、西班牙和俄罗斯的王室家族，其中包括沙皇尼古拉斯二世的儿子阿列克谢皇太子，他们一家都在 1918 年的俄国内战中丧生。维多利亚女王的家谱说明无症状的母亲和姐妹可以将一个 X 染色体的基因突变传承下去，而对男人来说，这一突变则是致命的。

我们中的一些人，即使在凝血蛋白和血小板不存在遗传性缺陷的情况下，也可能在后天过程中因某些原因导致蛋白质和血小板缺陷而流血不止。比如，抗体可能会在无意中破坏凝血蛋白和血小板——通过运用它们本应用来攻击病毒、寄生虫和细菌的相同机制。在其他情况下，肝脏的损伤（如某些患者因慢性病毒性肝炎、酒精性肝衰竭而导致肝硬化）会减少凝血蛋白的生成。同样，骨髓损伤（当患者为了治疗白血病或其他癌症而接受毒性化疗时就会发生这种情况）会减少血小板的生成。虽然我们的血液循环中通常包含绰绰有余的凝血蛋白和血小板，随时准备发挥作用，但当它们的数量严重下降时，我们将无法正常凝血，即使是最轻微的损伤，也会让我们流血不止。

凝血太过

正如太少的凝血蛋白或血小板可导致出血过多，过多的凝血蛋白和血小板则会导致凝血过度。这些凝血倾向往往是由遗传导致的，但在孕妇和一些患有癌症的人中也常见，它尤其偏好在我们的静脉中形成血液凝块。

与动脉相比，血液在我们的静脉中流动得更加缓慢，因此所有静脉都有形成血液凝块并出现问题的可能。例如：连接肾脏的静脉被阻塞可能会让它的毛细血管压力增加，由此产生的损伤可能导致严重的肾功能损害；将血液从脑中引回心脏的关键静脉阻塞，可以引起严重的头痛、类似中风的症状，以及癫痫。

但到目前为止，静脉血栓最常见的部位是在我们的腿上。原因很简单——当我们站立或坐着的时候，腿部静脉中的血液必须克服重力向上流动，以回到心脏，而且当我们坐着的时候，它还得流过静脉扭结的地方。例如，大约 3%的人乘坐飞机经历八小时的飞行后，腿部会出现肉眼可见的血凝块，如果飞行时间更长，风险就会更大。[28] 我们腿部肌肉的活动有点像泵，但是产生的泵力只有之前心脏肌肉泵力的 5%左右。幸运的是，如果我们腿部的肌肉保持最低限度的活动——比如，弯曲、活动我们的小腿关节或是站起来，即使只是短暂地走动一下，那么这 5%的泵力也足以使血液平稳地流动。

当血液凝块在我们可以看到的腿部浅表静脉中形成时，我们将其称之为静脉曲张。幸运的是，静脉曲张通常只会引起外观上的尴尬和轻微的不适。相比之下，在更大的深沉静脉中形成的血液凝块——要么是自己形成的，要么是浅表静脉中的血块扩张来的——能够变得更大，并且能够引起腿部严重的不适甚至肿胀。如果出现在大腿或扩张到大腿的一块较大的血块——特别是深层静脉的血块——脱离后通过越来越宽的静脉回到心脏的右侧，情况就会变得特别危险。通常，血块能很容易地通过右心房和右心室进入肺动脉，然后随着肺动脉的分支逐渐变细，血块会阻塞这些血管，并阻碍血液流向肺部。这种严重的——甚至有时是致命的并发症叫作肺栓塞。[29]

虽然我们静脉中的血块可能是危险的，但是我们的动脉——它将血液从心脏运向全身器官，流动速度更快，承受的血压也更大——中的血块将会更糟。在我们的动脉中，即使是完全正常的凝血系统，在完全正常的平稳血流中也能被激活，这并不是因为血管真正撕裂了，而是因为其具有保护性的血管内膜上那一层细胞受到了损害。到目前为止，对这种损伤最重要的基础解释就是动脉粥样硬化。

动脉粥样硬化是富含胆固醇的脂肪沉积附着在我们动脉内膜上导致的。一名普通美国人每天会吃 200~300 毫克胆固醇，但我们的肝脏能制造更多胆固醇——是我们吃下量的 3~5 倍。胆固醇对我们的身体健康至关重要——它是我们 100 万亿个细胞的细胞膜的组成部分，也是我们身体许多激素不可或缺的组成物质，它还是我们胆汁的一部分，而我们要靠胆汁来吸收脂肪以及维生素 A、维生素 D、维生素 E 和维生素 K。

有趣的是，我们吃下的纯胆固醇的量对血液中的胆固醇水平影响很小。正如第二章所指出的，我们的采猎人祖先依靠食用动物肉质摄入的胆固醇可能并不比现代饮食中的胆固醇少。所不同的是，我们的祖先吃的是野生动物，其瘦肉含有较少脂肪，且脂肪中含有更多、更健康的多不饱和脂肪。[30] 相比之下，现代饮食中的肉多来自家养动物，里面含有大量的饱和脂肪，并且还可能含有氢化植物油，里面饱含人造反式脂肪酸。[31] 正是这些脂肪，而不是我们实际吃下的胆固醇量，导致了这一问题。

整个过程按如下进程发展：我们吃的脂肪被小肠吸收，这些脂肪——称为脂类——不能直接溶解在血浆中，因为它们不溶于水；它们需要与血浆脂蛋白（water-soluble lipoproteins）——肝脏制造的运输容器——结合，再被运输到全身各处。[32] 有些脂肪会在几分钟内被从肠道直接运送到器官中，以提供即时能量，而另一些则被运输到我们的脂肪细胞中储存起来，以防未来我们会挨饿。但是大多数的脂肪都被血浆脂蛋白携带着，通过血浆游走全身，在饭点间隙和昼夜交替时为我们的器官提供稳定的能量来源。

这些随循环系统游走的血浆脂蛋白最开始含有大量脂肪。它们携带甘油三酯——提供大部分的能量——以及胆固醇，其中一些被运送到需要它的细胞中，还有一些是血浆脂蛋白运输容器的组成部分。血浆脂蛋白被像磁铁一样的特殊停靠受体吸引，去往身体的各个部位。这些停靠受体指示脂蛋白，哪里是它们该停靠的临时码头，它们需要在那里卸下它们包含能量的甘油三酯“货物”，以及哪里需要胆固醇。渐渐地，血浆脂蛋白耗尽了它们的“货物”——大多数的甘油三酯和一些胆固醇，但它们会保留主要由蛋白质和胆固醇组成的运输容器。结果，它们变成了（甘油三酯含量低的）低密度脂蛋白，也称LDL。由LDL运载的胆固醇被称为有害胆固醇，因为过度的不被肝脏消除的胆固醇会沉积在动脉壁上。再加上脂肪堆积，它们逐渐形成较大的粥样斑块。

胆固醇的沉积量取决于我们吃下多少饱和脂肪，因为这种脂肪需要肝脏制造血浆脂蛋白来运载。但我们的胆固醇水平更加依赖肝脏，而肝脏又能感知血液中脂肪的含量。其结果就是，像一个知道何时需要打开炉子的调节器，肝脏制造出了它认为我们身体所需的胆固醇和血浆脂蛋白的数量。

这一基础的新陈代谢解释了为什么往往西方国家的人的有害胆固醇水平会升高：我们吃下的过多的饱和脂肪刺激肝脏生成了更多富含胆固醇的血浆脂蛋白来运载它们。更糟的是，我们的肝脏往往会制造出比我们所需的更多的胆固醇和血浆脂蛋白，因为在大多数人身上，肝脏不会停止它的生产过程，正如我们所希望的那样。这一过量生产血浆脂蛋白的趋势在旧石器时代可能非常重要。那时，我们的祖先在偶尔吃到一顿丰盛的饭菜后，需要有充足的血浆脂蛋白来运载所吸收的所有脂肪，好让这些脂肪在血液中循环以在不能获得足够食物时用作能量源。然而现在，这一失控的调节器却导致我们的身体制造出了远超我们所需的血浆脂蛋白和有害胆固醇。

我们可以通过少吃饱和脂肪或欺骗肝脏少制造一些胆固醇和血浆脂蛋白以降低有害胆固醇的水平。他汀类药物是最常用的治疗高胆固醇水平的药物，它能抑制肝脏生产胆固醇的能力，其次，它还能增强特殊停靠受体的活性，因此能够从血液中移除LDL胆固醇的数量。新的药物还能减少我们肠道吸收胆固醇的能力，或增加肝脏中胆固醇清除受体的数量。[33]

高密度脂蛋白（HDL）主要由蛋白质组成，里面几乎不含脂肪。它起到吸尘器的作用——从组织和血液中提取额外的胆固醇，然后将胆固醇运输回肝脏，在那里，胆固醇可以被制成胆汁，或之后循环再用。当你通过血液测试来测量HDL时，并不是在测量HDL本身，而是测量它所携带的胆固醇含量，这一部分胆固醇通常被称为有益胆固醇。你的总胆固醇水平包括LDL胆固醇、HDL胆固醇，以及组成血浆脂蛋白或正被血浆脂蛋白运输的胆固醇。

当胆固醇和其他脂类堆积在我们的动脉，尤其是冠状动脉的内膜上时，这些脂肪沉积会使动脉变窄，但很少能完全阻塞动脉。[34]与之相反的是，它们形成的表面斑块很容易产生裂隙和破裂，从而导致动脉内膜的细胞层撕裂，暴露出其下的动脉组织。当这种情况发生时，动脉就会像它应该做的那样——发出信号召唤血小板和凝血蛋白修复裂口。

由此产生的血液凝块不光补好了裂口，还可能部分甚至完全阻塞动脉中的血液流向其他地方。所以，即使我们不会因动脉内膜的单层细胞层裂了个缝就流血死亡，但如果血液凝块阻碍了血液流向各器官的细胞中，我们也会遇到大麻烦，因为这些细胞的血液供给会出现问题。即使一个动脉血块没有完全阻塞血液的流动（在这种情况下，血块叫作非阻塞性血液凝块non-occluding clot），它还是会引起麻烦：首先，一个非阻塞性血液凝块可能会阻塞一部分血液，进而导致下游组织得不到所需的足够氧气，尤其是在运动的时候；其次，如果血块脱落顺流而下，它能够造成较小的动脉被完全阻塞。

正如我们在第三章中所讨论的，当动脉粥样硬化和血液凝块阻塞了血液通过动脉流向肾脏时，便会导致高血压。当它们阻塞血液流向我们的下肢时，我们走路时就会抽筋。当动脉粥样硬化和血液凝块变得非常严重时，它们会阻塞血液流向我们的肠道，并在我们进食时引起痉挛。但动脉粥样硬化和动脉血凝块导致的两个最严重的问题是心脏病和中风，这两种情况在旧石器时代非常罕见，但现在却困扰着工业化的整个世界。

文明的进步

大约 6000 年前，也就是约 300 代人前，我们凝血系统的最佳调节开始稍有改变，因为我们的祖先研究出了避免出血致死的新技术。缝针——专业术语叫作缝合——或许最开始出现在美索不达米亚，据记载，那里出现了最初的外科手术。在至少 3500 年前，古埃及人会用棉线来缝合伤口，并在上面敷上动物油脂来隔离伤口，最后还要用蜂蜜做防腐剂。罗马人是已知的第一个用止血带控制严重出血的种族。在 1920 年，强生公司的一名员工厄尔利 · 迪克森（Earle Dickson），发明了第一张止血贴——专利名为邦迪。

但对于快速或严重的失血，首要目标应该是至少恢复部分血容量，接下来的目标才是补充红细胞。甚至在不输送红细胞的情况下，影响深远的迅速恢复血容量的第一次尝试发生在 19 世纪 30 年代的苏格兰。当时，托马斯 · 拉塔（Thomas Latta）医生用输血工具给病人的静脉输入盐水溶液，他靠着这种方法拯救了 1/3 的霍乱患者。[35] 1876 年，伦敦生理学家悉尼 · 林格（Sydney Ringer）发明了一种以他的名字命名的溶液（林格氏溶液），该溶液模仿了盐在血液中的平衡状态。1931 年，安全的补液糖盐开始量产，并在人们需要时被广泛运用。

1665 年，英国医生理查 · 罗尔（Richard Lower）在狗身上第一次成功地进行了输血。两年后，他与其他至少一位医生向人类身体里输入了少量的羊血，结果病人并没有什么明显的获益，也没有什么明显的不良反应。但随后，他们在其他人身上的尝试导致了严重的并发症，因此这一医学领域直到 1818 年才被解封。当时，英国产科医生詹姆斯 · 布伦德尔（James Blundell）成功地将丈夫身上的 4 盎司（约 117 毫升）的血液输送给了产后大出血的妻子。[36] 不幸的是，布伦德尔在其他病人身上的进一步尝试只成功了一例，其余都失败了。

我们现在知道为什么这些早期的输血尝试常常会失败了：如果献血者的血液与接受者的血液不相容，输血会导致严重甚至致命的过敏反应。直到20世纪初，输血才真正变得具有操作性，因为当时人们解开了血型的谜题，随后这一操作得到了迅速发展。1914年，血液可以被保存起来以供日后使用。第一家医院血库成立于1937年，[37]到第二次世界大战期间，红十字会已经发展出了一套储存和配送血液的系统，使得血液能够随时用于救命的输血过程。[38]

尽管在几千年的时间里，人们对出血现象倾注了大量的心思，但对于事情的另一面——凝血太过的坏处，却几乎没有人关心。至少在希腊和罗马时代，人们已经注意到腿部肿胀和静脉曲张，但没有人知道它们是由什么引起的。

对小腿深层静脉血凝块直接导致肿胀的第一次临床诊断可能发生在1271年。在接下来的几个世纪中，出现了更多的病例报告，但医生们仍然不知道到底发生了什么。这一情况直到17世纪才结束，当时威廉·哈维描绘出了人体动脉和静脉的血液循环系统。到18世纪末期，可以变大和膨胀的静脉血凝块的概念开始为人们所了解。[39]1819年，第一次出现了对明显致命肺栓塞的描述。直到20世纪60年代，对肺栓塞准确的生前诊断才得以实现。[40]

心脏病和中风

关于动脉，1768年，威廉·赫伯登（William Heberden）第一

次描述了冠状动脉疾病，这是导致几乎所有现代心脏病的根本原因。[41] 当时，他的病人患上了他所谓的心绞痛——在运动中由于对心脏肌肉供血不足而引起的胸部痉挛。在接下来的 25 年左右的时间里，据其他英国医生记录，心绞痛患者常常会突然死亡，而他们的尸检结果被描述为冠状动脉的软骨变窄，至少有一位病人的尸检结果表明他的心肌受损，也就是心脏病发作的症状。大约在同一时间，意大利解剖学家乔凡尼 · 莫尔加尼（Giovanni Morgagni）描述了一位猝死的肥胖妇女的解剖结果：她的动脉发白，心脏破裂，毫无疑问是急性心脏病发作。[42] 但直到 1878 年，医生才在活着的人身上诊断出心脏病，后来的尸检也证实了这一点。

心脏病发作是如此不寻常，在 20 世纪初的时候，在伦敦一家医院每年解剖的尸体中，只有不到两具显示有近期心脏病发作的症状。[43] 与之对应的是，到 20 世纪 40 年代末，这一数值增长了近 7 倍。[44] 在 20 世纪早期，对心脏病的生前诊断是如此罕见，以至于保罗 · 达德利 · 怀特（Paul Dudley White）——美国的心脏病医生，后来在艾森豪威尔总统心脏病发作期间负责照顾他——表示，自己 1911 年从医学院毕业时，甚至从未听说过心脏病发作这一病例。[45]

现在回想起来，冠状动脉疾病虽然罕见，但却没能被更早地临床诊断出来，真是一件奇怪的事。1575 年，在意大利就有了关于动脉钙化——可以通过 X 光在慢性动脉粥样硬化的斑块中观察到——的描述，这比赫伯登早了整整 200 年。[46] 利用 X 光技术，我们现在知道，在古埃及以及前哥伦布时期秘鲁的木乃伊中，有 1/3 都有动脉钙化情况。甚至连冰人奥兹的动脉中也有钙化现象，遗传学证据还表明他有很高的患冠状动脉疾病的风险。

心脏病发作是由于严重的血液凝块叠加在动脉粥样硬化上，而不是动脉粥样硬化本身引起的，这一概念于1912年首先由医生詹姆斯·赫里克（James Herrick）提出。由于不是所有死于心脏病发作的受害者的尸检结果都会显示出血液凝块，过了一段时间后，医生们才发现这些令人不悦的血凝块往往随后就部分或完全溶解于人体的抗凝血蛋白中了——显然，它们溶解的速度没有快到足够拯救血液下游的心脏肌肉死亡。我们现在知道，几乎所有心脏病都是由血液凝块引起的，而几乎所有这些血凝块都是因为冠状动脉粥样硬化斑块产生裂缝或破裂引起的。[47]

20世纪以来，晚期动脉粥样硬化变得越来越常见。在朝鲜战争中，超过3/4在战场上牺牲的年轻士兵都有动脉粥样硬化斑块，[48]美国中年人的动脉中几乎都有这样的斑块。[49]

我们现在所谓的中风，原来被古希腊人和罗马人称作apoplexy——从字面上看，就是希腊语中的“击倒”。[50]远在哈维的循环理论之前，著名的希腊医生希波克拉底就将中风归结于血液的停滞。据历史记载，公元117年，罗马皇帝图拉真（Trajan）在死之前曾突然瘫痪——符合中风的症状，罗马教皇斯德望二世（Pope-elect Stephen）也于公元752年死于中风。

17世纪中期，英国医生认为中风主要是由急性脑出血引起的。但两个世纪后，医生们才意识到不仅脑出血会导致中风，当血液凝块阻塞血液流向大脑时，也会引起中风。

彼时与此时

我们经过精密调整的凝血系统，能够精准地找到平衡，在正常情况下平稳流动，在需要时迅速凝固，这一切都是经过数千年演变而来——而在这期间，我们祖先的活动都非常频繁。他们很少能活到搏动的动脉中生成血块的年纪，并且他们的体力活动多到足以避免在静脉中出现的大多数血液凝块。

正如旧石器时代的凝血系统并不总是能够拯救我们的祖先，它也并不总是能将我们从真正严重的受伤中拯救过来。有时，一个损伤就严重到无法补救——例如，当静脉或动脉血栓出现了一个很大的切口，单纯的凝血作用是没法修复它的。在撒哈拉以南的非洲，受伤仍然是第五大死亡原因，每年那里 10 个人中就有 4 个会严重受伤，而这些伤害约有 1%是致命的。[51] 意外伤害造成的死亡人数仍占全球所有死亡人数的约 7%，而在许多发展中国家，这一数值甚至会更高。[52]

出血仍然是当代美国的一项挑战。想想里根总统遇刺事件吧，尽管里根总统的凝血系统非常正常，然而在 1981 年遭遇枪击后，他还是差点因流血而死。子弹射中了里根的肺动脉附近，导致他失去了身体里超过一半的血量，里根迅速进入了休克状态。医生向他的静脉里注射了生理盐水以恢复血容量，并且还为他输送了 8 个单位的红细胞——相当于 8 品脱血液中红细胞的数量——以帮助其将氧气运送到各个器官。他破裂的动脉也得到了手术缝合，最终，他得救了。

有趣的是，里根受伤并幸存下来的故事，从一个侧面说明了过去 30 年里美国谋杀率下降背后的原因。[53] 美国谋杀率之所以下降，源于更好的医疗措施——从更好的救护车到医院急症室设备齐全的创伤中心。因此，现在遭受枪伤、刀伤或其他武器伤害的人，死亡的可能性比几十年前低了不止一半。[54]

尽管如今美国产后出血的风险还不到 20 年前许多发展中国家的一半，但这并不意味着风险低到可以被忽视。[55] 分娩最后一步的现代内科治疗措施包括，在婴儿的肩膀出来后，给予产妇药物来帮助其增强子宫肌肉的张力（这样子宫在分娩后就能收缩得更快，并且挤压它的血管以使其不至于流血过多），轻轻牵引脐带（帮助胎盘从子宫分离），在约 60 秒后钳住并切断脐带，在子宫推出胎盘后按摩子宫。所有这些治疗综合起来，能够将产后出血的风险减少约 70%，而其中一半的功劳都得益于注射的增强子宫张力的药物。世界卫生组织建议所有产妇都应该接受静脉或肌肉注射药物——比如催产素（产品名为 Pitocin）——来帮助子宫增强其张力并且强行压制出血的血管。如果围产期的出血看起来可能会很严重，那么医生还会使用额外的催产素，有时还会辅以其他药物。

尽管有这些措施，在美国，每 100 名产妇中仍有约 3 名会遭遇产后出血。幸运的是，因为她们自身大量的红细胞，以及在医院会接受的静脉输液，这些母亲通常不需要输血治疗，除非她们失去了 4 品脱或更多的血液。因此，只有约 10% 的产后出血的产妇需要输血。[56] 现在，每 100 万名美国产妇中，只有大约 20 人会死于产后出血，这一概率还不到旧石器时代产妇风险的 1/150。[57]

得益于缝针、输血、暴力的减少以及更好的产科护理，如今我们出血致死的风险远远小于人类历史上的各个时期。然而，我们是那些凝血功能非常好的人的后代，我们从他们那里继承来的遗传倾向，让我们直接与工业化社会中最常见的死亡原因扯上了关系。在当代美国，血栓导致的疾病——心脏病发作、缺血性中风、肺栓塞等——所杀死的人数，占了所有死亡人数的约 25%，与包括外伤、谋杀、自杀、出血性中风、溃疡在内的各种出血造成的死亡人数相比，高了 4 倍以上。[58] 而造成这种失衡的基因会继续传承下去，因为这些血栓疾病往往在我们成功有了后代后才会出现。

心脏病：回头看罗茜·欧唐内

如果你出现了心脏病发作的症状，你需要做的至关重要的事就是赶快去急症室。相比等人送你去那里，拨打急救电话并让提供专业照顾的救护车送你去是更好的选择。在紧急情况下，最重要的诊断测试便是心电图，在医生和护士检查你的脉搏和血压时，也应该马上使用它。

如果你的心电图显示出有心脏病的迹象，通常情况下，你会被送到导管室，医生会将染料注入你的冠状动脉，以判断它们之中是否有被堵塞的情况。如果情况属实，你便会接受和罗茜·欧唐内一样的治疗。如果你所在的医院没有导管室，你要么会被给予溶栓药，要么会被转移到一个有导管室的医院。如果医生对诊断结果不确定，他们通常会监测你 6 个小时左右，并重复进行心电图和血液测试，看看你有没有心肌受损的症状。

有人说，女人心脏病发，会出现大量与男人心脏病发不同的症状。但事实是，所有心脏病发的人，都可能有胸部不适的症状，并且会辐射到手臂、脖子或下巴；他们呼吸急促、出汗、虚弱、头晕、恶心。与体力活动多的人相比，缺乏运动的人是不太可能有心脏病发的征兆的——比如赫伯登描述的运动导致的心绞痛。这是因为心绞痛是由于运动中供血不足而导致的，而休息时供血是充足的。不出所料，这种由于冠状动脉部分阻塞但未完全阻塞导致的症状，在体力活动较少的人身上更少见。由于女性心脏病发的时间平均比男性晚 10 年，并且她们的体力活动也更少，因此不太可能有心绞痛的前兆。与年轻人相比，患心脏病的老年人，不管是女性还是男性，都更容易出现呼吸急促、意识模糊或其他非特异性症状等发病前兆。

基于我个人对急症室中的 1.8 万多人的研究，女性心脏病发的症状和男性并没有那么多的不同。最大的区别在于：当一个男人出现上述任何症状时，人们首先想到的都是心脏病发作；而当女人出现这些症状时，人们不太可能会想到是心脏病，而更倾向于将其归咎为其他病症——肌肉痉挛、胃灼热、压力，或者其他什么。

如果医生能充分确定一切都没什么问题——不管他们是当场诊断还是在监测约 6 小时后，你就会被送回家，通常他们会建议你马上或在一周左右的时间内做进一步的检查，比如心脏压力测试。如果评估显示有其他冠状动脉疾病的证据，你就需要进行更详细的评估。不管怎样，许多人认为这一系列经历都是一种警示，能够帮助他们解决掉可能存在的任何可逆危险因素。

心脏病的主要危险因素是升高的有害低密度脂蛋白胆固醇水平、降低的有益高密度脂蛋白胆固醇水平、吸烟、糖尿病、高血压、相对较高的年龄，以及性别为男。心脏病更容易在那些有炎症状症的人身上出现，也许是因为炎症过程使得负载胆固醇的斑块更容易破裂。

我们可以肯定的是，罗茜 · 欧唐内的治疗过程肯定包括减肥和加强锻炼的建议——因为这些生活方式的改变会降低有害的低密度脂蛋白胆固醇的水平，提高有益的高密度脂蛋白胆固醇的水平，并减轻肥胖性糖尿病的严重程度。心脏病患者也经常使用他汀来将低密度脂蛋白胆固醇水平降到和当代采猎者差不多的水平——每分升低于 70 毫克（mg/dL）。[59]

降低胆固醇水平可以稳定住已经形成的斑块，阻止它们进一步生长，有时甚至能让它们缩小。当斑块更稳定的时候，它们就不太可能出现裂纹、破裂或在我们的动脉里沉积出异常的血液凝块。但是没有哪种生活方式的转换，能改变我们天生的血液凝结功能。这就是为什么罗茜 · 欧唐内在去看心脏病专家之前服下的那一片简单的阿司匹林，可能通过阻止血栓完全阻塞她的冠状动脉从而挽救了她的生命。但为了保持血管内支架有效，她需要更强效的药物来抑制血小板的功能。抑制血小板或凝血蛋白的血液稀释剂，已成为综合治疗那些已经出现或有极高风险出现凝血异常的人的关键药物。[60]它们在极大地减少危及生命的血栓风险的同时，也稍微增高了流血的风险。

中风

从我们掌握的资料来看，1877 年到 1900 年间有超过 3/4 的中风是由出血造成的。但在 21 世纪，在日本，大约有 2/3 的中风是由血栓引起的，在美国和西欧地区这一比例超过了 80%。[61] 造成这一切的原因有两个：首先，迄今为止，在过去的年代，导致出血性中风的主要原因是高血压——想想罗斯福总统吧——而现在我们已经可以治疗和控制高血压了；其次，动脉粥样硬化的盛行导致了为脑部输送血液的动脉中出现了更多的斑块和血凝块。

需要警惕的潜在的中风预兆叫作短暂性脑缺血发作（transient ischemic attack）——或小中风。在这种情况下，患者大脑的机能——通常是一个特定的机能，比如语言或移动身体一部分的能力——暂时丧失，但之后患者又会像完全康复了一样。在完全中风发病的状况下，机能丧失可能会持续超过一天，也可能是永远的。现代医疗方法可以打开阻塞的脑动脉或修复脑中出血的血管，因此疑似中风发作的患者应赶快拨打急救电话，遵循疑似心脏病发作患者的求医模式进行操作。

当血液凝块阻塞大脑的动脉并引起中风时，如果医生能迅速恢复足够的血液流动以保证下游组织的存活，那么就可以减轻这种损伤。这就是为什么医生要使用溶栓药——如果可能的话，应尽量在首发症状出现后的 90 分钟内使用。然而，只要大脑组织完全缺血 5 分钟，那么任何治疗都是无济于事的，但是损伤组织周围那些接收到了一些，但不充足血流的脑组织还会苦苦挣扎一会儿，如果在 3~4 小时内有足够的血液流向它们，那它们就能被挽救。[62]

尽管心脏病和中风有许多相似之处，但它们也有几个关键性的区别。中风不太可能是由一个大的颈动脉——它向大脑输送血液——斑块裂缝处被完全阻塞而造成的，这大概是因为颈动脉比冠状动脉大得多。相反，中风更可能是由一块血液凝块或斑块从裂缝部位断开并顺着血液移动，直到它阻塞脑内较小的动脉而导致的。要预防曾经中风过或者小中风过的病人——甚至是那些颈动脉狭窄的人——突发中风，抗血小板药物和阻断凝血蛋白的药物都是很有用的。有中风危险的病人应该通过药物治疗来降低血压，并使用他汀类药物来降低胆固醇水平。此外，出现严重颈动脉局部阻塞症状（如短暂性的脑缺血发作）的患者通常能通过动脉内膜切除术——外科医生从动脉内壁剥离动脉粥样硬化斑块——得以治疗。[63]

心脏病发作和中风的第二个关键区别在于急救方式。当患者心脏病发作时，医生需要完成三个步骤——进行血管成形术（通过给气球充气来剥离血液凝块并撑开动脉），放入金属网状支架以保证血管呈撑开状态，使用混合药物保证血液凝块不再生成——与单纯使用最强效的溶栓药治疗相比，这一治疗方式已被证明更加有效，也不会导致身体其他地方出血。然而，在大脑的动脉中，血管成形术和支架植入并不那么成功——可能是因为当一小块血液凝块被剥离后会有危害，甚至会让下流血管出现更多的问题。虽然更新、更有效的技术现在开始被采用，医生会紧急吸出血液凝块并撑开动脉，但在大多数医院中，对应中风的常规治疗方法仍然是使用溶栓药，而不是采用导管介入的方式。[64]

心脏病发作和中风的第三个差异在于，大脑和心脏能够修复动脉堵塞引起的损伤。我们的心脏中有着相当多的血液储备，因此当心脏病发作时，它仍然能够泵出足够的血液来保证我们的存活，并且在心肌受损20%~30%的情况下依然能够跳动。然而在大脑中，每一个特定的区域都负责一项独一无二的功能，通常这是其他区域无法复制的。如果负责移动你右半边身体的大脑区域死亡，你就会瘫痪，甚至通过积极的康复也只可能恢复部分功能。

静脉血栓和肺栓塞

我们的静脉需要面临的主要挑战是，我们被打造成需要持续不断地运动，而不是像现代社会处于体力活动一直相对不足的状态。想想克里斯·斯坦尼福思（Chris Staniforth）的案例吧！[65] 这位狂热的英国游戏玩家，每天会花12小时以上的时间坐在他的电脑前玩游戏。他于2010年死于致命的肺栓塞，而造成这一悲剧的原因，就是长时间不运动导致他腿部形成了血液凝块，并最终脱落。他的血小板和血液蛋白经过数千年的精心调试，可以避免在血液不断流动的血管中不合时宜地流血或生成血液凝块，然而他腿部停滞的血液让它们自发生成了血液凝块。这就是为什么当你长时间乘坐飞机、汽车、公共汽车或火车时，应该定期伸展四肢，走一走——以刺激血液循环，避免自然凝血。对于长距离的飞行旅程，紧身的长筒袜也许能提供一些额外的保护。但不幸的是——或者对你的钱包来说是件幸运的事——在商务舱中，你的静脉并不会比在经济舱中更舒服。我们不知道全躺式卧铺座椅是否会更好一点，因为血管里的血液在我们平躺时不需要克服重力。但即便如此，站起来走动一下还是非常重要的，不要只是变换不同角度地坐着或躺着。[66]

如果你觉得自己的腿部静脉可能有血栓，应该赶紧去看医生——这不需要拨打急救电话，但你也不应该无动于衷。这些症状包括一条小腿，有时甚至是大腿出现疼痛和肿胀——它们通常非常明显，因为另一条腿通常没有这些症状。医生会给你做检查，一般是通过超声波检查，通常还要验血。如果你出现了血液凝块的迹象，医生会给你药物以降低你的凝血蛋白的活性，这样你正常的抗凝血蛋白就会在几天之内溶解掉血液凝块。

另一方面，如果你怀疑自己得了肺栓塞，那么你需要紧急诊断，通常医生会用X射线对你的肺动脉进行扫描。根据受影响的肺段及其受损严重程度的不同，肺栓塞的症状可以从无表现到气短咳血，到危及生命，甚至当肺为你血液中输送氧气的能力受损后会导致致命后果。为了将伤害降到最小，医生通常会给予患者药物以减少凝血蛋白，也可能同时给予溶栓药，在罕见的情况下，还会通过手术去除危及生命的血栓。

当人类凝血的调节器在旧石器时代被设置好后，几千年后会发生什么有谁关心呢？人类的祖先不会知道现在的人会长时间开车兜风以及坐飞机飞行，并因此导致血凝块在我们的腿部静脉中形成，并极有可能转移到我们的肺部，变成致命的肺栓塞；同样也不能预料到饮食、体力活动以及血压的变化会让我们的动脉变窄，使我们体内容易形成血栓，从而引发心脏病和中风。

我们仍然需要凝血功能——不仅是为了从严重的受伤中生存下来，还要应对分娩和日常生活中的磕磕碰碰，但我们出血和凝血之间微妙的天然平衡系统现在明显偏向了凝血过多。这就是为什么在当代美国，凝血过多造成的死亡人数是流血过多造成的死亡人数的4倍多，以及为什么心脏病和中风现在占据了导致我们死亡四大原因中的两席。[67]

要了解旧石器时代以来人类的生命发生了多大改变，想想怀孕和分娩附带的风险发生了些什么变化吧。在当代美国，静脉和动脉中的血凝块——而不是失血——是导致孕产妇死亡的主要原因。[68]尽管现在已经有了治疗它们的现代化的药物，但在北美的高收入地区，相比产后出血，高血压杀死了更多的孕妇。[69]这是多么明显的变化啊！

第二部分

在现代世界保护我们的身体

第六章

我们的基因能进化得足够快以解决我们的问题吗

自1990年以来，没有高中文凭的非西班牙裔美国白人的平均寿命减少了4岁，而这其中白人妇女的寿命缩短得比白人男性更多。[1]虽然这样的减少幅度，比不上苏联解体后的俄罗斯，以及HIV/艾滋病病毒肆虐的非洲部分地区，但在美国却是史无前例的。自工业革命开始以来，我们理所当然地认为，人类的平均寿命，除极少数和个别人外，应该一代又一代地逐步延长。

在现代美国社会，部分人群的平均寿命如此急剧地减少，引出了一个显而易见却至关重要的问题。这只是暂时或孤立的异常现象，还是生活水平的提高反而会减少人们的平均寿命？毕竟，肥胖、糖尿病、高血压、抑郁、焦虑、心脏病和中风的病例都在增加。要想洞悉事态会如何发展，回望历史，了解旧石器时期以及其后人类的生殖成功率和平均寿命就显得非常重要。然后我们会研究当前的数据，以帮助我们预测未来会怎么发展。

回到旧石器时代

人类种族的延续，靠的是那些繁衍后代最成功，后代数量最多，并且子孙同样繁殖力旺盛的人——而不是靠那些活得最长，或最健康的人。健康和长寿只有在帮助我们吸引到更多、更好的配偶，增强生育能力，或保护我们的后代免受捕食者和危险侵害时，才对繁衍起作用。

一个物种想要达到自我延续的目标，那么它的生存率就要高过死亡率。要想实现这一目标，必须满足三个要求：有足够高的年出生率，有足够多的儿童长大成人并有自己的孩子，这些孩子活到成人的数量必须足够重复这一循环。科学家计算出，自我延续需要成人的年存活率在有效生育间隔（能存活到繁衍后代的儿童出生时间之间的平均间隔）期间至少达到 70%。换句话说，让我们假设每两年出生一个婴儿，并且一半的孩子能活过青春期，那么有效的生育间隔就是 4 年。如果处于生育年龄的成年人年死亡率低于 8%（换算下来相当于 4 年后生存率可以略高于 70%），那么整个物种就可以延续下去。[2]

现在让我们看看，关于我们祖先的生育率、青春期存活率和平均寿命这些考量因素，我们都知道些什么。我们没有任何关于旧石器时代生育率的信息，但我们可以从现代的采猎社会中管窥一豹。例如，冈比亚的农村妇女和巴拉圭的亚契妇女会在约 18 岁的时候生下她们的第一个孩子，在这一年龄生育，一方面可以保证她们自身能充分发育并保持健康，另一方面能让生育年限达到最佳长度。

冈比亚妇女和与世隔绝的马里多贡妇女通常会产下 7~13 个活体婴儿，约有一半的婴儿能活到 10 岁。[3] 怀更多孩子或在短时间里生下太多孩子，都会导致回报递减，因为哺育、抚养和保护这些孩子面临很多困难。女性通过多种方式控制生育，包括决定母乳喂养的时间（生育率明显会受哺乳抑制）。令人印象深刻的是，所有这些行为——这些妇女什么时候第一次怀孕，她们会生几个孩子，生孩子之间的间隔是多久——都与关于她们应该如何最大化净生殖成功率，并且将她们的基因传递给尽可能多的孩子，以及这些孩子的后代的统计估计值相一致。

而关于活过童年时期这件事，对人类遗骸的大量分析表明，我们旧石器时代的祖先约有 50% 在 10 岁之前就去世了。但是一旦他们活到了 20 岁，就有约 35% 的概率活到 40 岁。看看 20 世纪与世隔绝的采猎者，我们就会发现他们有类似但稍微好一些的统计数据：大约 45% 的人在 15 岁前死亡，而在剩余 55% 活到 15 岁的人中，约有 2/3（或 35%）的人能活到 45 岁——已经年长到可以当祖父母了。而这 35% 的活到 45 岁的人平均还能再活约 20 年。如果将这些数据综合起来分析，他们出生后的平均寿命是 30~35 岁。

根据这些数据，尽管旧石器时代儿童的死亡率为 60% 左右，但他们的生育率足够高，生育高峰期的死亡率也足够低，这些足以让智人延续下去。相比之下，对尼安德特人遗骸的研究表明，他们不仅在 10 岁之前有着较高的死亡率，并且在 20 岁和 40 岁之间，也有高达 80% 的死亡率——年死亡率已经超过了 7%，处于保持种族延续的危险边缘了。[4] 这些数据解释了为什么尼安德特人的人口一直相对较少，并且有着灭绝的危险，而我们的智人祖先能够在繁荣的时候增加自己的人口，并能提供一个人口缓冲，以避免在艰苦的时候遭受灭顶之灾。

我们能够延续还得益于我们的寿命常常超过了生育年龄。尽管自然选择并不关那些已经完成了生育和养育孩子职责的人什么事，拥有健康的长辈仍是件好事。中年或老年妇女在以祖母的身份养育孩子方面做出了重大贡献。[5] 虽然男性在二十几岁时体力达到巅峰，但采猎男人狩猎的技术直到 40 岁或 45 岁才会达到巅峰——因此他们能最大限度地提高自己所采猎到的热量数，在满足他们自己需求后还能有助于养活他们的家庭。[6] 此外，男人即使岁数渐长，依然可以生育孩子。

文明的进步

人类的生育率、儿童死亡率和平均寿命一直以来都没有多大变化，直到最近。比如，在 19 世纪中期的巴伐利亚，女性仍然平均会生 8~10 个孩子——大约在 40 岁之前，每 18~24 个月就要生一个，如果她们能活那么久的话。如果上一个孩子存活下来，生孩子之间的间隔就会更长一点，如果没有的话就会缩短一点。[7] 在古希腊和古罗马时期，人们的平均寿命保持在 30 年左右；在 18 世纪的瑞典也仍然只有 34 年；在 1850 年的美国，这一数值上升到 40 年；在 1870 年的英国，这一数值上升到 41 年。[8]

但随着生活、营养、卫生、安全水平的提高，人们的平均寿命开始急剧增加。例如，1870 年到 1920 年，英国人的人均寿命从 41 岁增加到了 53 岁——而在这之前的 50 年里，其平均寿命只增加了 3 岁，这一增幅达到了之前的 4 倍。从 1970 年起，全球人口的平均寿命都增加了，今天出生的婴儿预期可以活到 71 岁至 72 岁。[9] 在世界范围内，在 1990 年，婴儿 5 岁以前死亡的比例是 25%，到 2013 年，这一比例下降了超过一半。如今，接近 25% 的死亡率发生在 80 岁以上的人身上。[10]

拥有最长平均寿命的是冰岛男人，他们能活到 80 岁，还有日本女人，她们能活到 86 岁。[11] 美国人的平均寿命略短，但这主要是由于婴儿死亡率较高。65 岁以上美国人的平均寿命与其他高度发达国家基本相同。即使已经 80 岁，我们平均也能再活将近 8 年。

不出所料，我们不仅活得更长，而且更健康了——我们变得更高这一事实就证明了这一点。例如，在西欧，人们身高的平均增长从 19 世纪的不到半英寸（约 1.3 厘米），增加到了 20 世纪的 3 英寸（约 7.6 厘米）以上。[12]

人们平均寿命的增加与全世界死亡和伤残原因的变化齐头并进。自 1990 年以来，营养不良已从造成人类死亡原因排名的第 11 位降至第 21 位，而在世界各地，营养缺乏导致的伤残下降了约 40%。同时，糖尿病导致的伤残增加了 30%，糖尿病也从造成人类死亡原因排名的第 15 位上升到了第 9 位。超重、糖尿病以及糖尿病前期导致的血糖含量升高，这些疾病中的每一种造成的死亡人数都比营养不良多，而它们造成的死亡人数加起来是营养不良导致的死亡人数的 7 倍多！

自1990年起，全球范围内高血压引起的心脏病增加了约6%，高血压导致的全球死亡人数超过了其他任何危险因素导致的死亡人数。相比之下，腹泻——可能是致命脱水的主要原因——导致的伤残和死亡，下降了60%以上。过量的盐摄入是我们针对脱水的保护机制的一部分，但现在由其导致的死亡人数是腹泻导致的死亡人数的两倍多。此外，自1990年以来，全世界死于受伤的人数下降了13%，而抑郁症造成的伤残人数却上升了5%以上。[13]

全球趋势的信息我们已经知道得够多了，但美国又是怎样的呢？美国国内也没有多少令人乐观的新闻。与世界其他很多国家相比，肥胖、糖尿病、高血压、抑郁在美国更是个问题，我们没有看到什么大的进步。例如：男人和男孩在过去10年中持续变得更胖；在妇女和女孩身上，体重似乎终于保持在了一个稳定的数值，但这个数值高得可怕——自1970年后，美国成年人的肥胖率已翻了不止一番，而在儿童和青少年中则翻了三番。糖尿病的发病率也在上升，并导致更多人死亡。

在过去的10~20年里，高血压的患病率增加了约5%，主要是因为肥胖率的增加。然而，成功自杀率很稳定，不过这也只是因为日益增多的自杀者得到了更加优良的急救护理。成功自杀是导致潜在寿命损失的第六大原因，而抑郁则是导致健康寿命损失的第二大原因。[14]

唯一的好消息是，在过去的50年里，死于心脏病发作或中风的风险在美国已经急剧下降，这得益于一系列更好的预防措施——更低的胆固醇水平、更少的烟民、更好的治疗高血压的方法——以及明显的医疗和手术治疗的进步。但是在美国，心脏病和中风仍然分别排在造成死亡的主要原因的第一位和第四位（在全球则分别排在第一位和第二位），它们让流血死亡的风险相形见绌。

在没有受过良好教育的美国成年人中，事态已经完全向着错误的方向发展。2010 年，生活在受教育程度高的地区——比如加州的马林县以及弗吉尼亚州的费尔法克斯县——的美国人的平均寿命和世界上其他地方的人一样。但这在很大程度上，得益于他们过分保护的生存特性。而生活在受教育程度低的地区——如肯塔基州的佩里县以及弗吉尼亚州的麦克道威县——的美国人，他们的平均寿命和生活在孟加拉国的人差不多。[15]

世界上其他地方的形势可能也不会太好。印度和中国的糖尿病患者，如今都比美国多。到 2035 年，印度糖尿病患者的数量将增加 3 倍，而中国则会增加约 5 倍。[16]

展望未来

根据推算，2030 年世界范围内儿童的死亡率仅为 21 世纪初的一半左右。这一死亡率的下降将导致高收入国家妇女的平均寿命延长至 85 岁，男性则延长到 80 岁。主要的例外是撒哈拉以南的非洲地区，即使到 2030 年的时候，那里的人的平均寿命仍可能在 55 岁到 60 岁。

科学家预测，到 2030 年，心脏病和中风——与凝血相关的疾病——仍然是导致死亡的两大主要原因。与肥胖相关的糖尿病，预计其排名将进一步上升，从第 9 位上升到第 7 位，这部分是由于当前儿童和青少年的肥胖率预示着未来将有更多肥胖的成年人。患高血压引起的疾病的人数也会增加，与血压相关的心脏病将从造成人类死亡的第 13 大原因上升到第 11 位，与高血压和糖尿病相关的肾脏疾病将从第 17 位上升到第 13 位。自杀可能会从造成人类死亡的第 14 大原因上升到第 12 位，其造成的死亡人数远高于因谋杀和战争死亡的人数的总和。如果我们将生命质量（quality of life）——包括早逝导致的寿命损失年（years of life lost to premature death），以及那些岁月我们可能得到的欢愉全部考虑进去，那么抑郁症将成为世界范围内的第二大问题，并且目前是美国等高收入国家的首要问题。[17]

其他预计随时间推移会增加的疾病主要与身体老化导致的损耗有关。例如：到 2030 年，在高收入国家，导致伤残的最主要的原因将是阿尔茨海默病（老年痴呆）和其他痴呆症、关节炎，以及成人性耳聋；另一个越来越多地导致残疾和死亡的原因将是癌症，随着年龄的增长，这种现象将越来越普遍。导致癌症的主要原因包括环境毒害（比如香烟烟雾）、传染病（比如人乳头状瘤病毒，它能引起宫颈癌和一部分的头部和颈部癌症，此外还有肝炎病毒，它会导致肝癌），以及肥胖——它被认为导致了美国约 17% 的癌症。

我们的基因能扭转乾坤吗

由于自然选择能够传播有利的突变并淘汰有害的突变，那么之前曾让我们的过度保护生存特性扩散开来的相同的自然选择，现在能够淘汰它们吗？或者它们能够被在当今条件下对我们更有益的新突变抵消或平衡掉吗？无论采用哪种方式，这些不利的特性自我消灭了难道不是很棒的事吗？不幸的是，这不太可能发生。让我们来看看这是为什么。

消除适得其反的特性

自然选择会偏向于那些能在我们年轻时提高我们繁衍成功率的特性，即使这些特性会在我们年老后对我们不利。[18] 这一偏好导致我们出现了如下问题：过分保护的基因驱使我们吃太多的食物，摄入太多的盐，变得过度伤心，凝血过度，但这些过分保护的特性一般不会很快杀死我们，不会妨碍我们寻找伴侣并生下孩子，也不会妨碍那些孩子活到可以拥有自己后代的年纪。但未来，它们会不会严重到被自然选择淘汰的程度呢？

对于我们的两个过度保护的生存特性——高血压和凝血——我们可能并不会看到它们对女人生育和男人成为父亲有任何重大影响，因为这些副作用很少会限制生长、发育和生殖，尤其是在有着现行医疗保健设施的现代社会。那么焦虑和抑郁又会怎样呢？患有抑郁症和焦虑症的人，如果情况严重的话，可能找不到配偶并繁衍后代。但是，正如第四章所指出的，在有记录的人类历史上，一直就存在着悲伤和沮丧。抑郁，至少在一个有限的期限内，似乎是一种有利的生存适应，能够帮助我们放弃不切实际的野心，使自己在一个群体中找到合适的地位。而且，正如第四章所指出的，焦虑是我们早期预警系统的一部分，所以它也不太可能消失。[19]

那么，肥胖和糖尿病会是另一种情况吗？糖尿病使流产的风险增加了 30%~60%，所以血糖水平正常的妇女在生育方面有约 45% 的生存优势。如果没有糖尿病的女性能孕育更多的后代，并且如果她们的孩子也不易患上糖尿病，那么没有糖尿病的人所占的比例就会逐渐上升。然而，正如第一章所指出的，关于有利突变传播的计算通常都要假设所有人——不管其是否有有利突变或不利突变——繁殖率相同。然而现在在发达国家，大多数妇女倾向于晚婚，并且会控制自己的生育，通常她们会使用各种方法来避孕。她们在生育选择上的微小差异，都足以抵消遗传的生存优势或劣势所带来的影响。

另一种可能性是肥胖和糖尿病将变得非常严重，以至于肥胖的糖尿病患者活不到可以自我延续的最低年纪，特别是发达国家晚婚的人，当他们结婚时，可能已经被不利的健康状况所折磨。在肥胖的美国妇女中，通常只有 40% 的人可能会有孩子，与体重正常的妇女相比，她们有一个以上孩子的概率还不到后者的一半，导致这一结果的部分原因是排卵不规律，以及子宫无法让受精卵着床。与健康的母亲相比，肥胖的母亲流产的可能性高出约 30%，早产的可能性高出约 20%，所生的孩子在成年以前死亡的可能性高出约 30%。[20]

然而，有数据表明，随着肥胖的蔓延并变得被人们所接受，以及医疗保健设施的改善，在所孕育的婴儿数量上，肥胖的妇女可能不再远远落后于体重正常的妇女。当你把所有数据加起来计算，肥胖的甚至患有 II 型糖尿病的母亲的孩子一般都能活到拥有足够多的后代的年龄，所以自然选择不太可能淘汰肥胖和糖尿病。[21]

更有可能出现的情况是，肥胖的人将会在自己身体允许的条件下一直胖下去，同时仍然能够生育孩子，并且这些孩子也能生存下来。当肥胖的人和另一个肥胖的人交配时，他们存活下来的孩子倾向于继续这种不健康的恶性循环，因为他们患上肥胖的概率是两个正常体重的父母生下的后代的 14 倍。[22]

激增的新突变

现在让我们来看看第二个选择——能够抵消我们过度保护特性的新突变。当我们考虑这种可能性时，还必须了解到，后代传承突变可以通过三种方式，而自然选择仅是其中之一，这一点非常重要。另外两种方式分别是：基因流动，即基因通过迁移的个体或群体流进或流出一个地方种群；遗传漂变，即随机事件可能延续并传播突变或淘汰突变。[23]

也许关于基因流动最好的例子就是所谓的奠基者效应：假设一个多产的男子和他的许多孩子一起搬到了一个之前没人居住过的地方，从本质上来说，他们将自己所有或几乎所有的基因带到了这里，随着之后的近亲繁殖，这些基因——包括它们携带的所有突变——会在他们的后代中传承下来，只要它们不会产生能导致所有人口灭绝的劣势。基因同样也会流入一个地方种群，这种情况发生在当一个外来人口，尤其是男人，迁徙进来并和当地妇女交配时——正如维京男人将血色病带给了北欧人，成吉思汗把他的Y染色体带到了中亚，墨西哥城约 60% 的Y染色体都来自西班牙。[24]

从男人的角度来看，他能使多少女人受精或能够生育多少孩子并没有理论上的限制。一夫一妻制可以把男人的注意力集中到保护数量有限的后代上。相比之下，一夫多妻制能产生更多的后代，但这些后代可能更易受到伤害，因为他们将得到较少的来自父亲的保护。当然了，如果一些男人有几个老婆，那么其他男人可选择的伴侣就将更少。健康、强壮的男人可以和多到不成比例的女性交配，从历史上看也是这样，因此，他们往往能将这些有利性状的基因传递下去。

随着人口的增长，现在有更多的人拥有 65 个左右的新突变，这 65 个新突变就是我在第一章所说的，每个孩子从父母双方继承 DNA 时的“复制错误”。[25] 但由于人类人口已从 1 万年前的大约 100 万人增加到了现在的 70 亿人，即每代人中有 65 个左右随机突变的人数增加了 7000 倍。尽管我们中的一些人可能和其他人有着同样的随机突变，但是在世界人口激增的情况下，世界范围内的突变总数正在呈爆炸式增长。科学家们估计，在过去的 8 万年里，超过 1 万个人类基因突变已在自然选择的过程中延续了下来。但有趣的是，在非洲人、欧洲人、汉族人和日本人中，各有 3000 个左右的突变，几乎是完全不一样的。这种现象并不奇怪，我们生活在世界各地，一些突变可能在特定的生态龛中是有利的，即使它们在其他更广泛的地方几乎毫无用处。例如，西伯利亚原住民拥有三个适应性突变，与其他人相比，这些突变能帮助他们更有效地将脂肪转化为热量并且减少通过皮肤损失的热量。[26]

当一个新的突变出现时，它面临着严峻的挑战，因为它的延续只能靠一个人，而这个人只能将它传给拥有自己一半基因的后代。在早期阶段，突变的命运是飘摇不定的，因为它的传播得取决于它最初的寄主子孙满堂的概率。它的生存优势越大，就越有可能从最初的源头中挣脱出来，变得流行起来。一个单一的有利突变最终扩散到整个种群的可能性，从数学上看，是它优势百分比的两倍——因此，一个具有 10% 的生存优势的突变，有 20% 的概率最终扩散到每一个人身上。[27]

在遗传漂变中，一种中性突变，即对人类生殖或生存完全没有影响的突变——例如，当我们突然暴露在明亮的阳光下时，大约 25% 的人会打喷嚏——将完全服从于机会原则。假如有人偶然继承了一个中性突变，碰巧他又有很多孩子，这一突变就会扩散。但在一小群人中，这样的突变也很容易消失。由于这些随机的中性突变是以合理的可预测的速率产生和消失的，因此随着时间的推移，它们累积起来便可以起到分子时钟的作用，就像树上的年轮一样，能够告诉我们一类物种有多久远了。[28]

对于分子时钟的运用，最好的例子之一是所有人类都起源于一个共同母系祖先的假说，这个祖先通常被称为“线粒体夏娃”，大约生活在 12 万到 20 万年前东非的某个地方。[29] 我们是怎么“知道”这些信息的呢？虽然我们从父母双方各获得了 23 条染色体，这些染色体共同组成了 46 条染色体，但我们线粒体中的所有 DNA——它在我们细胞内扮演着小型发电厂的角色——都是来自我们母亲的体内。由于我们知道线粒体 DNA 大约每隔 3500 年积累一次中性突变，因此我们可以将这些突变相加，并往前推算出我们都来自一个共同的母系祖先。

使用同样的方法来研究基于男性Y染色体上的中性突变，我们可以推算出，当倒退同样的时间，我们可能拥有一个共同的父系祖先——也就是"Y染色体亚当"。但这些都只是假设，无论如何，它们都没法证明，也没法反驳线粒体夏娃和Y染色体亚当是不是认识对方。[30]

随机的中性突变——也就是遗传漂变——随时间流逝日积月累，所以人类现在拥有大量的中性变异。例如，人类有1000万~4000万个多态性——多态性会在超过1%的人携带明显中性突变时发生。我们每个人大约有300万个多态性，其中超过1万个对蛋白质编码有影响，这其中大约1500个会改变蛋白质随后的功能。这种中性多态性的积累为人类提供了一个潜在的突变库，如果将来情况发生变化，可能会对我们有所帮助。[31]

有时，一个明显的多态性其实还不如喷嚏反射或酒窝那样完全中立。如果它既有一定的优点，也有一定的缺点，比如会导致我们偏爱冒险的DRD4基因突变，那么它的频率可能在人口中达到一个相对稳定的平衡点，并且对我们既有好处又有坏处，这种情况被称为平衡选择。在许多红细胞突变中我们可以看到，这些突变让我们的红细胞对疟原虫产生相对抵抗性，但同时也会导致红细胞本身发生不同程度的功能障碍。如果疟疾的风险增加或减少，这种突变的平衡可能会被迅速打破。[32]

此外，一些真正中性的突变如今能够延续下来，可能是因为在过去的某个时候，它们是有利的。[33]我在第一章谈到CCR5蛋白与HIV时提到过这个可能性，但关于这一现象更明确的一个例子是人类身上的疯牛病。

疯牛病是对科学家所说的牛脑海绵状病的通俗说法，它是由克雅氏病（CJD）引起的。克雅氏病是一种罕见的神经退行性疾病，患者通常表现为行动异常、心智功能快速衰竭，之后不久便会死亡。有些病例是通过家族遗传的，有些则是偶尔自发出现的，成病原因不明。第三类病例是通过传染导致的，比如输入了被污染的血液，接受了角膜移植，或注射了用于矮小儿童的、直接来源于人类脑下垂体的生长激素。但当提到传染性克雅氏病，通常我们会想到疯牛病（又称为变异型克雅氏病），因为它是人吃了带病的牛肉而导致的。

最有名的传染性克雅氏病病例最初出现在20世纪20年代巴布亚新几内亚的法尔人部落（the Fore tribe），这种疾病在那里被称为苦鲁病。[34] 法尔人有个有趣的传统，在祭奠族人的仪式上，他们会吸食死去族人的大脑——并非食物短缺，他们以这种方式表达对逝者的尊敬。苦鲁病只在妇女和儿童，以及那些吃了长辈大脑的人身上才会出现。

科学家们很快就判定苦鲁病肯定是传染性导致的，因为死去长辈的大脑似乎是一个显而易见的共同接触源，但最初的实验没有检测到任何细菌、病毒、寄生虫或其他传染性的病原体。[35] 当我在医学院时，大家普遍认为苦鲁病肯定是由一些难以检测到的、行动极其缓慢的病毒导致的，之所以发现不了只是因为它很难找。

但我加州大学旧金山分校的前同事以及诺贝尔奖得主史坦利·布鲁希纳（Stanley Prusiner）却反对这一传统观点，他坚称在这一过程中实际上并没有活的病原体。他指出，该病是通过一种非常独特的方式进行传播的——蛋白质的分子构型由 α 螺旋转变为 β 折叠，并会影响其他蛋白质，就像多米诺效应一样，让其他蛋白质也发生同样的分子构型折叠。这一有趣的蛋白质，被称为朊蛋白，只是大脑中无数蛋白质中的一种，其功能还不完全清楚。朊蛋白通常存在于螺旋状的三维结构中，这种结构对其本身的正常功能以及与大脑中其他蛋白质的交互作用至关重要。但组成这种螺旋形状的同样的氨基酸，也可以在三维空间形成一个相对平坦的折叠。在这种平坦的结构中，朊蛋白不仅不能发挥其正常功能，而且还容易聚集起来形成团块，从而导致周围的脑组织发生功能性错乱。

但事实证明，一种被称为M129V的比较常见的遗传多态性（genetic polymorphism）能够影响朊蛋白，使其不易发生导致苦鲁病和疯牛病的错误折叠的级联反应（cascade）。由于一些我们不清楚的原因，这种多态性存在于世界各地不同比例的人群中，这一比例从 1%~50% 不等。但现在——距苦鲁病第一次在法尔部落被发现 90 年后——这一多态性在 90% 的法尔妇女体内出现，大概是因为那些没有这一多态性的人都死于苦鲁病。有趣的是，这种多态性并不具有完全的保护性，但它可以将苦鲁病的发作时间推迟几十年——长到足够让法尔妇女生产和养育子女。至少到目前为止，世界上还没有一个具有这种多态性的人被诊断出患有疯牛病。[36]

但为了证明在面临致命挑战时，我们能够将保护性基因传播得更迅速，在那些有潜在患病风险，却没有 M129V 多态性的法尔妇女体内，出现了一种叫作G127V的新的朊蛋白基因突变。[37] 这种几乎与M129V突变相邻的新突变，也能防御苦鲁病，并且还没有在世界上其他地方被发现。

M129V多态性在全世界的广泛出现引出了另一个问题。也许这不是一个真正的随机多态性，而是一个突变，在过去的某个时候，这一突变保护我们吃大脑的旧石器时代祖先成功防御了某种史前版本的疯狂动物疾病。这一假设符合现在的一个既定事实，即没有人曾从患羊痒病的病羊身上感染过克雅氏病，而羊痒病也是朊病毒的一种，这一结果显然是因为所有人类都存在一种基因，可以帮助我们防御“疯羊病”。[38]

随着人口的增加，基因突变的数量也在增加。在旧石器时代，每经过50代或更多代的人，才可能偶然地出现一个罕见的突变，而现在只需经过一代人，在世界的某个地方就可能出现一个罕见突变。[39]当然了，因为现在的人口与旧石器时代相比已经增长了7000倍，那么一个突变要蔓延到整个人口看起来也需要7000倍的时间，这样算来，虽然突变的出现频率变高了，但它们并不会对人口产生更多的影响。

但是请记住，正如我们在第一章中所指出的，事情并不是这样的——突变刚开始时扩散得很缓慢，然后扩散速度会变得快很多。全球范围内的中性突变储存库正在等待可能的自然选择。当某个突变突然变得极有优势，平均来说，它传播到2030年或许会达到的80亿人身上所用的时间，还不到它在1.2万年前传播到100万人身上所用时间的两倍。

这些理论计算是在假定我们所有人都会彼此接触的基础上的。

现代的洲际旅行和贸易使得高度传染性传染病的指数传播有充分理由得以实现，但我们不能据此同样假设基因突变也能按这样迅速的速度进行，因为这需要人类进行交配并一起生育孩子。

如果一个新的有利突变能够带来特别的好处——也许是因为它能将我们从杀死其他人的传染病或环境灾害中拯救出来，那么不难想象，世界上剩余的少数幸存者会互相交配并让这一突变迅速扩散开来。在第一章中，我们了解到，如果HIV病毒在抗病毒药物还没发明之前的年代就已经传播到全世界，那么理论上来说，除了有两个CCR5突变的人外，其余所有人都已经被杀死。虽然我们不能确定，但之前那些杀死了大多数人的生存挑战可能同样留下了拥有有利突变的幸存者。例如，鼠疫（也称黑死病）在6世纪和8世纪之间可能使欧洲人口减少了50%左右，它在14世纪再次卷土重来，这次导致欧洲人口又减少了约1/3。[40] 当欧洲人入侵北美洲时，多达90%的当地人可能因首次接触流感、麻疹和天花而死亡。[41] 也许逃过瘟疫、天花和其他传染病的许多幸存者靠的都是运气，但他们中的许多人更可能是得益于一种突变，这种突变之前对他们来说只有极小的好处或没什么好处，但却突然成了真正的救命稻草。

虽然一些突变可能真的能够救命，但我在前几章所描述的许多突变带来的都只是相对的好处——也许你会有三个存活下来的孩子，而不是两个——不是生存下来所必需的。相对有益的突变不会传播得那么快，没有它们的人不会全部死亡，所以相对有益的突变是在传播时渐渐变得普及的。

要想了解一个相对有益的突变传播得有多快，不妨让我们考虑一个假设的例子。想象一下，你从父母双方各得到一个突变比你只从一方得到一个突变要好，而得到一个突变，又比没继承突变好，那么，假设有一对基因突变的人的能力比没有基因突变的人提高了一倍，而只有一个基因突变的人介于这两者之间。即使这种突变一开始就在 10% 的人口中表现出一种非常常见的多态性，它也可能需要 5 代人的时间才能传播到 40% 的人口身上。[42] 在人类 20 万年的历史中，5 代人的时间可能转瞬即逝，但这是第一次将艾滋病作为一种临床综合征报告出来，到有效的治疗药物发明出来之间的一代人时间的 5 倍。

因此，我们不应该得意忘形——事实是，目前的人口规模意味着，与 1 万年前相比，一个随机的有利突变发生的可能性是现在的 7000 倍，理论上可以传播给目前大约一半的人口。[43] 但每个人都能获得突变是不现实的假设，因为我们现在的人口基数是如此大，地理位置分布得又是如此广，人们不再像过去那样经常跨人种交配。最主要的是，我们不能期望新的突变或任何现有突变的迅速传播能够减少肥胖、高血压、抑郁和过度凝血的发病率。

我们还必须认识到，虽然有些突变最初是中性的，但积累到一定量就会成为一把双刃剑。正如它们中的一些可能会偶然地在将来变成有利突变，其他一些也可能会偶然地变成不利突变，而漫长的岁月会让不利突变最终沉淀下来。[44] 例如神经节苷脂病（Tay-Sachs）突变，最开始出现在约 1500 年前，如果我们只从父母一方那里继承这个突变，那么它就不会造成任何麻烦，但如果我们从父母双方那里都得到了这种突变，那么它就是致命的。[45] 由于只携带一个这种变异基因的人会活得很好，因此即使有两个突变的人没办法拥有后代，这种突变也永远不会消失。此外，新的、自发的不利突变还将持续加入进来。通过计算，我们可以预测出，万分之一的人身上出现的突变，会最终到达一个稳状平衡，即使身上携带两个突变的人全部死亡，该人口中也有 2% 的人身上会携带一个这种突变。有趣的是，科学家估计大约 30% 的现代人类身上都至少有一个这样的突变——如果他们的后代从父母另一方那里已经继承了一个这种突变，那么这样一个单个的突变基因都将是致命的。[46]

环境能更快改变我们吗

虽然我们的基因决定了我们是谁，但我们的身体也会随着生长发育适应环境。例如，随着孩子的成长，他们眼睛里肌肉的强度取决于他们用眼睛看些什么——而这些肌肉会影响眼球的形状。在工业化社会中，有相当多的孩子是近视眼，这一特性对我们的祖先而言是毁灭性的，他们需要良好的远视视力来躲避史前生活中的所有危险。近视眼肯定具有一定的遗传性，但似乎绝大多数都与现在的孩子在户外明亮自然光中待的时间太少有关，这些孩子更多时候待在室内，而室内的亮度要比自然光的亮度暗一些。[47] 由于眼部肌肉适应了室内和近距离的场景，80% 的青少年可能患有一定程度的近视，而在受教育程度最高的人中，这一比例也是最高的。相比之下，儿童只要每天增加 40 分钟待在户外的时间，就能减少 25% 患近视的概率。[48]

当然了，近视不会杀死我们，也不太可能影响人类的未来生存。没有人真的觉得近视的人在身体机能、寻找配偶或繁衍方面会遇到麻烦，即使一个人近视得非常严重，但如果他戴上矫正镜片的话，那就不成问题了。但是，近视是个人生长如何适应当前环境变化的一个例子。

在未来，这种适应可能会有帮助吗，或者它们更有可能损害我们的健康，甚至会减少我们的生殖成功率吗？我们很难知道确切的答案。如果我们的肌肉在某种程度上变得效率低下，那我们就需要更多热量来驱动它们，肥胖率就会下降。但是，如果因为我们变得越来越不活跃，导致我们的肌肉质量逐渐变差，一个更可能的情况是——肌肉质量的降低会加剧我们的热量过剩，从而进一步降低我们燃烧热量的能力，并诱使我们变得更胖。因此，如果适应通常倾向于将一种行为强化——包括那些已经对历史上的生存特性起反作用的行为，它会让我们变得更不健康，而不是更健康。

我们已经考虑了在环境中的经历会如何改变我们，那我们父母的经历又如何呢？我们能不能像传递我们的智慧一样，将我们的身体经历过的东西传递给后代呢？我们终身习得的经验能否通过什么方式进入我们孩子的基因呢？

在格里哥 · 孟德尔（Gregor Mendel）用豌豆开启了遗传学知识，以及达尔文提出自然选择理论前很久一段时间，法国的让 · 巴蒂斯特 · 拉马克（Jean Baptiste Lamarck）就提出了我们从父母那里能遗传到生存特性。[49] 但他关于遗传的观点与孟德尔和达尔文截然不同，他相信我们是环境的产物：如果我们经常使用某个器官，就会强化和壮大它；如果我们很少使用它，它就会消失。尽管这些观点似乎和解释近视患者人数增长的观点没什么不同，但拉马克还发表了更大胆的陈述：他认为生物在个体生活过程中，受外界环境条件的影响，产生带有适应意义和一定方向的性状变化，是能够遗传给后代的。

拉马克举过的最著名的例子就是长颈鹿。他推测长颈鹿的脖子是一代又一代地逐渐变长的，因为它们必须伸长脖子才能吃到高处树枝上的叶子。他认为如果在矮树上就有足够的叶子，长颈鹿的脖子就不会变长。此外，他还认为，一只年幼的长颈鹿将继承这一由经验驱动的生存特性，其长大后的脖子会和它的父母一样长。

拉马克的理论被特罗菲姆·李森科（Trofim Lysenko）发扬到了灾难性的极端，李森科是苏联农学家，还是全苏列宁农业科学院院士。[50]李森科宣称将小麦种子暴露在极低的温度中会让它变得更强壮，而且它还会将这一适应性传给后代。斯大林希望通过这种方法生产出耐寒小麦，他接受了李森科的学说，抛弃了遗传学研究，并打压排斥苏联的遗传学家。当然，其结果是灾难性的——在农业上的巨大投入都付诸东流，苏联发现自己变成了粮食进口国，而不是出口国。随着植物遗传学让美国和欧洲西部抗病作物的产量大幅增加，拉马克的学说变得臭名昭著。

我们是由出生时所携带的基因（先天）和我们从在子宫中就开始经历的一切（后天）联合作用的产物。被李森科推向极端，不合逻辑的拉马克理论的错误在于，他认为所有或大多数人的后天经验都可以传递给下一代。

但事实证明，拉马克的理论也并不是全都站不住脚。科学家发现，我们的基因可以被环境因素影响，这些环境因素可以给DNA打上不同的标记，从而通过表观遗传变异（epigenetic changes）来改变基因的表达方式。[51] 如果我们的基因代表着先天，这些标记就代着后天。

从我们在子宫中直到我们死亡，我们的DNA可以因我们所经历的事被标记或不被标记。这个过程部分地解释了我们是如何成长、发育和生病的。例如，运动会促成影响我们骨骼肌和脂肪组织功能的表观遗传标记。表观遗传标记也解释了为什么在不同环境中成长起来的同卵双胞胎与一起长大的双胞胎的行为模式并不相同。

为了理解为什么我们的基因会被标记，让我们回过头来看看卵子和精子，它们每一个都携带着婴儿50%的染色体和基因。[52] 当胚胎第一次形成时，它只有一个细胞——一半染色体和DNA来自母亲的卵子，另一半来自父亲的精子。这一个细胞必须是全能干细胞——它能够形成新生儿身体中的每一个细胞。随着胎儿的发育，这些基因被复制进我们大约十兆个细胞中的每一个中。这一个细胞也必须确保它分裂出的细胞在婴儿完全成人的过程中能够各司其职，至少要运作到足以保证物种的延续。

一个人的DNA如何能制造出头部的脑细胞、手臂上的肌肉细胞、骨骼中的骨细胞以及骨骼内骨髓中的红细胞呢？尽管我们的每一个细胞都可以通过它2.1万的蛋白质编码基因连续不断地制造出2.1万种蛋白质，但事实并非如此。虽然每一个基因都穿戴整齐随时准备上阵，但是每个细胞中只有10%~20%的基因被激活，正是这组活性基因决定了该细胞会变成什么样。例如，在肌肉细胞中不断工作制造其所需蛋白质的同一个基因，也许在脑细胞中就会被暂时或永久地压制其活性。当胚胎的器官发育时，组成它们的细胞被印刻在其DNA上的表观遗传标记引导，告诉它们发育成为心脏细胞、骨细胞、肝细胞或其他类型的细胞。基于当代对干细胞的研究，我们现在知道了一些局部信号明显会让细胞向着自己特定的命运前进，但我们仍有许多东西要学。要让这一过程顺利进行，胚胎最开始时的全能细胞必须没有表观遗传标记，但胚胎细胞后来分裂的细胞，在它们各司其职形成特定的细胞和器官时，必须渐渐被标记。

这一胚胎标记过程表明，先天和后天其实并没有那么大的区别——先天指我们第一个细胞中的基因，而之后的环境（后天）会标记并修改我们的基因。它还增加了一种可能，即假如胚胎细胞在胎儿发育的过程中，能够将它受环境影响所形成的表观遗传标记传递给婴儿，那么也许我们能将终生积累起来的表观遗传标记传递给后代，人类物种的基因组也许能够改变得更快。

科学家最初认为，当男人形成他们的精子（贯穿整个成年生活）以及女人形成她们的卵子时（大部分是当她们自己都还在子宫中时形成的，但现在我们知道，在一定程度上，她们在育龄时期也会形成一些卵子），一个人终其一生所积累起来的表观遗传标记都会被抹去。毕竟，我们的精子和卵子没法携带能指导细胞形成特定器官的表观遗传标记——否则，第一个胚胎细胞就不是全能的了。然而，我们现在知道，当精子和卵子结合时，并不是所有表观遗传标记都会被抹去——实际上，一些不影响器官发育的标记会进入胚胎。这些标记几乎总是在卵子和精子形成第一个全能细胞两周后消失。但即使只有很少比例的标记保留下来，也意味着我们可以在至少一代人的时间里继承下来数百甚至数千个标记。

偶尔保留下来的表观遗传标记也许可以解释为什么有时孩子的行为会与父母单方或双方在生育孩子以前的经历有关。例如，一名父亲的肥胖问题会影响他精子的标记，通过动物实验我们已经证明，这些标记可以影响这名父亲的后代新陈代谢糖的功能。[53]

表观遗传的证据已经在植物的八个世代，果蝇、蠕虫和老鼠的至少两个世代中得到证明，但是表观遗传标记会不会传给人类的后代还不明确。[54] 然而，流行病学的数据表明，易患肥胖和糖尿病的倾向可以通过营养不良的祖父传给孙子，通过营养不良的祖母传给孙女，这暗示了一种与性别有关的表观遗传效应，但这一暗示并未得到证明。[55]

表观遗传能够帮助我们更快地适应现代环境并且解决我们过分保护的特性吗？也许能，但现在这充其量只是一种推测。例如，这里有一组研究数据，针对的是 17 世纪和 18 世纪出生在魁北克城市和农村地区的人们的死亡记录，之后这些人要么留在了出生地，要么就从农村搬到了城市，或从城市搬到了农村。[56] 如果表观遗传学能够在一个约 1/3 的儿童会在 15 岁前死亡的年代提供巨大的生存优势，那么你可以预计，与那些出生在一个地方，之后却搬到另一个地方的人相比，那些出生和生活在同一个地方的人——不管是在城市还是在农村，应该会从父母那里继承下来某些适应环境的优势。

但是到目前为止，科学家们还没有发现任何证据能证明他们有这些优势。

我们还必须记住，尽管表观遗传标记可以带来好处，但它们也可能带来坏处。当我们还在子宫里时，第一次面临的环境风险就能够导致表观遗传改变，并且我们知道这一子宫环境会对婴儿产生不利的影响。例如，母亲怀孕前三个月营养不良，一直被认为是导致她的孩子成人后肥胖的一个原因，而怀孕期间抽烟的母亲的孩子肥胖的可能性会高出 30%。[57] 对这一现象可能的解释就是我们在第二章中讨论过的节约基因表型。但是，正如第二章所讨论的，母亲增重过多同样会增加儿童肥胖的概率，也许这是另一组表观遗传性改变的结果。

此外，我们在一生中积累下来的许多表观遗传性改变是由环境毒素造成的损害引起的。这些表观遗传标记似乎是癌症的主要成因之一。[58]

这意味着，任何可能出现的表观遗传，就像之前讨论过的最开始出现的中性基因突变一样，是一把双刃剑。我们可能会继承一些能够让我们向着好的方向改变的东西，但我们也可能会继承一些让我们向着坏的方向改变的表观遗传改变。随着时间的推移，自然选择对表观遗传的作用以及表观遗传变异，都会对我们的物种产生重大影响。但我们不应该期望它促进人类获得直接的、非常有益的、分布广泛的变异的速度与工业革命之后我们生活方式的变化速度一样快。

自然选择是一个奇妙的过程：它帮助我们在几千年的时间里生

存、适应了下来，而且它还可能加速了。但是，甚至是自然选择加速后的速度——即使是由表观遗传学和遗传学驱动的——也不可能赶得上我们世界已经并会继续发生的变化的速度。如果我们要减弱或是逆转我们吃得比所需更多、渴望盐、患上太多焦虑和沮丧、凝血太过的生存特性，就不能指望我们的身体自然而然地为我们做这件事。相反，我们要么设法改变我们的行为（思想高于物质），要么依靠科学和医学的帮助。

第七章

改变我们的行为

奥普拉·温弗瑞曾对她不断增加的体重及其对健康的不利影响忧心忡忡，她向我们证明了自己的动力和决心。1988 年，她成功减掉了 67 磅（约 30 千克）——她的体重从 212 磅（约 96 千克）减到了 145 磅（约 66 千克）。然而她很快反弹，甚至变得更胖了。在 20 世纪 90 年代，她又减掉了 85 磅（约 38 千克）——她的体重从 235 磅（约 106 千克）减到了 150 磅（约 68 千克）。2005 年，再次反弹的体重激励她饿了自己 4 个月，她成功瘦到了 160 磅（约 72 千克）。但到了 2008 年，她又长了 40 磅（约 18 千克），自那时起，她的体重就像溜溜球一样起起伏伏。[1] 尽管奥普拉在许多方面都是独一无二的，但她的体重问题再常见不过了——大约 90% 超重的人，他们减去的大部分或全部体重最终都会反弹回来。奥普拉·温弗瑞对于健康体重的挣扎努力是我们想改变自己习惯有多难的一个缩影。我们面临着相同的困境，不管这些习惯和行为反应对生存关键到以至于印刻进了所有人的基因中，还是只存在于我们中某些人身上（比如我们在第二章讨论过的会让人勇于冒险的基因突变）。

我们所拥有的 4 个关键的生存特性——吃下比所需更多的食

物，对盐的渴望以保护我们的血压，承担着患上焦虑或抑郁的风险，凝血太过——都深深植根于我们从祖先那里继承下来的基因中。正如我在第一章到五章中所提到的那样，我们中的一些人携带着特别的突变，它们会让这些生存特性表现得更强烈。但是如今，我们所有人身上都携带着一堆保护性基因，这些基因能够让我们的祖先在超过 20 万年的时间里赢下无数战斗生存下来。

这些基因继续对我们的行为和基本的身体功能施加着强有力的影响，不管我们是不是像过去一样真的需要它们。虽然随着我们和我们的后代不断面临新挑战，我们的DNA也会继续发生突变，但它们突变的速度不可能跟得上人类文明非凡的进步步伐。

那么，我们就要提出另一些问题了。我们可以通过意志力来改变我们的行为，从而与遗传倾向抗争吗？“思想高于物质”是连接我们历史上的生存特性与我们如今最大利益之间鸿沟的可行性方法吗？或者我们的本性是如此难移，就像鲑鱼会回到它们的出生地产卵和死去一样，以至于任何行为上的改变都是没有希望的？

大量的格言——“徒有良好愿望而无行动，毫无用处”，“不管是人还是鼠，即使最如意的安排设计，结局也往往会出其不意”——强调了我们要改变长期保留的行为是多么困难。简单地说，如果我们很容易就改掉了不好的行为，那所有人身上都不会再有不好的行为了。

在现实中，我们都有想要改掉的习惯。每年都有多达 50% 的美国人会在新年下定一个或多个决心——减掉体重和多做运动是其中最常见的。[2] 尽管有很多我们想要改变的行为实际上是存在于我们

DNA的一部分，但也没有哪种习惯是完全没法改掉的。奥普拉在减肥的过程中肯定吃尽了苦头，但即使她断断续续的成功，也给了我们一些希望。有时我们可以，并且真的能做出改变。

好的计划是改变行为的一个先决条件，一些数据表明，我们实际上可以学着制订一些更好的计划。[3] 如果我们的目标有一个被我们称之为执行意向的东西做支撑，我们成功的概率将大幅增加，执行意向能够指导我们何时开始计划并改变行为以保护自己免受干扰，何时放弃失败的策略并找到新策略，以及保留精力和热情以做好长期坚持的准备。[4] 如果我们采取循序渐进的方法来把控改变习惯的过程，我们想要改变的良好愿望也更有可能变成现实。

但要实施计划，我们还需要被称为执行控制的东西，它不仅要求我们有良好的规划，还要求我们能够灵活地寻找出解决可能会出现的、意想不到的问题的方法，专注于那些实现目标所需完成的特定任务，并学着抑制会干扰目标的无意识行为或反应。[5] 如果我们还能投入一些钱，将困难的行为改变与我们喜欢的东西结合（比如在锻炼时看最喜欢的电视节目），并且加入想要做出同样改变的团体，我们将会做得更好些。

而在实现这些目标的过程中，“完美”可能是收获好结果的敌人。[6] 数据表明，人们持有的完美主义的想法可能会适得其反，因为如果完美主义者没将一件事做到完美，他很可能就会放弃这个目标，与之相反的是，我们其余的人则可能会灵活地改变计划或策略，以尽可能地接近我们的目标。[7]

不幸的是，失败是常常发生的事。即使有最好的实施方案，与真正的改变相比，我们还是更擅长强化之前已经养成的习惯。习惯越强，越难改变，不管我们的计划、执行意向以及执行控制有多么完美。[8]

为什么我们通常会失败？首先，我们中的许多人甚至从来没有开始过，并且我们立下目标与真正开始为之奋斗之间的时间拖得越久，就越不可能成功。我们中的一些人可能最初取得了一些进展，然而当熟悉的情境以及老友让我们之前的不良习惯看起来又是那么舒服时，我们就会故态复萌。因为习惯性的行为通常会被情境线索引发——例如，当我们看到别人暴饮暴食时，就更容易吃得过多，我们表达出的意图往往并不能保证实际的行为改变，除非引发行为的情境能够被改变，以及习惯性或无意识的反应能被改变。[9]

另一个问题是被延迟的满足感——大多数行为的变化不会立即让我们感觉更好，或更好地被朋友接受。在某些情况下，我们甚至可以在宣布一项目标后——“我要健身”或是“我将开始一项新的饮食计划”——得到来自他人的正强化，这些正强化和我们从行为改变本身得到的满足感起着同样的效果，尤其是当涉及一些诸如减重这样也许要通过数月时间才会被他人看出效果的目标。这种早于预期的成就感会削弱我们继续坚持的决心。

我们也经常有着不切实际的期望。[10]我们通常会低估要达到一个目标所需要的时间和精力，尽管我们能够意识到之前的目标总是会比我们想的要困难并且耗时要多。套用马克·吐温的话：习惯就是习惯，谁也不能将其扔出窗外，只能一步一步地引它下楼。

最后，我们总是倾向于认为偶尔屈服于诱惑，放纵自己没什么关系，即使这会损耗最好的执行意图。[11] 或许我们认为它只是一次特例，之后我们会通过其他努力来补偿，或我们认为放纵是不可避免的并且只是暂时的。我们令人印象深刻的、有时甚至是潜意识的对自我放纵的洗白可以通过一个实验证明。在这个实验中，当一群人在之前看起来毫不相关的问卷中被问到关于自我放纵的理由后，他们会在口味测试中吃下更多的巧克力。[12]

尽管我们对改变抱着最美好的期望，但通过过去的行为预测未来行为的准确率是通过新目标预测未来行为的四倍。[13] 因此，我们通常会恢复旧的行为，这些行为来自先天和后天——即我们的基因与有生之年我们的经历的共同作用。这些行为上的现实状况挑战着我们减肥、减少盐摄入量、提高运动水平、解决焦虑和抑郁的能力。

规定饮食

这不是一本减肥书，所以我不打算浓墨重彩地讲述减肥方法——那些医疗方式或流行的饮食模式。现代的减肥方法重点在于各种各样的饮食疗法，而它们的竞争对手总是极力证明着这些疗法令人失望的成功率。不断蔓延的肥胖现象就是当前这些预防以及治疗超重和肥胖的行为方法令人沮丧的失败的最好见证。

在第二章里，我强调过，只要我们每天多摄入 10 卡路里的热量，经过三年会增重 1 磅，你可能会认为这 1 磅很容易减去。但让我们面对现实吧：没有哪个想减肥的人会对三年内只减去 1 磅的体重感到满意。现实情况是：一个久坐不动的 220 磅（约 100 千克）

重的胖子要想在6个月内减去45磅（约20千克）的话，他将不得不从每天摄入约3000卡路里热量减少到摄入约1800卡路里热量；如果他想在一年内减去同样体重的话，他每天只能摄入约2500卡路里热量。[14]

问题是，节食减肥——不管以哪种方法限制热量的摄入——都是违背天性的。我们生来就要吃东西，至少要吃到饱为止，有时甚至吃到撑，但当我们能吃的时候，又会继续吃。唯一的例外是，如果我们只吃一种食物，可能在吃饱之前就已经不想吃了——当然了，要是我们有饿死的风险，那又该另当别论了。

由于所有试图阻止我们体重减轻的激素的作用，节食很难实施，要维持节食的状态甚至会更难。大多数减肥治疗措施（包括咨询和规定饮食）表明，甚至在努力了超过一年后，人们也很难减去10磅（约4.5千克）的体重。通过比较各种模式的饮食方法，其结果也大同小异。当然了，这也解释了为什么如今会有这么多不同的饮食风尚。

尽管与易于消化的食物来源（比如热量超高的加工食物）相比，我们从难以消化的食物来源中（比如坚果）吸收热量的效率更低，但决定你体重的关键是你摄入了多少热量，而不是这些热量来自哪些食物。[15]低脂饮食比低碳水化合物、高脂肪饮食（阿特金斯减肥法或旧石器时代祖先们的饮食结构）更能减脂。然而，在一些（不是全部的）研究中，旧石器时代的饮食结构在实际的减重效果上，比传统的低脂肪饮食略微好一些，这或许是因为它对试图阻止我们体重减轻的激素（我在第二章讨论过）有着不同的影响，又或者是因为人们更容易遵循这种食谱。[16] 但这两种饮食方法间的差异并没有那么明显。平均而言，低碳水化合物的饮食最初会让人减轻两磅多的体重，但是当你减去这一部分体重后，这份饮食在保持减重效果方面却并没有什么特别明显的优越性。要想控制体重，最重要的是你能够从一份食谱中获得足够的满足感，这样你才会真正地遵循它，这就是为什么在现实生活中，没有哪一份食谱在减重方面始终优于其他食谱。

体重的增加只与热量摄入有关。对于这一原则一组来自喂食小鼠零食的实验数据是个例外。在这个精心设计的实验中，两组老鼠都得到了同等热量的食物，但一组每天只有 8 小时能吃到高脂食物，另一组则整天都能吃到这些食物。唯一的区别在于，那些一整天都能不断吃到食物的老鼠，在 24 小时的时间里，热量的摄入更平均。这些老鼠的饮食模式相当于我们频繁地吃着零食，20 周后，它们的体重与那些每天只能吃八小时的老鼠相比，增加了近 1/3。[17] 目前，我们还不知道这种差异是因为肠道吸收食物的方式发生了改变，还是吃零食会改变新陈代谢。不过，整天收集零食并吃掉也许能帮助我们的采猎者祖先在食物短缺时保持体重——如今却可能导致了现代社会肥胖的盛行。

另一个更复杂的问题是不同饮食的综合健康效应，体重并不是唯一的问题。一些饮食虽然不会让我们变瘦，但却可能让我们更健康。例如地中海饮食法，它提倡食用橄榄油、坚果、新鲜水果、蔬菜、鱼、豆类，吃白肉而不是红肉，再辅以酒类（同时它不建议食用苏打水、商业烘焙食品、反式脂肪，以及加工食品）。[18] 这种饮食法能够降低我们患糖尿病的风险，并能更好地稳定已有的糖尿病，还能预防心脏病发作和中风，甚至可以通过保持我们染色体端粒的长度来减缓衰老，而它可能的减肥效果与这些好处比起来不值一提。相比之下，关于低脂饮食或低碳水化合物饮食从新陈代谢健康的角度来看是否有益处，或能否预防糖尿病和心血管疾病，则只有大堆相互抵触的证据，并没有能令人信服的结论。[19]

虽然面临着这些挑战以及频繁的反弹，但我肯定不会觉得我们可以忽略一份好的饮食计划所带来的潜在益处。我们应该尽量将饱和脂肪的摄入量保持在10%以下，稳定在约6%的水平，这是科学家推测的我们旧石器时代的祖先的摄入量。然而，总脂肪的摄入量，却是另一回事，因为即使你摄入更多来自大多数鱼类和野味的不饱和脂肪，你的胆固醇水平也不会明显上涨。蛋白质的摄入量可以上升到占30%热量的水平也不会对我们的身体造成什么伤害，前提是你没什么肾脏疾病。碳水化合物目前占了我们所有热量摄入量的近50%——如果这意味的是我们身体所需热量的50%，就不是什么问题，但如果这意味着超过所需热量的50%，那它就是个大问题。有合理的证据表明，如果更多的碳水化合物来自水果和蔬菜，比如地中海饮食法中提到的饮食，而不是来自高热量的加工谷物和糖，我们的身体就会健康。但除此之外，没有多少科学方法能够证实一个大众观点，即与其他人相比，一些碳水化合物更适合你。[20]

当我们试着遵循规定饮食，一系列行为治疗方法——不论是个人的还是团体的，面对面的还是通过电话咨询，甚至是通过网络咨询的——在积极的人身上都能产生一定的减重效果。但是，和任何减肥方法一样，要保持这一行为改变总是很困难。即使非常频繁的生活方式咨询，加上医生的指导，根据肥胖病人偏好私人订制的食谱，平均也只能在六个月到两年内让人减去 7~10 磅（约 3.2~4.5 千克）的体重。[21]

饮食替代法背后的概念——液体代餐奶昔、代餐棒，以及预先包装的特定食物——是让它们尽可能地满足我们的自然本能。在短期研究中，营养系统（Nutri-System）、珍妮 · 克雷格（Jenny Craig），以及慧俪轻体（Weight Watchers，健康减重咨询机构）为一小部分加入它们的积极减肥人士带来了增值收益，这些人的平均体重在 6 个月内可能会减去 15~25 磅（约 6.8~11.3 千克）。[22] 一些人的确从这些商业减重项目中得到了显著的、持续的真正利益。但这些项目所需的金钱成本和所需做出的承诺让大多数人难以持续参与——所以事实上，这些项目的长期结果和其他那些减肥方法差不多。

回头看奥普拉和悠悠球式减肥

奥普拉 · 温弗瑞绝不是第一个——她也不会是最后一个——失败的节食者。“悠悠球式减肥”一词最初由公共政策专家凯利 · 布朗莱尔（Kelly Brownell）和他的同事在 1986 年创造，它恰如其分地描述了很多人减肥后会反弹，并且反弹速度通常和减肥速度一样快的现象。

悠悠球式减肥最著名以及最佳纪录的保持者是威廉 · 霍华

德·塔夫脱——我们在第二章举例的一连串肥胖美国总统中的最后一位。1905 年，在他成为总统之前，他就重达 314 磅（约 142 千克）。他非常渴望减肥，于是联系了伦敦医生纳撒尼尔·E.约克戴维斯，他可能是当时世界上最重要的在减肥方面的权威人士。塔夫脱遵循了约克戴维斯的建议，他详细的私人日记记录了在接下来 5 个月左右的时间里，他减了高达 60 磅（约 27 千克）的体重。但成功是短暂的。在 1909 年他就职总统的时候，他的体重已激增至 354 磅（约 161 千克），比他最初联系约克戴维斯的时候还要重 40 磅（约 18 千克），比他减重最轻的时候重了 100 多磅（约 45 千克）。虽然我们没有详细的数据记录塔夫脱随后的体重变化，但也没有证据表明他在白宫的 4 年变瘦了。在他总统任期结束后，塔夫脱减重 70 磅（约 32 千克）的新闻登上了美国报纸的头版头条。随后，他的体重一直起起伏伏。但在 1930 年，尽管他已经昏迷数周，但他去世的时候仍然重达 280 磅（约 127 千克）。[23]

奥普拉和塔夫脱在体重上的挣扎只是一个普遍现象的缩影。在一项调查中，约有 50% 的北欧女人，不管她们的体重如何，都会下定减肥的决心。在肥胖的女性中，只有 9% 的人减肥取得了成功，而大约 75% 的人都承认经历了反复失败。[24] 有趣的是，正常体重的女性减肥成功的概率是肥胖妇女的两倍，这表明大多数最需要减肥的人减肥却是最不容易成功的。不幸的是，大约 1/3 节食成功的人，会在一年内反弹回减去体重的至少 50%。并且悠悠球式减肥会让你在未来更难减肥，这也许是因为我们的身体在保护我们体重减轻方面做得更好了。[25]

为什么我们会失败

虽然我们的基因毫无疑问会对我们的体重造成影响，但我们的环境和习惯对个体的体重差异影响更大。大多数情况下，我们的饮食计划失败，是因为我们在熟悉的环境里回归到了旧的习惯中。肥胖症是一种慢性病，需要制订长期的计划来改变我们的行为模式，并且在这一过程中还要满足我们对于食物多样性和平衡性的本能需求。[26]

我们失败的原因之一在于我们会欺骗自己。在现实世界中，很多人在自己究竟吃了多少东西以及到底有多重这两件事上经常说谎——不光对自己，甚至还对别人。一项详细的科学分析表明，在关于锻炼和热量摄入的一项美国全国调查中，横跨40年的报告式测量数据显示出2/3的女性和接近60%的男性出现“生理学上不合理”的现象。男人每天的热量摄入量少报了近300卡路里，女性每天的热量摄入量少报了350卡路里。此外，肥胖的男性和女性上报的数据更不可靠，肥胖的男性每天少报了超过700卡路里的热量，而肥胖的女性则每天少报了超过850卡路里的热量。[27] 即使是威廉·霍华德·塔夫脱，在卸任总统之后成为美国最高法院的首席大法官，也会在自己多重这件事上对约克戴维斯医生撒谎。

我们要坚持一个减重计划的另一个挑战是，当代世界给了我们许多选择，有时是太多选择——这是我们的祖先不曾面对的。在旧石器时代合理的本能选择如今却导致我们出现各种问题。一个典型的例子就是获得的食物分量。对我们的祖先来说，这是很简单的事——找到你能找到的最大分量，并在被别人抢走之前把它全部吃掉。即使是现在，我们体内也有着相同的本能，想想电影院就很好理解了，在那里，汽水和爆米花不仅有大份的，还有巨无霸级别的。但我们不会对此有什么不满。比如，在一个实验中，费城郊区一家电影院给观众随机分发免费爆米花——要么是中份包装的，或者是两倍大小包装的。随机分到更大包装的观众比那些分到中份包装的观众吃掉了更多的爆米花——尤其是当爆米花刚新鲜出炉口味很好时，他们会多吃45%的量，即使当爆米花不新鲜、口味不佳时，他们也会多吃1/3的量。[28]

在其他的研究中，将装食物的容器变大两倍，会导致人们多吃20%的意大利面以及高达50%的更多零食。甚至连营养专家也逃不脱这一规律。在一个有趣的实验中，一群营养专家被邀请参加一场冰激凌社交，如果随机给这些专家一个更大的碗，那么他们将会多吃约30%的冰激凌，要是随机给他们分发一把更大的汤勺，他们则会多吃约15%的冰激凌——要是同时将这两者给他们，那么他们会多吃近60%的冰激凌！控制食物分量真的很重要，在当今世界，对我们而言，它真的能成为一个问题——无论是超多的菜量、更大的容器，还是我们直接从包装中拿零食吃，或从纸盒中直接吃冰激凌都会使我们吃下更多的食物。[29]

食物的距离和可见性也很重要。在一项实验中，办公室的秘书分别接到了一份装在透明碗里或不透明碗里的糖果，这碗糖果要么放在他们的办公桌上，要么放在约6英尺（约1.8米）远的地方。如果糖果是装在透明碗里的，或是放在他们桌上的，那么秘书每天将会多吃两颗糖果。如果糖果不仅装在透明玻璃碗里，还放在办公桌上，那么秘书每天会多吃约 4 颗糖果。有趣的是，当糖果放在 6 英尺远的地方时，秘书一直高估了他们吃下糖果的数量，而当糖果放在办公桌上时，他们则低估了自己吃下的糖果数量。[30] 这一错觉特别有趣，因为我之前已经讲过了，减少吃零食的行为有可能是避免体重增加的一种办法——即使我们吃下的热量几乎是一样的。

我们的潜意识里对加入“光盘俱乐部”的渴望也许能够解释这一现象：当一个人喝汤时，如果他的汤碗一旦见底就会被不知不觉地添满，那么他将比那些用普通汤碗喝汤的人多喝下近 75% 的汤。[31] 我们同样有吃得更多的倾向，尤其是在餐馆里，灯光昏暗，音乐舒缓，我们和其他人一起进餐，我们认为吃饭时间到了，我们看到或闻到食物，或我们有着各种各样的食物选择的时候。

环境对饮食行为的影响（餐盘的形状、包装尺寸、照明、装饰、颜色以及获取的便利）增加了食物的摄入，因为这些因素要么重置了我们的正常意识，要么让我们更难察觉自己究竟吃了多少。[32] 这些社会线索导致了营养学家布莱恩 · 文森克（Brian Wansink）所说的“无意识进食”（mindless eating）——很难只靠教育或数据就能改变——的潜意识倾向。[33]

食品行业的目标是销售更多的食物，所以不出所料，它们已经了解到我们喜欢吃含有大量糖、盐和脂肪的高热量食物。让我们的胃有饱腹感主要基于的是我们所吃下的食物量，而不是摄入的热量，当我们吃的食物单位体积里含有大量热量时，我们自然而然地会摄入更多的热量。[34] 食品行业里充斥着高热量的食物、大尺寸的包装，这些大包装的食物还会打折，这些对于保持正常体重来说简直是三重威胁。[35] 我们真正需要的是更小的碗和盘子、更少的分量、更小的零食包装、更小的勺子、更小的冰激凌盒子、更少的自助餐，并且定时锁上我们的食品柜。

但即使这样，我们仍然会受到同伴的影响，我们会通过观察别人来感知社会规范。如果我们认识的人中没有肥胖的，那么我们就不太可能想成为一个局外人。但事情也会向着另一个方向发展，比如，我们的朋友中有人变胖，那么我们自己变胖的可能性会增加超过 50%。

在一项有趣的实验中，妇女被随机分配到一个行为辅导小组中。在这一过程中，她们中的一些人被教导模特儿般的修长身形实际上很假。在向她们展示的超模照片上，写着诸如人造的、赝品、伪造的、虚伪的等字眼。被灌输了这些思想的女性明显不太会认为这种修长的身材是理想的，并且据报道，她们对自己身体的满意程度更高，不管她们的体重是多少。[36]

或者想想布莱尔 · 里弗（Blair River）吧，这名高 6 英尺 8 英寸（约 203 厘米），重达 575 磅（约 261 千克）的男人简直就是“心脏病发作烧烤餐厅”（The Heart Attack Grill）的代言人。[37] 该餐厅因其超大的汉堡和猪油炸的薯条而闻名。在 29 岁去世以前，里弗一直无所畏惧地拥护着该餐厅及其菜品。但即使是他的死，也没有阻止人们继续购买这家餐厅含有近 1 万卡路里热量的四层“心脏搭桥”汉堡，也没有让餐厅改变其允许体重超过 350 磅（约 159 千克）的人免费进食的规定。对那些不想减肥或减不下来的人来说，心脏病发作烧烤餐厅佐证了一种毫无悔意的反主流文化，在这一文化中，病态的肥胖是可接受的，甚至被美化的。

如果肥胖的人对自己无法减轻体重的事实并不感到难过，反而接受甚至歌颂自己的肥胖，那么我们对肥胖的抗争就不太可能取得成功。随着超重和肥胖现象越来越普遍，许多人的羞耻感都消失了，我们对抗基因的动力也就更少了。

但我们也可以通过制定介入措施来改变地方风俗。在一项随机研究中，如果我们向居住在贫困社区公共住房的妇女和她们的孩子提供住房券以及搬家咨询，让他们搬到不太贫困的社区去，那么这一做法会让这些搬走的家庭中的严重肥胖现象以及肥胖性糖尿病减少。[38] 造成这一现象的部分原因是新社区的邻居体重都更轻，尤其是儿童。

偶然的巨大成功

偶尔，真正有毅力的人是能够打破一般统计数据和基因的魔咒的。来自加州克罗维斯的布里安娜·邦德（Breanna Bond），在 9 岁的时候就重达 186 磅（约 84 千克）。不出意料，她的父母起初认为她的肥胖一定是由代谢异常引起的。但对她身体所做的所有检测都显示正常。布里安娜和她的父母开始节食，并定期锻炼，包括每天步行 4 英里（约 6.4 千米），并在跑步机上运动 75 分钟。不到一年时间，她就减了 66 磅（约 30 千克）。[39]

另一个令人瞩目的成功者是詹妮弗·哈德森，她因在电影《追梦女孩》中扮演虚构的歌手组合中超重的成员而获得了奥斯卡最佳女配角奖。在她的儿子出生后，身高5英尺9英寸（约175厘米）的哈德森据说减掉了80磅（约36千克）的体重，从220磅（约100千克）减到了140磅（约64千克）——她的身体质量指数也从32.5的肥胖变成了正常的20.5，而她的衣服尺寸也从16码变到了6码。她成功的秘诀在于没有秘密。她增加了运动量，加入了慧俪轻体减肥中心，精心制作并遵循了一份每天摄入1600~1800卡路里热量的食谱，并且将这份食谱坚持了4年多。为了说明这一过程的艰辛，她自己都承认“体重减轻比获得奥斯卡奖更让自己感到自豪”。[40]

有什么即将来临的好消息吗

乐观的观点是，只要我们足够努力，并且努力的时间足够长，一切问题都能解决。[41] 毕竟，从1884年到1912年连续出现六位肥胖的美国总统后，已经有一个多世纪的时间没有再出现过肥胖的总统了。自20世纪70年代中期以来，美国人均对红肉的消耗都在下降。其结果就是，尽管我们摄入的总热量和体重在增加，但我们的平均血胆固醇水平却下降了，而且这并不是降胆固醇药物的功劳。[42]

我们中的许多人可能听说过，美国学龄前儿童和小学生的肥胖率最近略有下降，大概是因为他们的热量摄入量下降了5%左右。但是更全面的分析表明，唯一的好消息只是他们的肥胖率趋于稳定，并没有增加——在过去的5年或10年里，我们并没有看到全美范围内儿童肥胖率的变化，但它仍然高于1999年的水平。

如果每个超重和肥胖的人都能找到一个容易遵循的成功食谱，那岂不是很好吗？一种可能性与我们在本章前面所讨论的，当小鼠每天只吃 8 小时而不是整天吃零食时，它们的体重是怎么减轻的有关。更令人印象深刻的是，当那些之前 24 小时都能吃到食物的老鼠，被限制在 8 小时内进食后，实际上，即使它们继续摄入相同数量的热量，它们的体重也会减轻。这些惊人的实验结果在果蝇身上同样得到证实，但在人类身上还没有被证实。[43] 然而，我们或许能通过改变饮食时间而不是改变摄入的热量来减肥，也许有一天，还能催生出新的、更成功的减重饮食计划。

另一种可能性是提供更有效的饮食提醒和反馈。现在，我们可以通过分析血液来详细检测一个人摄入的饮食中的糖分。[44] 也许有一天，我们会发明可植入人体的警报器，当我们吃下太多错误的东西，它会提醒甚至惩罚我们，而当我们吃得更好时会奖励我们。

但让我们先将这些预测搁在一边，看看现实吧！[45] 不幸的是，肥胖现象在世界范围内继续蔓延，在过去的三年里，没有一个国家的超重现象有所下降。[46] 在 1980—2012 年，美国的糖尿病发病率翻了一番，至少在超过 8% 的成年人中保持着稳定状态，并且与大多数州平稳的肥胖率趋于一致。[47] 我们不能放弃针对个人的饮食计划，但也不能指望靠它就能解决世界范围内的肥胖盛行现象。

锻炼

体育活动可以根据其主要生理效果分成几大类别：有氧运动（即锻炼心肺功能运动），比如散步、跑步和游泳；肌力训练（即等长运动），比如举重；柔韧性训练（即拉伸）；平衡运动，比如太极。成人每周应该进行至少 150 分钟的中等强度的有氧运动，或至少 75 分钟的剧烈运动——或者两者结合起来，可以假定一分钟高强度运动相当于两分钟中等强度的运动。中等强度的体育活动包括速度为每小时 3 英里（约 4.8 千米）或以上的快步走、园艺工作、水中有氧运动、网球双打、速度为每小时 10 英里（约 16 千米）以下的自行车骑行，还有跳交际舞。剧烈的体育活动包括快速行走、跑步、骑自行车、在泳道中来回游泳、网球单打、重体力园艺、徒步或负重爬山。

所有形式的运动都能帮助我们减轻体重，但有氧运动是对我们最有益的。[48] 在两小时内快步走上 7 英里（约 11 千米）能消耗约 500~600 卡路里的热量，而在 1 小时内慢跑 6 英里（约 10 千米）可以燃烧 500~700 卡路里的热量——与蹬一小时台阶器燃烧的热量差不多。正如我在第二章中所提到的，缺乏运动对于肥胖的形成是一个“纵容”因子——如果我们能经常保持足够的运动的话，不会变得越来越胖，除非我们吃得太多。然而，不幸的是，专注运动所消耗的 500~700 卡路里的热量，只需一个巨无霸汉堡配一杯中杯的胡椒博士汽水，或一块星巴克的杂粮百吉饼配一杯摩卡星冰乐、两个唐恩都乐的甜甜圈，或者两条士力架就能吃回来。这些唾手可得的诱人选择，是我们在现代社会很难控制体重的原因之一。

虽然任何合理的减肥计划中都应该包含增加有氧运动这一项，但仅靠运动通常只会减去很少的体重。但是运动在帮助我们保持体重方面特别有益，因为在减少一定程度的热量摄入后，我们的体重会减轻，但我们很难维持这一减少的成果。[49] 当然了，我们必须小心别把锻炼当作一种借口——我今天跑了 3 英里并不意味着我就要奖励自己一个冰激凌圣代。

此外，定期的有氧运动还能降低患糖尿病、心脏病、中风和静脉血栓的风险。[50] 增加体育运动可以改善已患上心脏病或中风的人的健康状况，它所带来的好处与那些血液稀释剂差不多。运动似乎还能通过改变那些管理我们脂肪和肌肉细胞基因的甲基化作用来改变我们的表观遗传。例如，它能刺激我们特有的白色脂肪细胞——除了储存脂肪外，几乎没有什么作用——变成棕色脂肪细胞来消耗能量和燃烧热量，从而有可能减少脂肪的存储和体重。[51]

不幸的是，美国人的平均运动量在过去 60 年里有所下降。现在，美国约有 40% 的人是久坐不动的，另有 30% 的人的活动量比建议的少，这在很大程度上是因为如今在工作中耗尽体力的人更少了。[52] 如果我们需要去某个地方，也更愿意开车或骑车而不是走路去。例如，只有 15% 的美国儿童现在会步行或骑自行车上学，这一数量比 40 年前下降了超过 40%。

娱乐运动的趋势目前尚不清楚，部分原因是我们在自己运动水平上所撒的谎，几乎与我们在所吃食物和体重上撒的谎一样多。例如，大约 60% 的成年人声称自己的现状符合美国的体育活动指导方针，但当我们使用经过验证的加速计来评估他们的体育活动水平后，结果却表明至少有 25% 人，甚至可能多达 80% 的人没有达到这些指导方针要求的水平。[53] 尽管如此，我们已经进入了一个阶段，即那些相对富裕和受过良好教育的美国人——那些能够负担得起越来越多地前往健身房和健身中心费用的人群——比那些相对贫穷、没有受过良好教育的美国人能得到更多锻炼，而那些贫穷的美国人的前几代人都通过工作得到了锻炼。

并且，就许多现代趋势而言，世界上许多国家都在追随美国的脚步。世界上至少有30%的人口没能得到足够的锻炼，而在工业化国家这一比例最高。在世界范围内，没有足够的体育活动预计导致了6%~10%糖尿病和心脏病的患病风险，以及9%过早死亡的风险。在美国，这一比例可能会更高，占了所有死亡原因中的约11%。[54]

如果减重很难，那么增加体育活动实际上也不会轻松到哪里去。部分原因是我们对运动的兴趣可能根植于我们的基因中。例如，那些会在夜间跑转轮的实验室里的啮齿类动物，可以被人为地培养出对运动的热爱或憎恨。[55]不出意料，运动更多的啮齿动物更瘦，代谢脂肪更有效率，比那些普通的或懒惰的啮齿类动物条件反应也更好。

这些差异似乎是由更活跃的小鼠大脑处理多巴胺的方式驱动的。[56]因为我们知道，多巴胺是大脑感受愉悦以及成瘾行为的关键，那么似乎运动活跃的老鼠以某种方式在追求着或可能已经得到了所谓的跑步者的愉悦感（runner’s high），这种愉悦感常常会被慢跑者和跑马拉松的人感受到。锻炼可以使我们的大脑感觉更好，甚至可以帮助减少抑郁，因为锻炼中的肌肉会产生一种酶，它会改变一种抑郁的诱导化学物质，使其无法再通过血液进入我们的大脑。[57]但就像老鼠一样，与其他人相比，我们中的一些人似乎对锻炼有更大的需求，或者从中获得的满足感更多。一种可能的原因是：数据表明，驱动活跃的老鼠的行为生化变化，可能与那些导致人类身上出现注意缺陷多动障碍的生化变化类似。[58]

锻炼建议必须针对个人情况量身打造。[59]简单的运动包括步行上班，选择爬楼梯而不是坐电梯，每天留出20~30分钟的时间进行快步走或同等程度的运动。经常有研究表明，有计划的运动方式是有益的，人们会明确地列出他们想运动的原因、希望从运动中获得的积极影响、运动中会遇到的障碍，以及他们是如何计划执行运动方案的。

不幸的是，现实生活中的干预措施，在加强体育运动方面，往往令人苦恼地毫无效果。[60]对30项试图增强儿童体育活动的研究的回顾表明，其实际结果只相当于每天增加了他们4分钟的步行或跑步时间。同样，没有干预措施被证明在提高成年人的体育活动水平上是广泛有用并且可以推行的。积极开展的鼓励成年人运动的全社会宣传活动能够提高他们的体育活动水平，他们每天消耗的热量比活动开展前多了35卡路里。一个私人教练可以帮助你每天额外燃烧80卡路里的热量。

即使有医生和运动指导加入的密集的干预措施，也只能让12名久坐不动的成年人中的一人达到推荐的体育活动水平。尽管我们很努力，但我们大多数人并没有，也不会达到我们该有的运动量。如果我们生活在充斥着汽车、电梯和自动扶梯的时代里，要想抵消我们吃得太多、凝血太过这些过分保护的倾向，光靠增强每个人的体育活动是不太可能实现的。正如我们会在第八章中看到的，我们可能需要找到其他方法来抵消不可避免会下降的身体活动水平，因为我们的基因就是这样设计的。

减少盐摄入量

不出意料，许多患有高血压的人往往希望“自然地”治疗病症，而不是靠药物。适当减少盐的摄入量——特别是与减重、少喝含咖啡因的饮料、增加运动量相结合——可以减少约 10 毫米汞柱的收缩压，或者约 5 毫米汞柱的舒张压。然而，正如我在本章中所强调的那样，从长远来看，我们中很少有人能减去足够的体重或进行足够的锻炼，哪怕只是为了减少这么一点高血压。

那要是减少更多的盐分摄入又会怎样呢？正如第三章所讨论的，如果我们想避免或基本避免高血压，需要将每日的钠摄入量减少到每天 600 毫克——还不到当前最严格的指导方针（1.5 克/天，由美国心脏协会推荐）的一半，远低于美国成年人平均每天约 3.6 克的摄入量。而一旦某人患上了高血压，那么如此大幅度地减少每日钠摄入量对他有没有实际的好处还不清楚。

虽然我们的身体每天对钠的需求肯定不会超过 1.5~2 克，但 21 世纪推荐的钠摄入量却需要一方面保证我们不会脱水或接近脱水（以及它可能触发的激素的级联反应），另一方面还得避免增加我们患上顽固的、难以治疗的高血压的风险，必须在这两者间找到平衡。现在，高血压药得到了广泛应用，它能有效地保护我们中那些因摄入过多盐而患上高血压的人。所以毫不奇怪，与没有那些药物的时代相比，如今推荐的每日食盐摄入量更高了。一项针对美国老年人的研究表明，每天摄入超过 2.3 克的钠只会增加一点儿死亡风险。[61] 另一项研究报告则显示，每天摄入 3~6 克钠可以保持最佳整体存活率（overall survival rate）。[62] 这两项报告都与早前的科学研究相矛盾，早前的研究推荐每日的钠摄入量不超过 2.3 克。[63] 但在所有研究中，血压都会随着钠摄入量的上升而上升，因此假如每日 3~6 克的钠摄入量真的能够最好地保护我们免受脱水以及相关问题的困扰，那么我们中的很多人都会患上高血压——而要在摄入这么多盐的情况下保证总体安全，我们就要更多地依靠有效的血压筛查和治疗方案。简单地说，我们中的一些人可以忍受较多的钠摄入量，并且不会产生什么副作用——主要是高血压——但我们中的其他人，或者就目前而言，至少 30% 的美国人少摄入一些钠会更好，他们也不需要服用什么降压药。这一信息与我在第二章中关于体重的说法没什么两样——稍重一点可以起一个缓冲作用，以防未来患上让人衰弱的病，只要它不会引起糖尿病以及难以控制的高血压，或导致胆固醇水平升高，那就没什么害处。

既然合理可行的生活方式上的改变对降低血压没什么帮助，我们可能会问："那又何必去改变呢？"我会告诉你这样做的几个理由：第一，我们中有一半的人每天吃下的钠超过了美国人平均每天 3.6 克的摄入量——并且我们中 90% 的人的钠摄入量超过了推荐的 2.3 克；[64] 第二，因为生活方式改变所降低的 5~10 毫米汞柱的血压，或许能暂时推迟高血压患者服用药物的需求，尽管从长期来看，这种程度的降低是不够的；第三，如果你已经需要靠药物治疗来降低血压，那么当你采用更健康的生活方式，你需要的药物剂量或药物种类会更少；第四，我们当中血压正常的人将受益于这种生活方式的改变，它会让我们的血压降低，并保持在正常范围内；第五，正如我们在第三章中所讨论的，坚持按照低钠食谱进食可预防随年龄增长而出现的动脉硬化，动脉硬化将导致血压升高，最终造成不再对限盐行为有所反应的恶性循环——换句话说，如果我们的动脉没有在几十年的时间里一直处于高钠水平的环境，那么最佳的成人食盐摄入量可能会更低；最后，虽然适度少摄入一些钠只会对每个人的血压略有影响，但将 3 亿美国人中所有这些个体改变加起来，会对整个美国产生巨大的影响，美国人均钠摄入量每天只需减少 1.2 克，每年就能预防约 5 万例中风和约 7.5 万例心脏病发作。[65] 为了让你更好地理解这些好处，我们打个比方，它们相当于减少美国一半的吸烟量产生的效果。

我们能将食盐摄入量降低到更健康的水平吗？当然了！虽然我们对盐的渴望是天生的，但它是可以改变的。在经过大约 8 到 12 周的低盐饮食后，许多人会改变偏爱咸味食物的口味，更少的盐也能让他们感到满足。但不幸的是，当再次面对咸味食物时，他们很快又会恢复对更多盐的渴求。

减少盐的摄入也可以靠制定影响食物供给的国家政策来实现，特别是针对那些加工食物的企业和餐馆。在英国，政府鼓励加工企业自动降低那些在超市售卖的加工食品 20%~30% 的含盐量，并且未来还计划减少更多的量。在芬兰，人们以前每天会摄入约 4.6 克的超高水平的钠，在施行各种干预措施后，比如减少即时食品中盐的添加量，在产品的食品标签上标明含盐量，向公众宣传摄入过量盐的不利影响，他们的人均钠摄入量减少了 25%。[66] 在这两个国家中，心脏病发作和中风的患者数量已经明显地相应减少了。如果我们有决心，在美国，也可以做到同样的事。

处理我们的焦虑和抑郁

人类种族的延续要归功于那些在拥有自己的孩子，并且这些孩子也有后代这件事上做得最成功的人，而不是那些最快乐的人，所以我们没有理由认为经过自然选择，这个世界上会全是快乐的人。对双胞胎的研究表明，我们的幸福感大约有40%~50%是由基因决定的，[67]但另外的约40%可能与我们能控制的有意识的活动有关。[68]幸福常常等同于快乐的感觉，快乐的感觉与自我意识、能力以及人与人之间的关系有关。如果一个人更健康，受过良好教育，有婚姻关系，有更高的社会地位，有喜欢的工作，能参加喜欢的休闲活动，更虔诚，有更多的朋友，那么他通常会更幸福。[69]简单来说，如果我们能做自己想做的事情，自认为或被人告知我们做得很好，并且有人看起来很在乎我们做的事情，我们会更幸福——或者至少相对来说，没那么不幸福。

男人和女人往往同样快乐，幸福感往往不会随年龄增长而变化。金钱对幸福感有一定影响——随财富增加，幸福感也随之增加，但随着整体收入继续增加，两者之间的关系会减弱。其结果就是，与绝对收入相比，幸福受我们所处社会对照组的相对收入的影响更大——与将绝对财富最大化相比，人们觉得更重要的是要“赶上别人”，不管他们的收入是多少。[70]不出所料，快乐的人往往活得时间更长，即使考虑到基因和环境对他们的影响。[71] 当然，没有人是一直快乐的，我们每个人都会经历挫折。我们中的一些人会振作起来，但另一些人会产生越来越严重的焦虑和悲伤，甚至会自杀。

能帮助我们减少压力并对付严重的焦虑、抑郁的最成功、运用最广的方法是认知行为治疗，它基于这样的信念：适应不良的认知和我们对它的反应都会导致情绪和行为的改变，认知行为治疗的实施可以通过让我们教导自己学会视觉化训练、自我激励、分心技术、放松方法、冥想，或是减少消极思想、增加正面反馈，以及设定目标等得以实现。[72]

对患有抑郁症的人来说，认知行为治疗通常有助于减轻症状并且预防疾病复发，在减轻症状方面，这一治疗能让 30% 的人受益，而在预防复发方面，则能让 50% 的人受益。对患焦虑症的人来说，它能够减轻恐慌症、社交恐惧症以及广泛性焦虑的影响，他们从中获得的益处远远大于抑郁症患者。认知行为治疗还会被推荐给患创伤后应激障碍的人，不管它是针对个人的还是集体的，但认知行为治疗对创伤后应激障碍的治疗效果通常都不如对焦虑症，甚至是对抑郁症的治疗效果。目前，正在进行的研究包括使用脑成像技术来预测哪些人对认知行为治疗有更好的反应。

在自杀的美国人中，大多数人在自杀前几个月或一年内都会去看心理医生。不同于心脏病——其危险因素众所周知、可以测量，并且相当精准，重度抑郁的风险是很难预测的，更难预测的是哪些患抑郁症的人可能会自杀。例如，波士顿马萨诸塞州总医院精神科急诊室的医生们，在预测哪些抑郁症患者最终会自杀这件事上，基本上都靠运气。[73]美国军方已经接手了陆军研究实验室，以评估现役军人身上的风险和恢复力，这一综合项目调查了成千上万的士兵，以期望能预测出美军自杀的风险，并对其采取干预措施。[74] 2013 年，现役军人的自杀数近十年来第一次出现下降，但这一现象更可能是伊拉克和阿富汗战争的逐步结束导致的，而不是因为对有潜在自杀风险的个人的早期预测或是治疗上有什么特别的进步。

心理干预的一个问题在于，对焦虑和抑郁的现代疗法常常不及时，或是连治疗方向都搞错了，这是因为初级护理医生对焦虑、抑郁和创伤后应激障碍的诊断，只有约一半是准确的。[75]另一个大问题是，需要帮助的人并不会持续参与那些有助于改善他们症状的治疗过程。不幸的是，旨在改善治疗过程出勤率的干预措施收效甚微，最多提升了约 20% 的出勤率。[76]

无论是对于个人还是互相支持的团体结构，认知行为治疗都可以成功地治疗抑郁症，甚至可以更成功地治疗焦虑症。然而，在英国进行的一项大型实验表明，认知行为治疗并没有改善整体的社会功能或生活质量，因此我们不能指望它成为当前心理障碍和自杀问题的主要解决方案。[77]不管我们喜欢与否，药物治疗（我将在第八章中讨论）对任何解决方案来说，都是关键的一环。

老大哥能帮忙吗

健康生活始于家庭，但我们都处在一个更大的环境中，它为我们的饮食、运动量，以及我们的自我感觉设定了背景。例如，许多美国人会把儿童的肥胖问题归咎于父母，但他们同时也认为饮食业和政府也要承担责任。[78] 不出所料，政治自由主义者通常比保守主义者更偏向于指责饮食业和政府。

就我们的热量和盐分的摄入量而言，由于自我帮助的项目以及自愿的生活方式干预措施都失败了，而问题的严重性又摆在眼前，我们不禁会思考，是否需要其他的公共健康干预措施介入。政府、国际机构以及私营部门应该扮演什么角色？由于提醒显然不足以让人们改变自己的行为，那么我们理性但自由的社会还能考虑采用什么方法呢？

要求食品包装，甚至餐馆提供食品热量含量的信息，并不像许多人希望的那样有用。[79] 一般来说，人们会看到信息，但这并不会改变他们要买什么东西，甚至是要为孩子买什么东西的决定。一项针对纽约星巴克贴上食品标签前后 100 多万次销售的分析数据表明，订单中的热量平均仅下降了 15 卡路里！[80] 这些令人失望的结果表明，专注于提供食品热量信息的努力，虽然在理论上有助于为消费者提供数据，以让他们在知情的情况下做出选择，但不太可能对肥胖产生任何明显的影响。

还有一种希望——但就目前而言还只是一个希望，即公司和餐馆能够在不失去顾客的前提下，找到少糖、少脂肪、少热量和少盐的更健康的美食制作方式来满足顾客的口腹之欲。举个例子，汉堡王曾出售过一种薯条，与麦当劳同等大小的薯条相比，脂肪含量少了 40%，热量少了 30%，但在不到一年的时间里，由于销售额下降，汉堡王只能在美国和加拿大 2/3 的餐馆里停止出售这一更健康的食品。[81] 这就是为什么我们很高兴看到三大软饮料公司（可口可乐，百事可乐和胡椒博士）同意共同努力，到2025年的时候将美国人从含糖饮料中摄入的热量减少20%。[82]

另一种方法是利用我们对价格变化的反应。当价格上涨25%或更多时，饮料和零食的销售量将大大减少，同样，将水果和蔬菜的价格降低也能刺激人们多购买它们。[83] 事实上，近几十年来，人们热量摄入量的增加，部分原因在于扣除物价上涨因素后，高热量的零食和方便食品在价格上的大幅下降。

作为一种涨价形式，税收成功减少了香烟的消耗，特别是在低收入的吸烟者中。[84] 同样，汽油税也减少了汽油的消耗，每加仑汽油的价格只需增加一美分，就能减少约0.2%的汽油消耗。同样，利用税收来改变消费现象的原理也可以运用到含糖饮料、甜甜圈、松饼和巨无霸汉堡上，也许还能增加一些补贴来鼓励人们购买更健康的替代品。例如，我在哥伦比亚大学的同事克莱尔·王（Claire Wang）估计，对每盎司含糖饮料征税一美分，每年就可以节省近20亿美元的医疗费用，同时增加超过10亿美元的税收收入。[85] 但是这样的立法还没有通过，甚至一些公共卫生专家也在争论这种做法的好处。

尽管在禁止含酒精饮料的消费上明显是失败的，但各种法律和规章在改变其他领域的行为方面却不时地会奏效。例如，在过去20年里，禁止在工作场所和公共场所吸烟不仅降低了美国约30%的吸烟率，而且还减少了不吸烟的人心脏病发作的风险，因为减少了他们暴露在二手烟中的风险。[86] 现在，我们被要求乘车时系好安全带，这可以减少约50%的死亡或受重伤的风险，每年可挽救大约1.3万人的性命。法律还规定骑摩托车时需要佩戴头盔，即使这条法律并没有被严格遵守，每年仍挽救了1000多人的生命。[87]

法律还能改变食物的消耗、盐的摄入，甚至是运动习惯吗？纽约市卫生局在2006年禁止该市的餐厅使用大多数的反式脂肪。[88] 2015年，美国食品及药物管理局（FDA）宣布，部分氢化脂肪被公认为是不安全的，必须在三年内从加工食品中清除，而氢化脂肪是饮食中反式脂肪的主要来源。甚至联邦政府的警告也会导致食品成分和消费情况的巨大变化。[89] 例如，在FDA颁布禁令前10年，反式脂肪在食品中的使用就已经减少了85%。还有一些食品公司加入了所谓的全美减盐倡议，这一倡议由纽约前市长迈克尔·布隆伯格领导。这些公司的目标是将产品中的盐分含量减少25%。食品及药物管理局已开始考虑行使其权力来调节加工食品中的含盐量，但这一进程受到了阻碍，因为该机构之前将盐定义为“公认的安全物质”。因此，虽然FDA对“低钠”和“减少钠”的定义设置了标准，但它从未真正行使其权力要求食品中的含钠量减少。[90] 因此，毫不奇怪，近年来美国加工食品和餐馆食品中的钠含量并没有真正减少。[91]

在纽约，禁售大份含糖饮料的尝试并没有取得成功。更为引人注目的是，美国肥胖率最高的密西西比州，实际上已经通过了禁售大杯饮料的立法，尽管限制分量就能显著减少热量摄入的估计过于乐观。[92] 在对含糖饮料征税或禁售大份含糖饮料这件事上，像纽约市卫生局这样的支持者和反对者之间的分歧，体现了我们对于限制个人自由的矛盾心理。一个重视人权法案的、自由主义倾向的社会，让期待老大哥来拯救我们变得不可能实现。

可悲的事实

我们都希望能够抗争命运，并且在尝试拥有更健康的生活方式上取得成功，这能帮助我们免受肥胖、糖尿病、高血压、焦虑症、抑郁症以及凝血过度的困扰，而它们都是我们历史上生存性状所产生的不良后果。我们可以通过减重、增加运动量、减少盐的摄入量、进行视觉化训练、冥想等方式来甩掉肥胖，降低血压，减少生活中的压力，减少患心脏病和中风的风险。当然了，我们还应该遵循实用的、经科学证明的健康生活建议。

但可悲的是，在现实生活中，这些好的想法和意向在我们大多数人的身上都不奏效。我们中大约有 35% 的人是肥胖的，另外 1/3 的人超重，尽管他们经常尝试减肥并保持体重。即使我们处于最好状态时，也会受到一系列激素的影响，它们会减缓我们的新陈代谢，刺激我们吃得更多，就像它们曾试着保护我们的祖先免受饥饿一样。我们中有 1/3 的人有高血压，而生活方式上的改变使得我们不会面临旧石器时代的人所面临的食盐紧缺的问题——我们对盐的渴求曾是对食盐紧缺的一种补偿，而如今却过度补偿到了对我们长期生存产生威胁的程度——因此好的想法和意向不太可能对这一比例有所影响。焦虑、抑郁和自杀从一开始就折磨着人类物种，并且如今也没有消失。我们高度灵敏的凝血倾向，不管过去还是现在，都对母亲们至关重要，而它也不再适合现代发达国家不好动的生活方式。

事实上，所有这些生存特性都是帮助我们祖先生存下来的天生的、生理上的适应，现在，它们深深烙进了我们的基因里。“思想高于物质”并不是完全没可能，我们的行为并不像鲑鱼产卵那样不可动摇。我们中的一些人正设法与我们的基因倾向做斗争并且“做着所有正确的事”。我们中的一些人可以改变行为，让自己更接近目标，但是我们中的另一些人则不能——不是因为他们太软弱，而是因为他们的遗传特性——通常被我们所生活的环境所强化——太过强大。无论是在美国还是在全世界，我们中的很多人都属于后者，仅仅改变行为模式是不成熟的策略。

但请不要误会我，我们都应该努力做得更好。但是，当不能达到这一目标时，我们不应该把重点放在内疚和责备上。相反，让我们期待一个新的时代的来临吧。在这个时代里，我们可以并且理应运用我们的大脑来改变我们的生理机能，就像我们用它创造了工业时代和信息时代一样。

第八章

改变我们的生理习性

比尔·克林顿因其不良的饮食习惯而臭名昭著，直到他心脏病发作，并在2004年接受了搭桥手术，心脏中被新装了4根供血桥。被这一众所周知的警钟敲醒后，他改善了饮食，减轻了体重，并且参与了更多锻炼。他知道这些生活方式的改变是必需的，但只是这样也许还不够，他还服用了降低胆固醇水平的药物。但这依然不够——尽管他养成了新的、有效果的好习惯，但6年后，他又在自己的两条冠状动脉中放进了支架，以保持它们不被堵塞。如今，他一般都会遵循纯素的食谱，并且成功减重了30磅（约14千克）——尽管他承认自己偶尔会吃鱼和鸡蛋。

我们中的一些人可能在保护性基因方面比其他人更幸运，他们天然会倾向于好的习惯，或是拥有能改变我们习惯的不寻常的能力。但是这些特性已被证明对大多数人来说是不够的。如果我们的基因不能迅速改变以防止我们变得肥胖、血压升高、患上焦虑和沮丧、凝血过度，那么未来就令人很不安。我们也可以尝试通过改变我们的习惯和生活方式来解决这些问题，但如果这一尝试像在奥普拉·温弗瑞身上那么具有挑战性，或是像在克林顿身上那样效果不足，那么未来可能会更令人不安。

那么，我们有什么选择呢？尽管提倡使用更多的医学干预，甚至是手术治疗可能看起来不那么正确，但我们可能只有两种选择。我们要么因为生理上的改变跟不上环境改造的速度而导致健康受到负面影响，要么可以利用现代科学和医学来帮助我们的身体适应这种新的环境。

现在，我们首先要明确，我在这里谈的不是优生学、超级英雄或编程机器人。但我提倡通过发展和应用当代科学发现，为那些甚至是我们之中在基因方面最幸运，在行为方面最自律的人谋求福利。毕竟，很难有人能同时拥有完美的生理构造和良好的习惯。即使这样完美的人存在，毫无疑问，他的并不完美的深爱的人，也会因我们的四种过度保护的生存特性饱受折磨。

现在要做什么

现代医学，甚至手术治疗，虽然远非完美，但却是预防和治疗各种常见病症非常有效的选择。在一项问卷调查中，大约一半的美国成年人以及90%的65岁以上的美国人表示，在过去的一个月里至少服用过一种处方药，大约30%的美国成年人服用过两种或更多的药物。[1] 当我们65岁时，大约90%的人都会服用处方药。而主要的药物——60岁以上的人会使用他汀类药物降低胆固醇水平，服用其他药物降低血压，而20岁至59岁之间的人会服用抗抑郁药物——都旨在抵消我们在进化历史中遗留下来的生存特性的副作用。

当然了，如果不是必须的话，没有人喜欢吃药。在所有文化中，人类一直在寻找自然的方法来缓解疾病和改善自身的健康。仅在美国，就有大约40%的人声称目前正使用一种或多种替代或补充疗法，而这些疗法并没有得到科学界的一致认同——它们包括补充维生素以及矿物质、使用未被证实的草本和植物性药材、按摩、运动疗法、能量疗法。[2]当然了，科学家们不会轻易就认真考虑非传统的方法，也不会轻易达成共识，老实说，他们常常犯错。基于上述原因，评估有潜在效果的替代疗法非常重要，更可取的方法是在严谨的研究中随机选择一半的参与者，分给他们安慰剂（模拟药物），或是虚假的治疗方法，看看它们是否会真的起作用。

而另一种做法是，使用FDA批准的药物和医疗设备。虽然没有人会认为FDA由独立专家小组指导的决定就是完美的，但要得到他们的认证，需要有有效性和安全性的详细治疗记录。

FDA做过一些非常好的决定。例如，由于担心其安全性，FDA拒绝批准使用萨力多胺来治疗妊娠期间的恶心，尽管它在世界范围内越来越多地被使用。这一判断很快被证实是英明的，人们发现萨力多胺会导致严重的婴儿先天畸形，德国是受害最严重的国家。FDA还禁止了苦杏仁苷，一种来自杏核的萃取物，它被用作一种治疗癌症的药物。然而研究证明，苦杏仁苷不仅对癌症无效，还可能引起氰化物中毒！

在电影《达拉斯买家俱乐部》中，马修·麦康纳因饰演艾滋病感染者罗恩·伍德鲁夫而赢得了奥斯卡奖。罗恩从20世纪80年代末开始，便与HIV病魔和美国食品与药物管理局做斗争，并将未获批准的抗艾药片走私到美国。但FDA的确需要保持清醒，尤其是在目前可用的治疗手段还远远不够时，更应该负起责任。但随后，FDA为了协助针对那些没有有效治疗手段的危急疾病（癌症、AIDS等）的药物尽快上市，采取了加速评审，推出了《食品药品现代化管理法》，该法建立了独立的被称为“快径”（fast track）的法规条款。在严格控制的研究环境中，我们也可以获得正接受FDA评估的药物——前提是我们要签署知情同意书。

也许现在有一些流行的、有效的，但尚未被批准的治疗方法，能够预防或治疗肥胖、高血压、焦虑和抑郁、凝血过度。但是我建议，我们不能因对这些未经批准的疗法效果抱着好奇心，就忽略FDA批准的治疗方法的有效性和可接受的安全性。我们不应该希望从生咖啡豆、藤黄果、银杏，甚至是传统的维生素补充剂中寻找奇迹。史蒂夫·乔布斯就是个不幸的例子，他坚持选择非传统的、未经证实的治疗法，从而忽略了普遍认可的医疗建议。他的胰腺癌本来有治愈的可能，但他在9个月内都不接受化疗或手术治疗，这让他最终付出了生命的代价。[3]

为了了解我们在与过分保护的生存特性的战斗中真正所处的位置，我们必须首先了解目前可用的并被普遍认可的药物和手术治疗，包括它们的潜能和局限性。然后，我们还可以考虑一些或许即将到来的激动人心的可能性。

超重和肥胖

2013年，美国医学会（AMA）正式宣布肥胖为一种疾病。[4]

虽然有些怀疑主义者冲上去批评医生试图用医学方法处理可以被称为因坏习惯导致的健康状况，但AMA的理由也很简单：如果说肥胖是因选择的生活方式——吃得太多又运动得太少——导致的，就说它不是病，那这和当肺癌由生活方式导致时——由吸烟导致的——就说它不是病没有什么区别。AMA还希望我们减少因吃得过多而产生的自责和羞耻感，它想让我们意识到，这只是我们天生的生存特性的副作用导致的，同样的副作用还使得我们患上了许多严重的疾病，比如糖尿病，这些疾病都需要接受咨询、药物治疗，甚至手术。虽然我在很多场合都不同意AMA，但在这一点上，我认为他们完全正确。

既然节食经常会失败，那么要是有一种药丸，能够降低我们的食欲，减少肠道吸收的热量，或者能更快地燃烧热量，那岂不是很棒？一种真正安全有效的减肥药一直是医学界的“圣杯”。不幸的是，目前没有哪种减肥药能接近“圣杯”的位置。尽管科学家们已经发明出了药物，能够对20多种调节食欲的分子和激素起作用，但其他激素和分子加速抵消了它们的作用。那是因为我们过度保护的生理系统被设计成宁多勿少——许多信号会彼此增强，以确定我们吃够了。

因此，个别药物会令人失望并不奇怪。更糟糕的是，每种减肥药都有潜在的危险副作用。这就是为什么无论是谁，只要想要服用减肥药——包括非处方药——都应该咨询医生。而这也是为什么医生一般不会推荐减肥药的原因，除非你是真的肥胖（BMI指数在30或以上），或BMI指数在27以上并且有与肥胖相关的并发症，比如糖尿病。[5]

到目前为止，FDA批准了5种长期治疗肥胖症的药物——4种药丸和一种注射药物。[6]第一种药物奥利司他（商品名为赛尼可）是一种非处方药，能减少肠道吸收的脂肪，但它容易让人产生令人恶心的松散油腻的大便，这往往"胜过了"它的好处。服用奥利司他的人可以减去5%~8%的体重，平均减重约3%。第二种药物是芬特明托吡酯缓释胶囊（商品名为Qsymia），它含有苯丁胺和托吡酯，托吡酯往往能让人产生饱腹感，而苯丁胺则能抑制食欲。服用它的人体重平均会减轻9%。[7]第三种药物化学名为盐酸氯卡色林（商品名为沛丽婷，Belviq），可以激活大脑中的血清素受体，控制食欲，让人平均减去约3%的体重。不幸的是，芬特明托吡酯缓释胶囊和沛丽婷都有许多副作用，可以造成心脏瓣膜损害，甚至精神疾病症状。

第四种药物，销售的商品名为Contrave，采取了不同的疗法。它里面含有安非他酮，而安非他酮能够改变大脑使用多巴胺的方式（这对治疗抑郁症同样有效，我稍后会讨论）。此外，它还含有纳曲酮，纳曲酮一直被用来帮助人们减少对酒精和阿片类药物的渴望。Contrave平均可以使人减少约4.5%的体重，其主要副作用是令人感到恶心。[8]

第五种药物是利拉鲁肽（商品名为Saxenda），它能抑制食欲，让我们有饱腹感，平均可以使人减轻8%的体重。和胰岛素一样，它需要靠皮下注射。利拉鲁肽只被批准在同时患有肥胖、高血压或高胆固醇的超重者身上使用。它的副作用包括增加患各种胃肠道症状和患低血糖的风险，其长期安全性仍在评估中。[9]

Contrave在减肥上的些许成功，是因为它符合饮食过量与脑功能相关，而不是与饥饿相关这一观念。[10] 多巴胺是奖励系统的关键媒介，它让我们的大脑更快乐——无论是第七章中提到的跑步者的愉悦感，还是我们从饮食中获得的愉悦感。这个假设认为，动物吃得过饱，部分原因是它们没有从正常饮食中得到足够的多巴胺奖励。如果这一奖励的缺失是因为多巴胺不足，或是大脑中的多巴胺受体不敏感，那么我们便可以利用诸如安非他酮这样的药物来提高多巴胺水平或大脑中多巴胺受体的敏感性，以此来减少暴饮暴食的现象。

虽然纳曲酮起作用的确切分子机理还不清楚，但事实上，它减少了人们对食物的渴望这一事实，证实了一些肥胖可能是由习惯性渴望引发并维系的，这种渴望与我们对酒精和阿片类药物的成瘾没多大区别。另一个潜在的目标是脂联素，它由脂肪细胞产生，能让我们的身体对胰岛素敏感，从而降低患糖尿病的风险。[11] 科学家已经研发出一种能够模拟脂联素作用的小分子，而这一方向的研究极有前景。

由于大脑信号会告诉我们什么时候停止进食，也许我们可以通过加强这些信号，来让我们早点停止进食。[12] 大脑中的一个特定部分似乎是我们不想进食的终极原因——它可能被告知我们已经吃饱了，食物不好吃，这些食物会勾起不愉快的回忆，甚至我们生病了不想吃。科学家已经找到了刺激老鼠大脑这一区域的方法，结果它们的进食量真的减少了。但现在还不知道这种方法是否可以安全地运用到人类身上。

对味觉细胞的研究为未来提供了一些有趣的想法。正如我们可以通过糖精、甜蜜素或阿斯巴甜来糊弄感觉甜味的味觉细胞，理论上，我们也应该可以用其他方式欺骗它。正如我的同事——世界著名味觉专家查尔斯·朱克（Charles Zuker）和他的同事所设想的那样，想象假如感受甜味的味觉细胞能够被光感刺激而不是靠甜味，那么我们就可以仅仅用手电筒照一下舌头，就能满足我们对甜味的渴望，甚至连人工甜味剂都省了！[13] 这听起来像科幻小说，但它是未来可能的一个发展方向。

有人认为，现代社会增加了我们暴露在某些化学成分或刺激——也就是所谓的环境致肥物（obesogens）——中的机会，而这一状况会导致肥胖症蔓延，因此我们应该避开这些致肥物。[14] 我们知道一些药物可以导致体重增加，并且各种化学毒素也被认为是肥胖的罪魁祸首。但将肥胖——不管是个体的还是广泛群体中的——归咎于臭名昭著的食品添加剂、塑料或农药还为时过早，并且现在就认为消除它们就能治愈肥胖肯定是不成熟的。

然而，一个可能的致肥物却是中央供暖。[15] 怎么会这样呢？在大多数人身上，基本上所有脂肪都主要以胆固醇和甘油三酯组成的半液体脂肪的形式储存于白色脂肪细胞中。我们每个人都有大约 350 亿个脂肪细胞，这些细胞加起来的总重量平均约为 30 磅。当我们变得越来越胖并储存更多的脂肪时，在我们需要形成新的脂肪细胞之前，每一个原有的脂肪细胞的体积都可以扩大约 4 倍——而严重肥胖的人所拥有的脂肪细胞数量可以达到正常体重的人的 4 倍。[16]

相比之下，棕色脂肪细胞的代谢则活跃得多。棕色脂肪对于冬眠的哺乳动物和新生儿来说尤其重要，因为它们能产生热量。[17] 如果我们能将成年的白色脂肪细胞转化为棕色脂肪细胞，便可以通过燃烧热量，而不仅是储存它们，来帮助我们减肥。结果表明，有一些新陈代谢活跃的棕色脂肪——与几十磅的白色脂肪细胞比起来只占几盎司的重量——会一直存留到成年期，尤其是在那些瘦得多的人身上。

但是，即使我们不是那些很瘦的人，我们身上至少一些表面上是白色脂肪细胞的脂肪细胞，现在却被科学家称为米色脂肪细胞。[18] 因为最新实验表明，当我们暴露在寒冷的气温中，或我们的免疫系统被某种方式刺激到，它们就可以转变为产生能量的脂肪细胞。例如，在一项仔细对照的研究中，晚上在 75 华氏度（约 23.9 摄氏度）下睡觉的年轻人，当被移到 66 华氏度（约 18.9 摄氏度）的房间里后，他们的棕色脂肪的含量稍微变多了。[19] 尽管连续 4 周在更冷的环境下睡觉并不会导致明显的体重减轻，但它确实提高了人们对胰岛素的反应。其他研究表明，如果我们在 64.4 华氏度（约 18 摄氏度）的环境下穿三小时单薄的衣服，或者在 63 华氏度（约 17.2 摄氏度）的房间里坐两个小时，我们将多燃烧 250~300 卡路里的热量。[20]

我们旧石器时代的祖先——包括（我们在第二章已讲述过的）尼安德特人，他们将会导致肥胖的基因传递给了祖先越过白令海峡的墨西哥人和拉丁美洲人——常常不得不适应更冷的环境，尤其是在晚上。所以我们会变得肥胖，部分原因可能在于现在基本上没有人——除非我们仍然面临着我们在六章讨论的那些西伯利亚原住民所面临的挑战——需要运用自己身体几乎所有体温去抵御寒冷。但现在就建议预防或战胜肥胖的关键是关掉恒温器，睡在洞穴或星空下，还显得为时过早。

在未来，我们也可以用其他方式来操纵我们的脂肪细胞。例如，运动会刺激肌肉细胞释放出信号，让白色脂肪细胞变得像米色或棕色脂肪细胞那样燃烧热量。正常的FTO基因会做同样的事情，这就是为什么它的突变（我们在第二章已经讨论过）会导致体重增加。[21] 将一种名为 β–氨基异丁酸的化学物质添加到小鼠的饮用水中，可以刺激这些小鼠的白色脂肪细胞变成棕色脂肪细胞——这些老鼠不仅会减轻体重，而且还会改善体内的血糖水平。[22] 还有一种叫作fexaramine的化学物质，可以起到画饼充饥的作用，它能欺骗肠道，让肠道以为我们已经吃过东西。随后产生的激素增强了白色脂肪细胞转化为棕色脂肪细胞的能力，并使得老鼠的体重减轻。[23]

另一个很有前景的研究领域是微生物——我们体内约有 100 万亿个细菌，尤其是在我们的肠道里。[24] 我们早就知道，如果往牲畜的饲料中添加抗生素，它们的体重会增加得更快。[25] 与那些没注射青霉素的小鼠相比，出生不久即注射了低剂量青霉素的小鼠在成长过程中生成了不同的肠道细菌，这些细菌似乎也改变了它们的新陈代谢，导致它们体重增加（将它们的细菌转移到无菌鼠身上，也会导致后者体重增加）。[26] 2 岁以下的儿童不断接触会导致肠道菌群改变的广谱抗生素，也是儿童早期肥胖的原因之一。当给无菌鼠的肠道分别接种来自肥胖小鼠和瘦小鼠的细菌后，那些获得了肥胖小鼠细菌的老鼠会变得比其他老鼠更肥。[27]

一种可能的解释是，一些细菌可能会影响激素的释放和效果，进而影响饥饿感以及我们吸收或代谢营养物的方式。例如，对于那些基因更偏向于长胖的老鼠，如果我们在它们的肠道中接种一种细菌，而这种细菌可以释放一种改变饮食中脂肪从而抑制食欲的物质，那么，这些容易患上肥胖症的老鼠增加的体重将会更低。

其他有趣的证据来自对人工甜味剂——糖精（低脂糖）、蔗糖（善品糖），以及阿斯巴甜（怡口糖）——的研究。给予小鼠这些代糖，并不会像你所预料的那样能让它们减轻那么多体重，其中一个原因可能是甜味剂改变了人体的糖代谢。[28] 这种代谢异常可以通过用抗生素来治疗，并能转移到其他小鼠身上，方法是将受感染小鼠或人的肠道细菌种到其他老鼠身上。

关于人体身上的有趣数据来自对同卵双胞胎的研究。其中一项研究发现，相比胖的双胞胎，一种特定细菌（christensenellaceae，称为克里斯滕森氏菌）在瘦的双胞胎身上被发现得更多，当用两对双胞胎的粪便喂养无菌鼠后，它们体重的变化和两对双胞胎一模一样——但为接受了胖双胞胎粪便的小鼠补充克里斯滕森氏菌后，它并没有像预期的那样增加体重。[29] 目前正在进行的研究在小鼠身上取得了一些初步的成功，科学家们正在研究，我们是否可以通过控制细菌多样性——引入某些细菌或用抗生素杀死其他一些细菌——来治疗甚至预防肥胖。[30]

然而，到目前为止，操作人类肠道微生物的潜在用途还处于试验阶段，并不权威——除了治疗使用过广谱抗生素的人身上一种叫作艰难梭菌（clostridium difficile）的细菌过量生长引起的严重腹泻，而这些抗生素也消灭了肠道中大量的正常细菌。[31] 虽然细菌的种类似乎随饮食和体重的不同而不同，但一个人的肠道细菌究竟是造成不同饮食和体重的原因还是其结果尚不清楚。例如，一些数据表明，是我们饮食中的脂肪压倒性地驱动着菌群。在这一点上，关于我们的肠道细菌、食物以及每天从我们的肠道内壁脱落的数以百万计的细胞之间的复杂相互作用，我们仍有很多东西要学习。

值得注意的是，对于病态肥胖以及肥胖性糖尿病的治疗，目前最好的方法是减肥手术，它有三种不同的方式：胃的大小可以通过嵌入一个束带改变，也可以手术切除一部分胃，或者重新改变食物经过消化道的途径。[32] 胃束带手术——你可以把它看成是在胃上系上一条束缚带，以防止胃扩张而容纳下很多的食物；胃切除手术通过让我们更快感到饱腹而达到减肥目的；胃旁路手术可以减少我们从食物中摄入的热量。有时候，人们会同时接受胃束带手术和胃旁路手术。

不出意料，改变胃容量最激进的办法（切除，而不只是束带）能将体重减少的比重增加 5%或 10%，甚至达到 20%，这几乎与胃旁路手术平均所能减掉的 25%的体重的效果差不多了，但胃旁路手术的过程更复杂，因为它要绕道一部分消化道，并且还可能导致我们吸收关键营养物质的功能出现障碍。成功的减肥手术也能显著改善糖尿病，在这点上，胃旁路手术也许是最有效的，因为绕道也会对肠道糖代谢和肠道细菌产生影响。

也许目前，接受减肥手术的最年幼的病人是一名体重达到 72 磅（约 33 千克）的两岁男孩，两个月内，他的身体质量指数下降了41%，从41变成了24。[33]另一个变化明显的例子发生在保罗·马森（Paul Mason）身上，在进行胃旁路手术以前，他6英尺10英寸（约208厘米）的身高下承受了980磅（约445千克）的体重，术后，他瘦了将近2/3，体重下降到了336磅（约152千克），体重指数降到了41，虽然他仍然很胖，但已经不再那么异常。[34]另据报道，新泽西州州长克里斯·克里斯蒂（Chris Christie）也进行了减肥手术，体重减轻了约85磅（约39千克）。[35]

但是减肥手术是一项重大手术，有其自身的风险，所以它只适合那些非常严重或病态肥胖的人。此外，许多人还能找到各种方法搜寻食物，或者吃很多零食，这样他们即使没吃大餐，也会保持热量的摄入。

能让人们产生饱腹感的有前景的介入手段还包括：用水球填充胃部；使用咽下后会膨胀的胶囊；将植入式电子装置连接到腹部迷走神经，它发出的电脉冲能抑制神经，从而使人感觉不到饿；此外还有吸引疗法，在这种疗法中，医生会通过腹壁将一截管子插入胃中，以吸引出一部分吃进的食物。[36]而这些方法的效果充其量是喜忧参半，并且截至本书完成时，只有两种方法——胃内水球和电脉冲疗法——在美国被批准大规模地用于肥胖病人身上，前提是他们至少患有一种与肥胖相关的并发症，并且没有其他方式可以令其减肥。

即使我们不能通过饮食、药物或手术来预防或治疗肥胖症，也能通过有效地控制与其相关的血压和低密度脂蛋白胆固醇水平（我很快就会讨论）的升高，来消除它大部分的超额风险。不幸的是，目前没有任何药物治疗能抵消肥胖性糖尿病的风险。然而，希望已经在路上了。有一种非常罕见的突变，它位于SLC30A8基因上，而SLC30A8能编码一种可以影响制造胰岛素的胰腺细胞功能的蛋白质，这种突变使得该基因失去活性，从而可以将患II型糖尿病的风险降低60%~80%。[37]也许在每一万人中，就有一个人有这种突变，并且这种突变不会导致其他任何已知的副作用。也许有一天，我们可以从技术上使这种基因失去活性，然后便可以控制肥胖导致的三种不良健康后果——糖尿病、高血压，以及升高的低密度脂蛋白胆固醇水平。

锻炼

与第七章中讨论的活跃过度的小鼠不同，我们不可能通过培育的方式来提高人的运动水平。此外，当向不喜欢跑步的老鼠注射模拟喜欢跑步老鼠的大脑化学物质的药物时，这些懒惰的老鼠也不会跑得更多。[38]也许未来的药物可以刺激更多人去追求跑步者的愉悦感，同时不会让我们患上多动症或产生其他副作用。如果是这样的话，运动量的增加就能帮助我们抵消吃得过多、凝血过度的自然倾向。这是我们久坐不动的生活方式值得追求的目标，但目前可用的医疗刺激剂，包括那些用作抑制饥饿治疗的药物，都还不能安全地达到这一目标。

即使我们不能做更多的运动，但仍然可以在保持不动的生活方式的同时，模拟一些运动带来的好处。[39]例如，锻炼可以改变一种抑郁的诱导化学物质（我们在第七章已讲述过），而这一机制可以通过人为刺激，在久坐不动的老鼠身上实现。也许有一天，即使是“沙发土豆”，也能得到现今只能通过锻炼才能获得的许多化学物质和其他好处。

高血压

由于饮食和运动只会为高血压患者带来些许好处，所以治疗高血压的主要方式必须是药物。第一种有效且一般情况下很安全的药物在 20 世纪 50 年代问世，它就是利血平，它能阻断肾上腺素和有关物质；第二种是肼屈嗪，它能通过直接扩张动脉的方式降低血压。[40] 不幸的是，这两种药物经常有致残的副作用，如今已经很少使用了。

现在用于治疗高血压的药物通常会指向激素，正如我们在第三章所讲述的那样，这些激素可以保护我们不至于脱水。利尿剂，也就是水泛丸，通过欺骗我们的肾脏排出盐和水来降低血压。β–受体阻滞药可以阻滞肾素的释放，而肾素是诱导肾脏锁住盐和水的级联反应的第一个关键激素。血管紧张素转换酶抑制剂阻滞接下来的一步，血管紧张素受体阻滞剂则介入后面的步骤。钙通道阻滞剂不会影响盐和水的含量，但是它会通过直接干扰收缩动脉血管肌肉层的分子途径（molecular pathways）来降低血压。不出所料，这些药物主要的缺陷都是可能会引起低血压。

利用目前的药物，绝大多数人都能成功控制高血压。然而不幸的是，没有哪一种药物或已知的药物组合是能保证绝对成功的。这就是为什么现在医学专家通常会建议使用小剂量的两种或两种以上的混合药物，其本质依然是试图在多层次重新调整我们的盐和水系统，而不是试图一锤定音。在这种方法中，每种药物的用量都足够低，能够避免许多副作用，而这种鸡尾酒式的疗法有很大的机会能找到导致高血压的原因，不管它是由病人的特殊生化机制引起的还是许多原因联合导致的。

如果高血压是由连接肾脏的动脉肌肉增厚从而让动脉变窄导致的，医生通常会使用血管成形术来扩张动脉，以让更多的血液流过。当肾脏感觉到更多的血流量时，它就不会再认为我们处于脱水状态，于是就会减少锁住多余盐分和水分的激素的分泌。但由于尚不完全清楚的原因，如果血管变窄是由脂肪斑块堆积引起的——在晚期动脉粥样硬化患者身上这一情况尤其常见——那么不太可能通过血管成形术降低血压，因此药物还是首选。[41]

有些极为罕见的高血压病例，药物对其不起作用，血管成形术对其也毫无帮助，而且它们并不是由罕见的肿瘤引起的。针对这些案例，已经有了各种各样的医疗方式和采用器械治疗的建议。最广受追捧的手术提议是，将导管穿入腹股沟的股动脉以及向肾脏供血的肾动脉，然后利用射频可以让肾脏神经选择性地烧蚀和失活，这样它们就不会升高血压。但是，评估这一疗法的最大规模的随机试验显示，它并不能带来持续的益处。[42]

我们最终的目标是识别每个人高血压的原因并对症下药，而要做到这一点，就要干扰成病过程中可能涉及激素的合成或中和它们的影响。随着医学的进步，越来越多的高血压病例与影响我们钠和水代谢的特定基因联系在了一起，而针对这种基因的靶向治疗有可能被研发出来。[43] 我们中的许多高血压患者可能最终只需要服用特定剂量的特定药，而不是鸡尾酒式的非特定混合药物——个人化的药物治疗效果更好，风险也更低。

既然高血压是可以治疗的，我们就不该死于无法控制的高血压或恶性高血压。由于与高血压有关的各种有害情况通常会持续至少 10 年，因此，只要在就医时就测量一下血压，并及时采取适当的医学随访和治疗，由它导致的严重并发症就可以轻易避免。

焦虑和抑郁

虽然我们不幸地倾向于将精神障碍归咎于是那些患精神病的人自己的责任，但我们现在认识到，大多数精神疾病——包括焦虑和抑郁——都是由化学失衡引起的。并且认知和行为疗法虽然值得一试，但均离成功尚远，因此药物已成为治疗该疾病的中流砥柱。

各种药物对抑郁和焦虑的具体作用方式尚不完全清楚。大多数治疗抑郁症的药物都是为了增加大脑中血清素或去甲肾上腺素（肾上腺素的相关物）的水平。[44] 选择性血清素再吸收抑制剂（SSRI）及去甲肾上腺素再摄取抑制剂（SNRI）主要通过阻断大脑中——并且但愿只在大脑中——的这些物质的分解来达到治疗的效果，这样一来，这些物质就能一直保持活性，并且不会对身体的其他部位造成副作用。[45] 其他大多数抗抑郁药物往往针对性更弱（它们常常会影响多巴胺和肾上腺素，以及血清素和去甲肾上腺素），这可能会让它们在一部分人身上作用更明显——但它们也更容易影响其他器官，因此产生更多的副作用。

这些药物的效果如何？大约 1/3 的抑郁症患者通常在没有服用任何药物或只服用安慰剂的情况下就能好转，而使用选择性血清素再吸收抑制剂或去甲肾上腺素再摄取抑制剂的话，反应率则会提高一倍，达到 2/3，尽管一些个体可能需要尝试多种药物才能有所获益。不幸的是，药物治疗通常在第一周内效果甚微，常常需要 6 周或更长时间才能发挥它们的全部功效。这就是为什么有时在治疗严重的致残抑郁时需要用到电休克疗法（通过振动大脑来引起痉挛，从而改变大脑中的激素水平或化学反应）。[46] 在那些接受过抗抑郁药物治疗并且有效果的抑郁症患者身上，继续对其进行药物治疗可以使复发的相对风险降低一半左右，从 40% 下降到 20%。[47]

而对于焦虑症，最常用的药物是苯二氮平类药物（比如利眠宁和安定）。它们能增强一种名为 γ-氨基丁酸（GABA）的脑神经递质的作用，而GABA能让人感到镇静。β-受体阻滞剂普萘洛尔对有社交恐惧症的人尤其有效，它可以让人在一个特定的易引起焦虑的事件，比如演讲或表演中平静下来。丁螺环酮也可以增加大脑中血清素的含量，但它与SSRI或SNRI无关，是另一种替代物。抗抑郁药物对那些患有焦虑症的人也很有用，这或许是因为焦虑和抑郁只是大脑中类似或有交集的生化失衡的不同形式的临床表现。[48]

对于创伤后应激障碍，最常用的药物是选择性血清素再吸收抑制剂氟西汀、舍曲林，以及去甲肾上腺素再摄取抑制剂文拉法辛。

这些药物不仅可以治疗抑郁的症状，而且还能降低病人对他人施暴的风险。[49]

在严重创伤事件发生后的第一个月里，不建议对患者使用预防性药物，部分原因是只有 10%~20% 的患者会患上创伤后应激障碍。而另一部分原因是我要强调指出的，大多数创伤后的情绪是对异常情况的正常反应，一旦开始使用药物，通常要连续使用至少 12 至 24 个月。而关于创伤后应激障碍与大脑中某一特定部位的钙渗漏有关的发现，也许为治疗这种综合征提出了新的药理学治疗的可能性。

药物显然比认知行为疗法更有效，但两者可以互补甚至协同作用。基于这种协同效应的研究在对实验室小鼠进行的一项有趣实验中得到了很好的证明。在一项消退训练中，科学家反复地将小鼠暴露在一种可以引发恐惧、焦虑，甚至是创伤后应激障碍的刺激中。他们先是在给予小鼠一种中性刺激——比如声音的同时，也给予它有害刺激，直到小鼠将两者结合起来为止。然后，他们只给予小鼠中性刺激，直到小鼠不再害怕它为止。[50] 当这种治疗用于幼年小鼠时，该动物的大脑具有足够的可塑性，因此光是消退训练就能让它们康复。然而，在成年小鼠中，习得性行为是如此牢靠，以至于消退训练虽然有用，但仍需要与抗抑郁剂结合起来，才能让成年小鼠的大脑重新设定程序。从本质上说，抗抑郁剂使成人的大脑可塑性更强，使得它们如同仍在发育的青少年大脑一样，更易受行为改变的影响。

在未来，我们希望所有医生和医护人员能更好地对焦虑和抑郁进行更早和更准确的诊断——在某种程度上要依靠标准的、充分验证过的筛查工具，同时也要靠更多地咨询专家。然而，不幸的是，如今用于焦虑和抑郁的药物治疗与几十年前相比并没有进步多少。

而好消息是，一些医疗选项有着很好的前景。例如，用于静脉注射的氯胺酮迄今为止只被用作麻醉剂，但它也可以是一种强大并能迅速起效的抗抑郁药物，特别是对患严重抑郁症并有自杀倾向的患者而言。[51] 与通常使用的药物不同，氯胺酮通过阻断与谷氨酸盐结合的受体，可以达到增加大脑中谷氨酸盐水平的目的。谷氨酸盐是一种刺激大脑的物质，是抗抑郁药物的新靶点。在小规模的研究中，创伤后应激障碍患者对静脉注射氯胺酮有很好的耐药性，同时其症状也得到了快速减轻。目前，一种鼻腔给药的方式正在研发中。然而，过少的谷氨酸会引起严重的精神错乱，而过量的谷氨酸则会杀死脑神经元。这就是为什么氯胺酮虽然是一种新的希望，但医生在开处方时必须明智而审慎。

苯二氮平类药物会让人嗜睡。目前，一种不那么让人嗜睡的新药物正在研发和测试中，它能调节大脑对GABA的反应。[52] 在治疗焦虑或至少在当前治疗抑郁的选项中，增添一项不会造成不适宜的无畏情绪方面，这些药物会不会比苯二氮平类药物更优越，仍然不确定。

脑深部刺激利用电极来刺激被认为与抑郁症有关的大脑区域，从而让其产生极大的兴奋，这一结果是基于对耐药性患者偶尔明显反应的报告得出的。[53] 但相关的试验结果却令人沮丧，这种方法仍然还在试验阶段。

更具未来主义色彩的是，创伤后应激障碍的有害记忆或许能用化学方式清除。在老鼠中，使用光遗传学将光敏基因添加到负责制造新记忆的大脑细胞中是有可能实现的。然后将这些细胞暴露在激光束中，它们便能被激活。[54]条件反射般地害怕一个自己经常被电击的地方的公老鼠，能够被设计成不再害怕这个地方。[55]这是如何做到的呢？首先，科学家将这只公老鼠带到了另一个有母老鼠的地方，这一愉快的经历创造了美好的回忆。当这只公老鼠被放回可怕的地方时，科学家用激光束激活了之前特定的美好回忆。然后公老鼠发现，这个地方变得令它愉快起来！

然而现在，光遗传学还需要靠病毒将光敏基因导入大脑细胞中，并且还要在颅骨中靠近这些细胞的地方放置光纤电缆以激活它们——我们还没有准备好在人类身上完成此项操作。[56]但在将来，这种方法有希望治疗一系列大脑功能障碍。

不幸的是，我们仍然不能完全理解造成抑郁症、焦虑症和创伤后应激障碍解剖学上的、细胞层面的、生化的、遗传学的，甚至是表观遗传的原因。在基础研究解开这些谜团之前，我们不可能在预防和治疗这些使人衰弱的疾病方面取得实质性的进展。

凝血

对凝血异常或凝血异常风险明显增加的患者来说，药物即使不是决定性的，那也是重要的。由于几乎所有心脏病都是由冠状动脉血栓引起的，因此医生通常会为经历过心脏病发作的病人开被称为血液稀释剂的抗凝血药物。在冠状动脉中，干扰血小板聚集和形成血栓的药物通常比干扰随后蛋白质级联反应形成更大血液凝块的药物更有效。因此，长期预防性治疗主要靠的是阿司匹林——一种有效的抗血小板药物——或新的抗血小板药物（如氯吡格雷和普拉格雷）。

大约在公元前400年的希腊，人们发现柳树的树皮——含有水杨酸——有镇痛作用。至此，阿司匹林能够缓解疼痛的作用第一次被人们发现。1763年，牛津郡的埃德蒙·斯通（Edmund Stone）将同一种柳树皮晒干三个月后磨成了粉末，这种粉末同样被证实能够缓解发热症状。1899年，任职于当时的拜耳公司的费利克斯·霍夫曼（Felix Hoffmann）第一次合成了一种安全的药物——阿司匹林（乙酰水杨酸），它能迅速在体内代谢形成活性的水杨酸。[57] 1948年，乙酰水杨酸潜在的抗血小板作用第一次被提出来，并在1968年得到了确切的证实。20世纪70年代，流行病学研究数据有力地表明了服用阿司匹林的人患心脏病和中风的风险更低。[58] 不久之后，这些益处在大型的随机试验中得到了证实。

有趣的是，其他非甾体类抗炎药（如艾德维尔、萘普生、摩特灵、西乐葆、扶他林、吡罗昔康等品牌）能够减轻疼痛和发烧症状，但它们都没有阿司匹林的抗血小板作用——实际上它们会增加心脏病发作的风险。更令人吃惊的是，阿司匹林的抗血小板作用是由于它的乙酰基分子，而这种分子并不能缓解疼痛或发烧症状。这一现象解释了为什么其他缓解疼痛的各类药中，其他形式的水杨酸盐对血小板没有影响。事实上，水杨酸盐会干扰乙酰水杨酸对血小板的作用，所以低剂量的阿司匹林，比如婴儿用阿司匹林，在抑制血小板、降低心脏病和中风的风险上，至少和大剂量的阿司匹林一样。

在经历过心脏病发作的患者甚至是有心绞痛的病人身上，抗血小板药物可以减少大约 25% 的心脏病复发风险。在诸如比尔 · 克林顿这样身上有一个或多个心血管支架的患者身上，医生一般会推荐其使用更有效的抗血小板治疗方法，在使用阿司匹林的同时还会使用另一种抗血小板药物，这一过程至少要持续一年，而有药物洗脱支架的病人通常会持续使用两种抗血小板药物更长的时间。[59]

我们的颈动脉负责将血液输送至大脑，而对那些颈动脉变窄的人来说，阿司匹林能够有效地减少其初次或反复中风发作的风险。而对于曾发作过心脏病的患者，它的治疗效果并不完美，但还是降低了约 25% 的风险。

对那些有房颤——也就是最常见的心律失常的人来说，他们纤维性颤动、丧失收缩功能的心房比正常的心房泵血功能减弱，血液容易在心房内淤滞，从而自发地形成血栓。[60] 如果血栓脱落后随着血液流至大脑，就会引起中风。左心房的血栓是血液单纯瘀滞的结果，所以比起血小板形成的凝块，它们更像是蛋白质级联反应的结果。因此，要防治它们，就要用那些可以干扰级联反应的药，而不是抗血小板药。处理这种血栓的传统药物是一种叫作华法林（品牌名为香豆定）的血液稀释剂，它能抑制凝血蛋白级联反应中的特定步骤。华法林的使用剂量及其抑制作用必须仔细用滴定法测量，因为如果使用过多，它能够完全阻断蛋白质的级联反应。如果发生这种情况，病人会因为身体血管壁不能维持基本的完整性而自发性出血。华法林是一种非常有效的灭鼠药——老鼠吃下这种毒药后，脑内会自发出血并且死亡。幸运的是，华法林的特殊作用——抑制维生素K的活性——可以在给予患者维生素K几个小时内被逆转。[61]

更新的药物［例如达比加群酯（泰毕全）、利伐沙班（拜利妥）、阿哌沙班（艾乐妥）］能够抑制凝血蛋白质级联反应中其他的蛋白质，而且它们一般比华法林更安全，因为它们不太可能引起出血反应，并且在预防房颤患者生成血栓或血栓迁移方面更有效果。[62]然而，有一个问题限制了它们的广泛运用，那就是直到我撰写本书时，还没有哪种能逆转它们抗凝血效果的解药被FDA批准，而这些解药是一小部分使用上述药品后出现流血现象的患者需要的。

对于那些静脉中已经形成血栓的人，华法林仍然是标准的治疗药物。[63]但是，累积的数据表明，一些新的凝血蛋白级联反应抑制剂可以成为华法林合理的替代物，阿司匹林是其中效果最差的。因为静脉血栓与左心房血栓一样，问题的关键在于血液的瘀滞或自发形成的血块，而不是突然的损伤激活了血小板。

在美国，所有患有冠状动脉疾病、中风、房颤的人加起来约有2000万。也就是说，约10%的美国成年人明显会从一些类型的血液稀释剂中受益，这些稀释剂可以改善他们身上的、能够延续我们物种的自然凝血系统。[64]抗凝血药物的主要问题是会让我们更容易出血。这些药物的效益风险比会在一个很极端的范围内变化，要么非常有利（对于那些因心脏病发作而插入了心血管支架的患者），要么非常不利（对于那些即将接受大手术的患者）。在未来，如果正在进行中的研究可以找到其他药物能够抑制过度的、不需要的凝血，同时又不会增加严重出血的风险，那么抗凝血药物的效益风险比将偏向效益。[65]

能够从抗凝血药物中受益的人群占总人口的比例之高，引出了另一个问题：如果心脏病和中风是当今引起死亡的两大主因，而血液稀释剂，比如阿司匹林，能够降低人们患上它们的风险，那么是不是我们中的更多人都应该服用阿司匹林或某种血液稀释剂——也许不包括那些即将要进行手术的人？至少现在，答案是否定的。严谨的科学研究曾评估过每天服用阿司匹林对没有患上冠心病或中风的人是否有益。[66]这些研究表明，阿司匹林的确能降低患心脏病的风险，但它的副作用——出血，尤其是肠道出血——抵消了它能带来的大多数好处，或者有时远远大于它所带来的所有益处。但对于心脏病发作风险高但出血风险低的人，阿司匹林值得推荐使用。对其他健康的中年男性来说，每天服用婴儿用阿司匹林是一件悬而未决的事——尽管有几项大规模的研究，但其证据却并不足以给出推荐或不推荐的理由。对于患心脏病风险较低的人，或者有高出血风险的中年人和老年人，一般不推荐每日服用阿司匹林。

依据出血的风险，你会认为像阿司匹林这样的药物对于我们终极的出血凝血挑战——分娩特别危险。事实上，医生一般不会推荐孕妇使用阿司匹林。但是，在孕妇怀孕三个月后，如果她有出现子痫前期——其特点是严重的高血压——的风险，那么在密切的医学监督下，她可以服用婴儿用阿司匹林。[67]看看自旧石器时代起，发生了多大的变化啊！

对于冠状动脉疾病，动脉粥样硬化脂肪斑块的破裂是刺激血栓形成的突发事件，任何能减少导致动脉粥样硬化的脂肪沉积的方法，也能减少脂肪斑块破裂和随后发生凝血的可能性。正如我们在第五章所讨论的，减少脂肪斑块的最好方法是降低低密度脂蛋白胆固醇的水平。尽管运动和控制饮食可以使低密度脂蛋白胆固醇水平平均降低 10%~20%，但要达到降低 25%或更显著的效果，最好还是通过药物，主要是他汀类药物（见第五章）来实现。这就是为什么大量使用他汀类药物会被推荐给所有已患上冠状动脉疾病或动脉粥样硬化，以至于为大脑或四肢供血的动脉变窄的患者。他汀类药物也被广泛推荐给其他低密度脂蛋白胆固醇水平升高的人群，特别是如果他们还有其他危险因素——比如高血压、糖尿病、吸烟、男性、超过 50 岁。[68]

这些一般性建议提出了两个问题：第一个问题是，那些已经患上了心脏病或有极高患心脏病风险的人能够通过遵循极端严格的饮食——比如像比尔·克林顿那样成为素食主义者——避免使用他汀类药物吗，尤其是在他们还能同时提高运动量的情况下；另一个问题是，假如他汀类药物能很好地降低形成动脉粥样硬化斑块的风险，那么为什么不让每个人都使用它呢？

对于第一个问题——高危人群能不使用他汀类药物吗？答案几乎总是否定的。在第七章中我已经指出过，我们大多数人没办法靠遵循食谱成功减重并且不反弹，更别说终生成为一名素食者了。

对于第二个问题——我们都应该服用他汀类药物吗——更难回答。他汀类药物已被证明可以降低心脏病发作的风险，即使是在具有一般风险的美国人身上，在至少五到十年内也很少导致严重的副作用。尽管有些人会肌肉酸痛、身体疼痛，然而这些症状只比服用安慰剂的病人稍微频繁一些。大多数专家认为，基于两个原因，目前建议所有美国成年人服用他汀类药物还为时过早：首先，我们仍然不能肯定在长达几十年的时间里有什么副作用；其次，他汀类药物能迅速降低胆固醇水平，因此迟些时候，当人们处于相对较高的风险中时再使用它们，而不是现在就使用它们然后在低风险的几十年时间里受到它们带来的副作用的威胁，才能让它们的效用最大化。

虽然他汀类药物是目前口服降低胆固醇药物中可用的最有效的类型，但温和剂量的他汀类药物仅能降低约 25% 的低密度脂蛋白胆固醇水平，甚至最高剂量的他汀类药物，也只能降低约 40% 的低密度脂蛋白胆固醇水平。尽管这样的减少量足以降低我们心脏病发作的风险，但我们已经能够做得更好了。有一种能够让 NPC1L1 基因失活的突变——每 650 人中就约有 1 人携带有这种突变——可以降低饮食中胆固醇的吸收量，从而降低心脏病发病率。药物依泽替米贝（品牌名艾泽庭）能抑制该基因制造的蛋白质的活性，当它与其他他汀类药物联合使用时（联合用药品牌名为维多灵），能够进一步降低患心脏病的风险。[69] 虽然这两种药物通常能使低密度脂蛋白胆固醇水平降 50%，但如果将它降到可以让我们完全不用担心心脏病发作的水平，那不是更好吗？

实现这样的可能性也许并不那么遥远。早在 1999 年，研究人员海伦 · 霍布斯（Helen Hobbs）、乔纳森 · 柯恩（Jonathan Cohen），以及罗纳德·维克多（Ronald Victor）就开始了达拉斯心脏研究，这是一项基于人群的对心脏病危险因素和结果的研究，该研究登记了约3500名得克萨斯州达拉斯县居民，其中大约一半是非裔美国人，他们筛选出了低密度脂蛋白胆固醇水平极高或极低的人。研究表明，这些人身上的特例是一种之前被低估的基因——PCSK9上的突变造成的。在那些突变导致了其中一个PCSK9基因失活的人身上——在这项研究中为约2%的非裔美国人和约3%的白人，低密度脂蛋白胆固醇水平很低——比非裔美国人低了40%，比白人低了15%。[70] 相应地，这两类人患心脏病的风险分别减少了88%和47%。就在那时，研究者发现了一名非裔美国妇女，她有一对PCSK9都失活了，因此其低密度脂蛋白胆固醇水平只有14——比旧石器时代的水平还低！研究者随后对这名妇女进行了详细的检查，以便了解这一双重突变是否引起了什么副作用，但到目前为止，他们完全没有发现这位健康活泼的两个孩子的母亲身上有其他异常情况。

不出所料，阻断PCSK9活性的药物被研发了出来。在早期试验中，为患者每月进行皮下注射抑制它功效的抗体，能够降低60%左右的低密度脂蛋白胆固醇水平，而当这种注射抗体与诸如他汀以及依泽替米贝等口服药物联合起来使用时，低密度脂蛋白水平可以降到低至25——接近那位达拉斯妇女的天然水平了。到目前为止，这些药物都很安全，但要确保它们没有长期的副作用，还需要时间。

另一个关于能够让基因失活的异常突变的现代好处的例子是关于载脂蛋白C3（APOC3）的：APOC3能够参与甘油三酯的生成，尤其是在我们进食以后。在形成动脉粥样硬化斑块及随后诱发心脏病和中风的过程中，血液中甘油三酯的水平似乎并不如低密度脂蛋白胆固醇水平那么重要，一些研究甚至表明它根本就无关痛痒。然而，正如第五章所指出的那样，运载甘油三酯的蛋白质中也含有胆固醇，它在运载完甘油三酯后，大部分都变成了低密度脂蛋白胆固醇。减少APOC3的数量，似乎能让被吸收的甘油三酯的代谢变得更快更有效，相应地也更多地清除了运载它们的、装载有胆固醇的蛋白质。

事实上，在150人中，或许就有1人拥有能够失活一个APOC3基因的突变。在这些人身上，血脂水平降低了约45%，心脏病发作的风险也相应降低了。在那些拥有一对APOC3基因突变的小鼠身上，胆固醇水平甚至更低，并且没有任何证据显示其会有不利影响。[71] 但我们还不知道在人身上，一对基因失活是否是安全的，甚至是更有益的。

这些异常的突变再一次显示了未来治疗方法的潜在好处，这些治疗方法或许能够让一种常见的基因沉寂下来，虽然这种基因可能帮助我们的祖先获得了他们所需要的营养，但如今我们却不再需要它。而减少APOC3的药物目前正在研发中。

但是，现在就认定当前或未来用来降低胆固醇水平或抑制凝血的药物能够完全治愈心脏病和中风还为时过早。然而，现有的药物已经大大降低了心脏病发作和中风的风险，而新的选择无疑将带来更多的好处。如果光靠药物还不够，那么我们还可以用支架和心脏搭桥手术来治疗冠状动脉疾病，就如同比尔·克林顿的情况那样。

通过观察近代的美国总统，我们对成功治疗和预防心脏病和中风的进程可见一斑。1945 年，罗斯福 63 岁时死于未经治疗的高血压引起的中风。1955 年，艾森 · 豪威尔在 65 岁的时候心脏病发作，按当时的标准入院 7 周接受治疗。同年，参议员林登 · 约翰逊在 46 岁时心脏病发作，差点丧命。时间快进到 2013 年，67 岁的小布什因为危险的心脏压力测试而在身体里放置了一个心血管支架。为了证明我们已经理所当然地接受了这些疗法，当 65 岁的总统候选人米特 · 罗姆尼（Mitt Romney）在 2012 的大选中透露自己每天都要服用低剂量的阿司匹林和他汀类药物时，没人会多想什么。[72]

技术前沿

与自然选择的速度相比，有一种潜在的方法可以让我们基因改变的速度变得更快，那就是基因治疗。[73] 在基因治疗中，负责编码患者身体里一种缺失的重要蛋白质的基因，会被附着在所谓的基因载体上，该载体会将这一基因运送到我们的DNA 中，如果运气好的话，它会被整合进我们的基因组中，从而生产出患者体内缺失的或功能障碍的蛋白质。基因疗法已被实验性地用于治疗由单一基因缺失或功能障碍引起的各种先天性疾病。

然而，尽管个别患者偶尔取得了成功，但目前基因治疗只被批准——并且只在欧洲——用于治疗一种疾病，即代谢脂肪所需的脂蛋白脂酶基因上的一种罕见突变。最常见的基因载体是病毒，它们会将自己的DNA 注入我们的细胞中，这是它们感染过程的一个重要步骤。但我们的自然防御机制会试图抵抗或排除这种感染，因此使得长期基因导入困难重重。但是，偶尔的成功提高了这些障碍能够被克服的诱人可能性。

还有一种纠正突变的潜在方法，那就是改变或修复我们的DNA。如果我们的DNA依然保有着不利的突变，我们甚至还可以去修复它产生的RNA。例如，编辑并纠正导致肌肉萎缩症——一种以肌肉无力和过早死亡为特点的遗传病——的基因，在老鼠的全能胚胎细胞中已经成功实现。理论上，这种技术也可以用来删除我们不需要或不再想要的基因——比如PCSK9 基因。然而，在人类身上，人们担心这种基因编辑的精确性，以及其无意中可能造成伤害的风险。因此，科学家们呼吁要谨慎监督和管理这项技术。

第三种选择是找到一种方法制造出可以改变基因功能的特定表观遗传变异。[74] 我们的 2.1 万个蛋白质编码基因受到了超过 25 万个调节子（regulators）的影响，其中一些调节子在同一条染色体上距离这些编码基因很近。如果受这些调节子影响形成的RNA能够选择性地增强或失活，我们就能更好地改变我们的生理习性。例如，我们知道，婴儿的食物偏好会受到其在子宫内经历的影响。在一个实验中，那些在怀孕后期吃了大蒜胶囊的母亲，会生下喜欢咖喱味牛奶的婴儿，而这种味道其他婴儿却不怎么喜欢。[75] 同样，对香草、酒精和薄荷糖的偏好也可以通过诱导生成。我们不知道这些偏好是终生的还是短暂的，但它们确实显示了早期培养引起的表观遗传变异的潜在作用。而科学家们已经开始进行人体试验，以确定能否通过抑制其活性的药物让导致疾病的突变RNA失活。[76]

到目前为止，基因治疗、DNA或RNA修复以及表观遗传学操作都主要集中在导入或模仿单个缺失的或功能障碍的基因的功能上。[77] 如果我们希望通过运用这些方法去改变几乎全人类的基因组、表观基因组或复杂的行为，以此来对抗肥胖、糖尿病、血压高、抑郁、焦虑，以及心脏病的盛行，将会是更大的挑战。

但是科学家如今正将目光从试图修复罕见的有害突变移开，转而将视野扩展到诸如试图模仿罕见的有益突变等方法上。我们或许能够失活或删除我们不再需要的基因，而不是导入某些我们基因中缺失的东西。低密度脂蛋白胆固醇水平为 14 的达拉斯患者，以及蒂莫西 · 雷 · 布朗（第一章讨论的艾滋病患者）就适用这种医疗模式。在未来，我们可能会将重点转移到让一个（比如APOC3 和SLC30A8 的例子）或一对（比如PCSK9 的例子，以及同样在第一章讨论过的CCR5 的例子——它能控制大多数HIV进入我们的细胞）几乎我们所有人都有的基因失活的方法上。[78] 换句话说，在改善我们的健康这件事上，通过抑制我们不再需要的基因功能，可以达到和尝试添加一些我们没有的新基因功能相同的效果。[79]

阻断PCSK9 的药物可能很快就能被FDA批准，阻断APOC3 和SLC30A8 的药物也已经在测试中了。能够部分阻断CCR5 的药物马拉维若（Maraviroc），则已经被FDA批准，尽管在大多数HIV感染者身上，它的效果还没有强烈到充分增强其他抗转录病毒药的疗效。但初步的实验数据表明，它或许能移出病人的T淋巴细胞，并能在实验室里让正常的CCR5 基因失活，科学家将这些被移出来的T淋巴细胞与失去活性的基因再注射回病人体内——结果显示，血液中的HIV含量明显减少，甚至被消除。还有一种已在猴子身上测试过的、令人兴奋的可能性，即研发出一种能够同时阻断CCR5和HIV另一个结合位点的抗体，从而完全阻止HIV向未感染的人或细胞传播。

利用一种叫作Cas9的细菌蛋白，我们很快就可以激活、停用，甚至改变基因。这种蛋白质会与RNA关联，追踪到一段特定的DNA序列，然后我们便可以用基因组微型手术的方式将其剪掉。这种方法——已经实验性地在培养皿中用来停用、增强或改变活老鼠甚至是人类细胞中的特定基因——增加了一种新的基因治疗方法的可能性。另一种潜在的方法是让DNA形成RNA，然后改变随后RNA形成蛋白质的方式。[80] 与此同时，即使不能使基因失活或改变它们制造出的RNA，我们仍然有许多有效的药物可以阻断或增强它们生成的蛋白质的效果。

未来可能带来什么

在现代生物学和医学上，最让人激动的一件事就是我们即将拥抱一个个性化健康的时代。随着我们有能力对我们的整个基因组进行排序，能够测量各种生物标记，还可以随意使用现代影像技术，我们将越来越了解我们未来可能患上各种潜在疾病的风险。这些信息将可以使筛选测验运用得更恰当，还对最佳治疗方案的选择有指导作用，并让我们对自己的预测有一个准确的估计。但我们也仍然需要用到大规模的随机试验，因为通常来说，这些试验可以判定对于普通人，什么才是最好的。但这些大规模的试验将被辅以更加有针对性的研究，以确定某种事物对于和你有着一样特定遗传倾向性的人——或者甚至就针对你一个个体——来说是好是坏。

试想一下医学将发生怎样的改变吧！现在，可用来治疗肥胖症的药物还有许多有待改进的地方，我们可能永远也找不到一种对每个人都有效的药物。尽管有几款药物都可以治疗高血压、抑郁和焦虑，但没有一种药物每次都能成功。为了防止凝血过度，我们有有效的药物，但我们希望能够更好地预测每个个体所需使用的最佳药物及剂量，以最大限度地提高效益与风险比。

然而，在未来，关于一种药物的选择及其推荐的使用剂量，将不再由大量人群的平均数据或基于个人的试错法来决定，而是根据该个体个人特征的特定信息——比如他或她的基因、生物标记和成像结果——来决定。因此，我们将能够得到最适合我们的药物（以及剂量）或其他治疗方式。我们所获得的利益被最大限度地提高了，同时潜在的风险被最大限度地降低了。目前，在多种癌症的治疗方面。医生已开始采取这种方式，他们会选择一种最好的、有针对性的、该病人专用的药物来治疗。在未来，这一方法无疑会变得越来越普遍。[81]

这一精准医疗新时代的来临，也标志着我们对医疗和医学的思考方式将发生巨大的转变。当医疗保险第一次被设立时，它的目的是帮助那些已经患病的人支付治疗费用。如今，医疗保险覆盖的范围越来越大，它还包含各种预防、筛选检查，以及诊断试验。当基因组可以被分析研究，医疗保险甚至可以在受保人出生前就投保，比人们处于患病的高风险期或已经开始出现明显的疾病症状再投保要早得多。我们努力的方向将从二级预防（预防某种疾病的复发或已患上某种疾病的人身上正在进行中的病变），甚至是从初级预防（预防某种症状或疾病的首次发作），转移到零级预防上，即在人们具有患上一种疾病的重大风险以前，就逆转这些危险因子。

按照精准医学的定义，因为一切问题都可以通过停用或导入一个基因，或是阻断或增加它生成的蛋白质来解决，那么，这是否意味着良好的行为将变得不重要了呢？答案当然是否定的。健康的习惯永远都比不健康的习惯要好得多。

第一，良好的饮食习惯对我们的胃肠道系统和肝脏有好处，而除了糖尿病和心脏病，肥胖还会给身体造成其他不好的影响——比如关节炎和肝脏问题。第二，锻炼对肌肉质量、柔韧性、耐力、幸福感，甚至记忆力都有许多益处，尤其随着我们年龄的增长。第三，按自然的方式行事总是要比依赖药物好。第四，我们研究出完美的药物或是基因组微型手术，能够优化我们的DNA，让我们的生活高枕无忧的可能性微乎其微。

在这里，我要讲清楚，我并不是在介绍或预言一个懒惰以及暴饮暴食应该被无视或奖励的世界。但是，我们越来越清楚，我们的许多疾病并不是由个人的暴饮暴食、懒惰或心理上的弱点导致的，而是与我们的基因倾向有关。对于它，尽管我们常有一些掌控权，但却没有完全支配权。基于这个事实，我们应该意识到，有时，即使是我们中最杰出的人也不能够仅仅通过提升自己的表现来克服自身的基因。作为一个社会人，我们应该减少对他人的指责，对自己也不要时常那么挑剔。我们不想用医学方法来处理每一个小的缺陷，但我们也不想因为未能好好利用那些能够抵消或逆转我们遗传或行为局限性的医疗方法而受罪。

但我也不提倡一个勇敢的新世界，在这个世界里，医生会给我们开出一堆不必要的药物。但是请记住，大约 50% 的美国人，包括 90% 的 65 岁以上的人，在给定的 30 天期限里服用了处方药。我们的目标不是让所有人都变成依赖药物的行尸走肉，而是提倡明智地运用当前以及未来的令人兴奋的疗法，来帮助我们改变自己的生理习性。

在这样一个时代，食品和盐供过于求，我们需要进行的体力活动越来越少，焦虑和抑郁随处可见，我们的身体又凝血太过，药物将成为弥补这些不良反应的日渐重要的方式。而这些不良反应，都是我们历史上的生存特性不再适合我们生活的世界所造成的结果。我们必须采用更好的方法，不仅通过更健康的饮食和增加锻炼改善我们的行为，还要通过药物和手术改善我们的生物习性。这些药物和手术要么是为了弥补我们不能快速改变基因的缺陷，要么是改变我们的基因起作用的方式。

我们面临的挑战是要使用我们的大脑来帮助我们重回轨道，正是由于它迅速地改变了我们的环境，才造成了这些问题。这并不是一件容易的事。但与在 20 万年的时间里人类成功克服的困难相比，我们的胜算很大。

致　谢

我已经尽了自己最大的努力，让《反本能生存学》在科学上足够严谨的同时又通俗易懂，并且希望能给广大读者带来愉悦的阅读体验。为了实现我的第一个目标，我有幸得到了玛丽贝尔·林（Maribel Lim）和安德森·瓦格诺斯（Andrew Vagelos）的帮助，他们帮助我检查和复核了参考文献，同时我还得到了书中涵盖的各领域专家的帮助。虽然如此，书中所有无意导致的不完美之处，责任一律由我承担，其中一些缺憾可能是不可避免的，因为进化生物学和医学科学正处于迅速变化中，在这些领域，当前的理解可以被新的知识所取代。对于我的第二个目标，我很感激伯特·埃利希（Burtt Ehrlich）、彼得·伯恩斯坦（Peter Bernstein），以及艾米·伯恩斯坦（Amy Bernstein），他们帮助我把初期的想法变成了连贯的叙述。我的孩子和他们的配偶——杰夫、阿比、丹尼尔、罗宾和托宾——为我提供了有帮助的想法，以及急需的鼓励。我的编辑特蕾西·贝哈尔（Tracy Behar），在如何为普通读者写作方面，教会了我很多之前不知道的东西。

没有哪个作者能无中生有。当我开始提炼我的想法时，通过对文献的研究，我发现了许多关于现代疾病进化基础的有趣和有益的讨论。这些资料中最重要的都在书目中列了出来；其中一些在文中明确引用并在注释中标明。本书超过 950 条引用中的每一条都为我提供了信息，我希望《反本能生存学》能成为一本更好的书。

但最重要的是，我得感谢我的妻子吉尔，她也是我最好的朋友。作为一名遗传咨询师，同时也是细心的读者，她是我非常重要的倾听者，她的反馈意见对我的两个目标都至关重要。与她的讨论成了催生本书的灵感，而她的鼓励和她恰如其分的针对性批评，让我时刻保持着专注。

注 释

前 言

1 World health rankings. Health profile: United States. http://www.worldlifeexpectancy.com/country-health-profile/united-states. Accessed 7/29/14. • Hoyert DL, Xu J. *Natl Vital Stat Rep.* 2012;61:1. • Calle EE, et al. *N Engl J Med.* 2003;348:1625. • Deep vein thrombosis (DVT) / pulmonary embo-lism (PE)—blood clot forming in a vein. http://www.cdc.gov/ncbddd/dvt/data.html. Accessed 11/8/14. • Centers for Disease Control and Prevention (CDC). *Morb Mortal Wkly Rep.* 2005;54:628. • Jaslow R. Deaths from gastroenteritis double in U.S.: What's behind rising rates? http://www.cbsnews.com/news/deaths-from-gastroenteritis-double-in-us-whats-behind-rising-rates/. Accessed 11/8/14.

2 Naghavi M, et al. *Lancet.* 2015;385:117. • Life expectancy. Global Health Observatory. World Health Organization. http://www.who.int/ gho/mortality_burden_disease/life_tables/situation_trends_text/en/. Accessed 8/14/14.

第一章 我们的身体是怎样成为现在这样的

1 Appelbaum FR. In: Goldman L, Schafer AI, eds. *Goldman-Cecil Medicine;* 2016 (see bibliography).

2 Quinn TC. In: Goldman L, Schafer AI, eds. *Goldman-Cecil Medicine;* 2016 (see bibliography).

3 Faria NR, et al. *Science.* 2014;346:56.

4 Stewart JR, Stringer CB. *Science.* 2012;335:1317.

5 Stewart JR, Stringer CB. *Science.* 2012;335:1317. Stringer C. *Lone Survivors;* 2012 (see bibliography). • Meyer M, et al. *Science.* 2012;338:222. • Lalueza-Fox C, Gilbert MT. *Curr Biol.* 2011;21:R1002. • Wil-ford JN. New fossils indicate early branching of human family tree. *New York Times*. http://nyti.ms/PFqdLj. Accessed 8/8/12. • Balter M. *Science.* 2014;345:129. • Gibbons A. *Science.* 2012;337:1028. • *Science.* 2011;334:1629. • Gibbons A. *Sci-ence.* 2012;337:635.

6 Stringer C. *Lone Survivors;* 2012 (see bibliography). • Meyer M, et al. *Science.* 2012;338:222. • Gibbons A. *Science.* 2014;343:1417. • Sankara-raman S, et al. *PLoS Genet.* 2012;8:e1002947. • Palca J. Hey good lookin': Early humans dug Neanderthals. *All Things Considered.* http://www.npr.org/templates/ story/ story.php?storyId=126553081. Accessed 11/8/14. • Green RE, et al. *Sci-ence.* 2010;328:710. • Lachance J, et al. *Cell.* 2012;150:457. • Gibbons A. *Science.* 2014;343:471. • Sankararaman S, et al. *Nature.* 2014;507:354. • Pennisi E. *Sci-ence.* 2013;340:799.

7 Stringer C. *Lone Survivors;* 2012 (see bibliography). • Meyer M, et al. *Science.* 2012;338:222. • Lalueza-Fox C, Gilbert MT. *Curr Biol.* 2011;21:R1002. • Pennisi E. *Science.* 2013;340:799. • Huerta-Sánchez E, et al. *Nature.* 2014;512:194. • Briggs AW, et al. *Science.* 2009;325:318. • Frankham R. *Annu Rev Genet.* 1995;29:305. • Palstra FP, Ruzzante DE. *Mol Ecol.* 2008;17:3428. • Waples RS. *Mol Ecol.* 2002;11:1029. • Finlayson C. *The Humans Who Went Extinct;* 2009 (see bibliography). • Mellars P, French JC. *Science.* 2011;333:623. • Higham T, et al. *Nature.* 2014;512:306.

8 Korf BR. In: Goldman L, Schafer AI, eds. *Goldman-Cecil Medicine;* 2016 (see bibliography). • *Science.* 2012;338:1528. • Pennisi E. *Science.* 2012;337:1159.

9 Korf BR. In: Goldman L, Schafer AI, eds. *Goldman-Cecil Medi-cine;* 2016 (see bibliography). • Abecasis GR, et al. *Nature.* 2010;467:1061. • Roach JC, et al. *Science.* 2010;328:636.

10 Relethford J. *Human Population Genetics;* 2012 (see biblio-graphy). • Singham M. Evolution-14: How a single mutation spreads everywhere. http://blog.

case.edu/singham/2007/07/25/evolution14_how_a_single_mutation_spreads_everywhere. Accessed 9/14/13.

11 Elder CJ, Bishop NJ. *Lancet.* 2014;383:1665. • Schmid A, Wal-ther B. *Adv Nutr.* 2013;4:453. • Garg M, et al. *Aliment Pharmacol Ther.* 2012;36:324. • Mason JB. In: Goldman L, Schafer AI, eds. *Goldman-Cecil Medi-cine;* 2016 (see bibliography).

12 Holick MF. *Am J Clin Nutr.* 1995;61:638S. • Hess A, Unger L. *JAMA.* 1921;77:39.

13 Afzal S, et al. *BMJ.* 2014;349:g6330. • Ginde AA, et al. *Arch Intern Med.* 2009;169:626.

14 Holick MF. *Am J Clin Nutr.* 1995;61:638S. • Beleza S, et al. *Mol Biol Evol.* 2013;30:24. • Norton HL, et al. *Mol Biol Evol.* 2007;24:710. • Lamason RL, et al. *Science.* 2005;310:1782. • Hider JL, et al. *BMC Evol Biol.* 2013;13:150.

15 Holick MF. *Am J Clin Nutr.* 1995;61:638S.

16 Thomson ML. *J Physiol.* 1951;112:31. • Thomson ML. *J Physiol.* 1951;112:22. • Costin GE, Hearing VJ. *FASEB J.* 2007;21:976.

17 Osborne DL, Hames R. *Am J Phys Anthropol.* 2014;153:1.

18 Jablonski NG, Chaplin G. *Proc Natl Acad Sci U S A.* 2010;107:8962. • Fukuwatari T, et al. *Biosci Biotechnol Biochem.* 2009;73:322. • Moan J, et al. *FASEB J.* 2012;26:971. • Jablonski NG, Chaplin G. *J Hum Evol.* 2000;39:57.

19 Relethford J. *Human Population Genetics;* 2012 (see bibliography). • Jablonski NG, Chaplin G. *Proc Natl Acad Sci U S A.* 2010;107:8962. Relethford JH. *Am J Phys Anthropol.* 1997;104:449.

20 Reich D, et al. *Nature.* 2009;461:489.

21 Andersen S, et al. *Br J Nutr.* 2013;110:50. • Allen J. Ultraviolet radiation: how it affects life on Earth. The Earth Observatory. NASA's Earth Observing System, Project Science Office. NASA, 2001. http:// earthobservatory.nasa.gov/Features/UVB/printall.php. Accessed 11/24/14.

22 Relethford J. *Human Population Genetics;* 2012 (see bibliography). • Lalueza-Fox C, et al. *Science.* 2007;318:1453.

23 Gerbault P, et al. *Philos Trans R Soc Lond B Biol Sci.* 2011;366:863.

24 Tishkoff SA, et al. *Nat Genet.* 2007;39:31.

25 Tishkoff SA, et al. *Nat Genet.* 2007;39:31. • Wiley AS. In: Trevathan W, et al, eds. *Evolutionary Medicine and Health;* 2008 (see bibliography). • Cooper MO, Spillman WJ. Human food from an acre of staple farm products. Farmer's Bulletin 877. Washington, DC: United States Depart-ment of Agriculture; 1917. • Cochran G, Harpending H. *The 10,000 Year Explo-sion*: *How Civilization Accelerated Human Evolution*. New York: Basic Books; 2009. • Fix AG. *Migration and Colonization in Human Microevolution*. Cambridge, UK: Cambridge University Press; 1999. • Curry A. *Nature.* 2013;500:20.

26 Peeples L. Did lactose tolerance first evolve in central, rather than northern Europe? http://www.scientificamerican.com/ article/lactose-toleraence. Accessed 4/2/13. • Itan Y, et al. *PLoS Comput Biol.* 2009;5:e1000491. • Check E. *Nature.* 2006;444:994. • Mattar R, et al. *Clin Exp Gastroenterol.* 2012;5:113. • Dunne J, et al. *Nature.* 2012;486:390. • Peng MS, et al. *J Hum Genet.* 2012;57:394. • Xu L, et al. *Scand J Gastroenterol.* 2010;45:168.

27 Gerbault P, et al. *Philos Trans R Soc Lond B Biol Sci.* 2011;366:863.

28 Vuorisalo T, et al. *Perspect Biol Med.* 2012;55:163. • Gallego Romero I, et al. *Mol Biol Evol.* 2012;29:249.

29 Blankson JN, Siliciano RF. In: Goldman L, Schafer AI, eds. *Goldman-Cecil Medicine;* 2016 (see bibliography).

30 What is the HIV+ long-term non-progressor study? National Institute of Allergy and Infectious Diseases. http://www.niaid.nih.gov/volunteer/hivlongterm/pages/default.aspx. Accessed 4/4/13. • Cohen J. *Science.* 2013;339:1134.

31 Huang Y, et al. *Nat Med.* 1996;2:1240. • Elahi S, et al. *Nat Med.* 2011;17:989. • Tremblay C, et al. *Can J Infect Dis Med Microbiol.* 2013;24:202. • McGowan

JP, Shah S. Understanding HIV tropism. Physicians' Research Net-work, 2010. http://www.prn.org/index.php/management/article/hiv_tropism_1002. Accessed 11/17/14. • Galvani AP, Novembre J. *Microbes and infection / Institut Pasteur.* 2005;7:302. • Martinson JJ, et al. *Nat Genet.* 1997;16:100. • Ion-nidis JP, et al. *Ann Intern Med.* 2001;135:782.

32 Appelbaum FR. In: Goldman L, Schafer AI, eds. *Goldman-Cecil Medicine;* 2016 (see bibliography). • Hutter G, et al. *N Engl J Med.* 2009;360:692. • Pollack A, McNeil DG Jr. In medical first, a baby with H.I.V. is deemed cured. *New York Times.* http://nyti.ms/186ERfp. Accessed 3/3/13. • Cohen J. *Science* 2013;339:1134. • Toddler "functionally cured" of HIV infection, NIH-supported investigators report. National Institute of Allergy and Infectious Diseases. http://www.niaid.nih.gov/news/newsreleases/2013/Pages/toddler functionallycured.aspx. Accessed 8/12/14. • McNeil DG Jr. Marrow transplants fail to cure two H.I.V. patients. *New York Times.* http://nyti.ms/1gM4EsS. Accessed 8/12/14.

33 Tremblay C, et al. *Can J Infect Dis Med Microbiol.* 2013;24:202. • Wasmuth JC, et al. *Expert Opin Drug Saf.* 2012;11:161. • Clapham PR, McKnight A. *Br Med Bull.* 2001;58:43.

34 Faure E, Royer-Carenzi M. *Infect Genet Evol.* 2008;8:864.

35 Galvani AP, Slatkin M. *Proc Natl Acad Sci U S A.* 2003;100:15276. • Amsellem V, et al. *Circulation.* 2014;130:880.

36 Anthony SJ, et al. *MBio.* 2013;4. • Bausch DG. In: Goldman L, Schafer AI, eds. *Goldman-Cecil Medicine;* 2016 (see bibliography).

37 Lim JK, et al. *J Infect Dis.* 2010;201:178.

38 Hirst KK. Animal domestication table of dates and places. http://archaeology.about.com/od/dterms/a/domestication.htm. Accessed 8/12/14. • Buchanan C. *Mixed Blessing: The Motor in Britain.* London: L. Hill; 1958.

39 Bloom DE. *Science.* 2011;333:562. • Wang H, et al. *Lancet.* 2014;384:957. • Naghavi M, et al. *Lancet.* 2015;385:117. • Riley JC. *Popul Dev Rev.* 2005;31:537.

• The World Factbook. Country comparison: life expec-tancy at birth. Central Intelligence Agency. https://www.cia.gov/library/ publications/the-world-factbook/rankorder/2102rank.html. Accessed 8/12/14. • Roberts L. *Science.* 2011;333:540.

第二章　饥饿、食物与肥胖症、糖尿病在现代的流行

1 Hrdlicka A. Physiological and medical observations among the Indians of southwestern United States and northern Mexico. Washington, DC: Government Printing Office; 1908. • Joslin EP. *JAMA.* 1940;115:2033. • Parks JH, Waskow E. *Ariz Med.* 1961;18:99. • Bennett PH. *Nutr Rev.* 1999;57:S51. • Bennett PH, et al. *Lancet.* 1971;2:125.

2 Global Burden of Disease Study 2013 Collaborators. *Lancet.* 2015;386:743.

3 Johnstone AM, et al. *Am J Clin Nutr.* 2005;82:941. • Mif-flin MD, et al. *Am J Clin Nutr.* 1990;51:241. • Frankenfield DC. *Clin Nutr.* 2013;32:976. • Clugston G, et al. *Eur J Clin Nutr.* 1996;50 Suppl 1:S193. • Leon-ard WR. In: Stearns SC, Koella JC, eds. *Evolution in Health and Disease;* 2008 (see bibliography).

4 Leonard WR. In: Stearns SC, Koella JC, eds. *Evolution in Health and Disease;* 2008 (see bibliography). • Balke B, Snow C. *Am J Phys Anthropol.* 1965;23:293. • Groom D. *Am Heart J.* 1971;81:304. • Hawkes K, et al. *Am Ethnol.* 1982;9:379. • Pontzer H, et al. *PLoS One.* 2012;7:e40503.

5 Ambrose SE. *Undaunted Courage: Meriwether Lewis, Thomas Jefferson, and the Opening of the American West.* New York: Simon and Schuster; 1996. • Lewis M, et al. *The Journals of the Lewis and Clark Expedition.* Lincoln: Uni-versity of Nebraska Press; 1983.

6 Calories burned during exercise, activities, sports and work. NutriStrategy. http://www.nutristrategy.com/caloriesburned.htm. Accessed 3/11/13.

7 Eaton SB, Konner M. *N Engl J Med.* 1985;312:283. • Milton K. *Am J Clin Nutr.* 2000;71:665. • Cordain L, et al. *Am J Clin Nutr.* 2000;71:682.

8 Dwyer PD, Minnegal M. *Hum Ecol.* 1991;19:187.

9 Draper HH. *Am Anthropol.* 1977;79:309.

10 Eaton SB, et al. *Am J Med.* 1988;84:739. • Cordain L, et al. *Eur J Clin Nutr.* 2002;56 Suppl 1:S42.

11 Ungar PS, Sponheimer M. *Science.* 2011;334:190.

12 Mason JB. In: Goldman L, Schafer AI, eds. *Goldman-Cecil Medicine;* 2016 (see bibliography).

13 O'Dea K. *Philos Trans R Soc Lond B Biol Sci.*1991;334:233.

14 McClellan WS, Du Bois EF. *J Biol Chem.* 1930;87:651.

15 Lieberman LS. In: Trevathan W, et al, eds. *Evolutionary Medicine and Health;* 2008 (see bibliography).

16 Jensen MD. In: Goldman L, Schafer AI, eds. *Goldman-Cecil Medicine;* 2016 (see bibliography).

17 Chaudhari N, Roper SD. *J Cell Biol.* 2010;190:285. • Stice E, et al. *Am J Clin Nutr.* 2013;98:1377.

18 Yarmolinsky DA, et al. *Cell.* 2009;139:234.

19 Oka Y, et al. *Nature.* 2013;494:472.

20 Feeney E, et al. *Proc Nutr Soc.* 2011;70:135.

21 Behrens M, et al. *Angew Chem Int ed Engl.* 2011;50:2220.

22 Chandrashekar J, et al. *Science.* 2009;326:443.

23 Kupferschmidt K. *Science.* 2013;340:808. • Rolls ET. Int *J Obes.* 2011;35:550.

24 Hofmann W, et al. *Psychol Bull.* 2010;136:390. • De Houwer J, et al. *Psychol Bull.* 2001;127:853. • King BM. *Am Psychol.* 2013;68:88.

25 Behrens M, et al. *Angew Chem Int ed Engl.* 2011;50:2220.

26 King BM. *Am Psychol.* 2013;68:88.

27 Kahn BE, Wansink B. *J Consum Res.* 2004;30:519.

28 O'Dea K. *Diabetes.* 1984;33:596. • Shintani TT, et al. Hawaii *Med J.* 2001;60:69.

29 Beresford D. *Ten Men Dead: The Story of the 1981 Irish Hunger Strike.* London:

Grafton; 1987.

30 Stewart WK, Fleming LW. *Postgrad Med J.*1973;49:203.

31 Diamond JM. *Guns, Germs, and Steel: The Fates of Human Societies*. New York: W. W. Norton & Company; 1997. • Zeder MA. *Proc Natl Acad Sci U S A.* 2008;105:11597. • Farb P, Armelagos GJ. *The Anthropology of Eating*. Boston: Houghton Mifflin; 1980.

32 Farb P, Armelagos GJ. *Consuming Passions: The Anthropology of Eating.* Boston: Houghton Mifflin; 1980.

33 Hill KR, et al. *Science.* 2011;331:1286. • Hamilton MJ, et al. *Proc Biol Sci.* 2007;274:2195. • Dyble M, et al. *Science.* 2015;348:796.

34 Keneally T. *Three Famines: Starvation and Politics*. New York: PublicAffairs; 2011. • Miller I. *Med Hist.* 2012;56:444.

35 Olver L. Food timeline. http://www.foodtimeline.org/foodfaq7.html. Accessed 12/23/11.

36 ChurchTS, et al. *PLoS One.* 2011;6:e19657. • Ministry of Agriculture, Fisheries and Food, London (GB). National Food Survey Committee. *Household Food Consumption and Expenditure 1990: With a Study of Trends Over the Period 1940–1990.* London: Her Majesty's Stationery Office; 1991.

37 Lettre G. *Hum Genet.* 2011;129:465. • McQuillan R, et al. *PLoS Genet.* 2012;8:e1002655.

38 Hermanussen M. *Hormones (Athens).* 2003;2:175.

39 Lachance J, et al. *Cell.* 2012;150:457. • Migliano AB, et al. *Proc Natl Acad Sci U S A.* 2007;104:20216.

40 Formicola V, Giannecchini M. *J Hum Evol.* 1999;36:319.

41 Steckel RH. *Soc Sci Hist.* 2004;28:211.

42 Max A. Dutch reach new heights. *USA Today.* http:// usatoday30.usatoday.com/news/offbeat/2006-09-16-dutch-tall_x.htm. Accessed 3/13/13.

43 Haslam D. *Obes Rev.* 2007;8 Suppl 1:31.

44 DeGregorio WA. *The Complete Book of U.S. Presidents*. 4th ed. New York: Barricade Books; 1993.

45 Langfield A. Bus drivers top obese workers list; doctors tip lighter. *USA Today*. http://usat.ly/12E6tSk. Accessed 5/21/13.

46 Ogden CL, et al. *NCHS Data Brief*. 2010;51:1. • Eknoyan G. *Adv Chronic Kidney Dis*. 2006;13:421.• Levine JA. *Diabetes*. 2011;60:2667.

47 Swinburn BA, et al. *Lancet*. 2011;378:804. • Hall KD, et al. *PLoS One*. 2009;4:e7940.

48 Malthus TR. *An Essay on the Principle of Population*. London: J. Johnson, in St. Paul's Church-yard; 1798. • Mayhew RJ. *Malthus*: *The Life and Legacies of an Untimely Prophet*. Cambridge, MA: The Belknap Press/Harvard University Press; 2014.

49 About BMI for adults. Centers for Disease Control and Prevention, 2011. http://www.cdc.gov/healthyweight/assessing/bmi/adult_bmi/. Accessed 12/28/12.

50 Hill JO, et al. *Circulation*. 2012;126:126. • Hall KD, et al. *Lancet*. 2011;378:826. • Hall KD, et al. *Am J Clin Nutr*. 2012;95:989.

51 Bouchard C, et al. *N Engl J Med*. 1990;322:1477.

52 Sumithran P, et al. *N Engl J Med*. 2011;365:1597. • Hill JO, et al. *Circulation*. 2012;126:126.

53 Mayer J, et al. *Am J Clin Nutr*. 1956;4:169.

54 Hill JO, et al. *Circulation*. 2012;126:126. • Hill JO, Wyatt HR. *J Appl Physiol*. 2005;99:765.

55 Hall KD, et al. *Am J Clin Nutr*. 2012;95:989.

56 Adult obesity. Obesity rises among adults. Cen-ters for Disease Control and Prevention, 2010. http://www.cdc.gov/vitalsigns/ adultobesity/index.html. Accessed 2/2/15. • The cost of diabetes. American Dia-betes Association, 2013. http://www.diabetes.org/advocacy/news-events/cost-of-diabetes.html. Accessed 2/2/15. • American Diabetes Association. *Diabetes Care*. 2013;36:1033.

57 Ahima RS, Lazar MA. *Science.* 2013;341:856. • Berrington de Gonzalez A, et al. *N Engl J Med.* 2010;363:2211. • Flegal KM, et al. *JAMA.* 2013;309:71. • Lavie CJ, et al. *J Am Coll Cardiol.* 2014;63:1345.

58 Masters RK, et al. *Am J Public Health.* 2013;103:1895.

59 Centers for Disease Control and Prevention. National dia-betes fact sheet, 2011. http://www.cdc.gov/diabetes/pubs/pdf/ndfs_2011.pdf. Accessed 2/2/15. • Crandall J, Shamoon H. In: Goldman L, Schafer AI, eds. *Goldman-Cecil Medicine;* 2016 (see bibliography). • Wild S, et al. *Diabetes Care.* 2004;27:1047. • Diabetes prevalence —country rankings 2010. http://www.all countries.org/ranks/diabetes_prevalence_country_ranks.html. Accessed 5/3/13. • Honeycutt AA, et al. *Health Care Manag Sci.* 2003;6:155.

60 Narayan KM, et al. *JAMA.* 2003;290:1884. • Eeg-Olofsson K, et al. *Diabetologia.* 2009;52:65.

61 Hanson RL, et al. *Diabetes.* 2013;62:2984. • Williams RC, et al. *Diabetologia.* 2011;54:1684. • Ali O. *World J Diabetes.* 2013;4:114. • Parks BW, et al. *Cell Metab.* 2015;21:334. • Keramati AR, et al. *N Engl J Med.* 2014;370:1909.

62 DeMouy J. The Pima Indians: Pathfinders for health. National Institute of Diabetes and Digestive and Kidney Diseases. http://diabetes.niddk.nih.gov/dm/pubs/pima/pathfind/pathfind.htm. Accessed 10/15/12.

63 Hesse FG. *J Am Med Assoc.* 1959;170:1789. • Reid JM, et al. *Am J Clin Nutr.* 1971;24:1281. • Valencia ME, et al. *Nutr Rev.* 1999;57:S55.

64 Hales CN, Barker DJ. *Br Med Bull.* 2001;60:5.

65 Neel JV. *Am J Hum Genet.* 1962;14:353.

66 Frayling TM, et al. *Science.* 2007;316:889. • Samaan Z, et al. *Mol Psychiatry.* 2013;18:1281.

67 Traurig M, et al. *Diabetes.* 2009;58:1682. • Ramachandrappa S, et al. *J Clin Invest.* 2013;123:3042. • Rong R, et al. *Diabetes.* 2009;58:478.

68 Asai M, et al. *Science.* 2013;341:275.

69 Estrada K, et al. *JAMA*. 2014;311:2305.

70 Williams AL, et al. *Nature*. 2014;506:97. • Mostafa N, et al. *J Comp Physiol B*. 1993;163:463. • Berg JM, et al. Triacylglycerols are highly concentrated energy stores. In: *Biochemistry*. 5th ed. New York: W. H. Freeman; 2002.

71 Allen JS, Cheer SM. *Curr Anthropol.*1996;37:831.

72 Ost A, et al. *Cell*. 2014;159:1352. • Ozanne SE. *N Engl J Med*. 2015;372:973. • Jacobson P, et al. *Am J Epidemiol*. 2007;165:101. • Oken E, et al. *Am J Obstet Gynecol*. 2007;196:322 e1.

73 Asai M, et al. *Science*. 2013;341:275. • Leon-Mimila P, et al. *PLoS One*. 2013;8:e70640. • Gonzalez JR, et al. *Pediatr Obes*. 2014;9:272. • Russo P, et al. *Nutr Metab Cardiovasc Dis*. 2010;20:691. • Ramach-andrappa S, Farooqi IS. *J Clin Invest*. 2011;121:2080.

74 Cordain L, et al. *Am J Clin Nutr*. 2005;81:341.

75 Rosenquist JN, et al. *Proc Natl Acad Sci U S A*.2015;112:354.

76 National Research Council (US). Coordinating Committee on Evaluation of Food Consumption Surveys. Subcommittee on Cri-teria for Dietary Evaluation. *Nutrient Adequacy*: *Assessment Using Food Consumption Surveys*. Washington, DC: National Academy Press; 1986. • Centers for Disease Control and Prevention (CDC). *Morb Mortal Wkly Rep*. 2004;53:80. • Centers for Disease Control and Prevention. Intake of calories and selected nutrients for the United States population, 1999–2000. http://www.cdc.gov/nchs/data/ nhanes/databriefs/calories.pdf. Accessed 5/21/13. • Swinburn B, et al. *Am J Clin Nutr*. 2009;90:1453. • Duffey KJ, Popkin BM. *PLoS Med*. 2011;8:e1001050.

77 Finucane MM, et al. *Lancet*. 2011;377:557.

78 Adult obesity—a global look at rising obesity rates. http:// www.hsph.harvard.edu/obesity-prevention-source/obesity-trends/obesity-rates-worldwide/. Accessed 5/3/13. • Ng M, et al. *Lancet*. 2014;384:766. • Cresswell JA, et al. *Lancet*. 2012;380:1325. • Stevens GA, et al. *Popul Health Metr*. 2012;10:22.

79 Willcox BJ, et al. *The Okinawa Program: How the World's Longest-Lived People Achieve Everlasting Health—and How You Can Too*. New York: Three Rivers Press; 2002. • Onishi N. Japan, seeking trim waists, decides to measure millions. *New York Times*. http://nyti.ms/q4yBvt. Accessed 3/13/13.

80 Lim SS, et al. *Lancet.* 2012;380:2224.

第三章　水、盐与现代高血压的高发

1 Bruenn HG. *Ann Intern Med.* 1970;72:579.

2 Manz F, et al. *Br J Nutr.* 2012;107:1673. • National Research Council. *Dietary Reference Intakes for Water, Potassium, Sodium, Chloride, and Sulfate*. Washington, DC: National Academies Press; 2005.

3 Lewis JL III. About body water. Merck Manual Consumer Version. 2010–2011. http://www.merckmanuals.com/home/hormonal_and_metabolic_disorders/water_balance/about_body_water.html. Accessed 2/23/15.

4 McDougall C. *Born to Run;* 2009 (see bibliography). • Lieberman DE. *Exerc Sport Sci Rev.* 2012;40:63. • Liebenberg L. *The Art of Tracking: The Origin of Science*. Cape Town: D. Philip; 1990. • Carrier DR. *Curr Anthropol.* 1984;25:483.

5 Taylor CR, Rowntree VJ. *Am J Physiol.* 1973;224:848.

6 Normal rectal temperature ranges. The Merck Veterinary Manual, 2012. http://www.merckmanuals.com/vet/appendixes/ reference_guides/normal_rectal_temperature_ranges.html. Accessed 2/23/15.

7 Kurdak SS, et al. *Scand J Med Sci Sports.* 2010;20 Suppl 3:133.

8 Properly sized room air conditioners. Energy Star. https://www.energystar.gov/index.cfm?c=roomac.pr_properly_sized. Accessed 6/12/15.

9 Steudel-Numbers KL, Tilkens MJ. *J Hum Evol.* 2004;47:95.

10 Oka U, et al. *Nature.* 2015;520:349.

11 Slotki I, Skorecki K. In: Goldman L, Schafer AI, eds. *Goldman-Cecil Medicine;* 2016 (see bibliography).

12 Shephard RJ. *JAMA.* 1968;205:775.

13 McKinley MJ, Johnson AK. *News Physiol Sci.* 2004;19:1.

14 Warner GF, et al. *Circulation.* 1952;5:915.

15 Slotki I, Skorecki K. In: Goldman L, Schafer AI, eds. *Goldman-Cecil Medicine;* 2016 (see bibliography) • Seifter JL. In: Goldman L, Scha-fer AI, eds. *Goldman-Cecil Medicine;* 2016 (see bibliography). • Thakker, RV. In: Goldman L, Schafer AI, eds. *Goldman-Cecil Medicine;* 2016 (see bibliography).

16 Mattes RD. *Am J Clin Nutr.* 1997;65:692S.

17 Wilkins L, Richter CP. *JAMA.* 1940;114:866.

18 Taylor NA, Machado-Moreira CA. *Extrem Physiol Med.* 2013;2:4. • Taylor NA. *Compr Physiol.* 2014;4:325. • Michell AR. *Nutr Res Rev.* 1989;2:149.

19 Powles J, et al. *BMJ Open.* 2013;3:e003733. • Mente A, et al. *N Engl J Med.* 2014;371:601. • Oliver WJ, et al. *Circulation.* 1975;52:146.

20 Al-Awqati Q, Barasch J. In: Goldman L, Schafer AI, eds. *Goldman-Cecil Medicine;* 2016 (see bibliography).

21 Plutarch. Were the Athenians more famous in war or in wisdom? In: Babbitt FC, trans. *Moralia.* vol. 4. Loeb Classical Library 305. Cambridge, MA: Harvard University Press; 1936.

22 Yes you can! Team Hoyt. http://www.teamhoyt.com. Accessed 2/23/15. • Dick and Rick Hoyt run 32nd and last marathon. *Boston Globe.* http:// www.bostonglobe.com/sports/2014/04/22/dick-and-rick-hoyt-run-marathon-their-last-duo/0802xdlCGKe5Z84VmCgMpI/story.html. Accessed 6/5/15.

23 History made as man beats horse. BBC News. 2004. http://news.bbc.co.uk/2/hi/uk _ news/wales/mid_ /3801177.stm. Accessed 2/23/15.

24 Tucker R, et al. *J Physiol.* 2006;574:905. • Maughan RJ, et al. *Eur J Appl Physiol.* 2012;112:2313.

25 Lopez RM, et al. *J Strength Cond Res.* 2011;25:2944. • Burdon CA, et al. *Int J Sport Nutr Exerc Metab.* 2010;20:166. • Nybo L. *Exp Physiol.* 2012;97:333. •

Mundel T, Jones DA. *Eur J Appl Physiol.* 2010;109:59.

26 Noakes TD. *Ann Nutr Metab.* 2010;57 Suppl 2:9.

27 Crowther G. Gatorade vs. Powerade: Battle of the beverage. *Northwest Runner,* 2002.

28 Kenefick RW, et al. *Sports Med.* 2007;37:312. • Gonzalez-Alonso J, et al. *J Appl Physiol.* 1999;86:1032.

29 Shirreffs SM, Sawka MN. *J Sports Sci.* 2011;29 Suppl 1:S39.

30 O'Neal E, et al. *Int J Sport Nutr Exerc Metab.* 2012;22:353.

31 Sawka MN, O'Connor FG. In: Goldman L, Schafer AI, eds. *Goldman-Cecil Medicine;* 2016 (see bibliography).

32 Yankelson L, et al. *J Am Coll Cardiol.* 2014;64:463.

33 Colt GH. Sibling rivalry: one long food fight. *New York Times*. http:// nyti.ms/1BdPfup. Accessed 6/10/15.

34 Water in the Desert. American Museum of Natural History. http:// www.amnh.org/exhibitions/past-exhibitions/petra/city-of-stone/water-in-the-desert. Accessed 6/10/15.

35 Kurlansky M. *Salt*: *A World History*. New York: Pen-guin Books; 2003.

36 Hoad TF, ed. *The Concise Oxford Dictionary of English Etymology*. Oxford University Press; 2003.

37 MacGregor G, De Wardener HE. *Salt, Diet and Health*: *Neptune's Poisoned Chalice—The Origins of High Blood Pressure*. Cambridge and New York: Cambridge University Press; 1998. • Beard R. The salt wars. *New York Times*. http://nyti.ms/1athYkA. Accessed 8/7/14.

38 Eaton SB, Konner M. *N Engl J Med.* 1985;312:283. • Intersalt. *BMJ.* 1988;297:319. • Gurven M, et al. *Hypertension.* 2012;60:25.

39 Go AS, et al. *J Am Coll Cardiol.* 2014;63:1230. • James PA, et al. *JAMA.* 2014;311:507.

40 Kenney WL, et al. *Physiology of Sport and Exer-cise*. 5th ed. Champaign, IL:

Human Kinetics; 2012.

41 Victor RG. In: Goldman L, Schafer AI, eds. *Goldman-Cecil Medicine;* 2016 (see bibliography).

42 Moser M. *J Clin Hypertens (Green-wich).* 2006;8:15.

43 Hansson GK, Hamsten A. In: Goldman L, Schafer AI, eds. *Goldman-Cecil Medicine;* 2016 (see bibliography).

44 Ehret GB, Caulfield MJ. *Eur Heart J.* 2013;34:951.

45 Dubose TD Jr., Santos RM. In: Goldman L, Schafer AI, eds. *Goldman-Cecil Medicine;* 2016 (see bibliography).

46 High blood pressure facts. Centers for Disease Control and Prevention. http://www.cdc.gov/bloodpressure/ facts.htm. Accessed 2/12/15.

47 Mente A, et al. *N Engl J Med.* 2014;371:601. • Cook NR, et al. *Circulation.* 2014;129:981. • Kotchen TA, et al. *N Engl J Med.* 2013;368:1229. • O'Donnell M, et al. *N Engl J Med.* 2014;371:612. • Mozaffar-ian D, et al. *N Engl J Med.* 2014;371:624.

48 O'Connor CM, Rogers J. In: Goldman L, Schafer AI, eds. *Goldman-Cecil Medicine;* 2016 (see bibliography).

49 Messerli FH. *NEngl JMed.* 1995;332:1038.

50 Lerner BH. *Bull Hist Med.* 2007;81:386.

51 Go AS, et al. *Circulation.* 2013;127:e6.

52 Kung HC, Xu J. *NCHS Data Brief.* 2015;193:1.

53 Eckel RH, et al. *Circulation.* 2014;129:S76. • Powles J, et al. *BMJ Open.* 2013; 3:e003733. • Mente A, et al. *N Engl J Med.* 2014;371:601. • World Health Organization. Guideline: Sodium intake for adults and children. http://www.who.int/nutrition/publications/ guidelines/sodium_intake/en/. Accessed 8/28/14. • Winslow R. Low-salt diets may pose health risks, study finds. *Wall Street Journal.* http://on.wsj.com/14lau36. Accessed 8/14/14. • Strom BL, et al. *JAMA.* 2013;310:31.

第四章 危险、记忆、恐惧与现代社会焦虑、抑郁的蔓延

1 Barnes G. The last battle: Jason Pemberton, medically discharged from army for wounds and PTSD, killed himself and his wife. The Military Suicide Report. http://themilitarysuicidereport.wordpress.com/tag/ staff-sgt-jason-pemberton/. Accessed 7/14/13. • Longa L. Murder-suicide brings to light PTSD struggles. Veterans for Common Sense. http://veteransforcommon sense.org/2012/02/07/murder-suicide-brings-to-light-ptsd-struggles/. Accessed 9/25/13. • Wilkins B. Jason Pemberton, highly-decorated Iraq War veteran with PTSD, kills wife Tiffany, himself in Daytona Beach, Florida. Moral Low Ground. http://morallowground.com/2012/02/06/jason-pemberton-highly-decorated-iraq-war-veteran-with-ptsd-kills-wife-tiffany-himself-in-daytona-beach-florida/. Accessed 7/14/13. • Mims B. Mom: Military needs to stop soldier suicides. WRAL. http://www.wral.com/lifestyles/family/story/11423095/. Accessed 7/15/13. • Gye H. Purple Heart war hero kills himself and his wife after suffering from post-traumatic stress disorder. *Daily Mail*. http://www.dailymail.co.uk/news/article-2097286/Jason-Pemberton-Purple-Heart-war-hero-kills-wife-suffering-PTSD.html. Accessed 7/14/13.

2 Hill KR, et al. *Science*. 2011;331:1286. • Hamilton MJ, et al. *Proc Biol Sci*. 2007;274:2195. • Dyble M, et al. *Science*. 2015;348:796.

3 Murphy WA Jr., et al. *Radiology*. 2003;226:614. • Friend T. 'Iceman' was murdered, science sleuths say. *USA Today*. http://usatoday30.usa today.com/news/health/2003-08-11-iceman-murder_x.htm. Accessed 8/14/13.

4 Chatters JC. *Am Antiq*. 2000;65:291.

5 Keeley LH. *War Before Civilization*: *The Myth of the Peaceful Savage*. New York: Oxford University Press; 1996.

6 Pinker S. *The Better Angels of Our Nature*: *Why Violence Has Declined*. New York: Viking; 2011.

7 Hill K, Hurtado AM. *Aché Life History: The Ecol-ogy and Demography of a Foraging People.* New York: Aldine de Gruyter; 1996. • Chagnon NA. *Science.* 1988;239:985. • Hill K, et al. *J Hum Evol.* 2007;52:443.

8 Global Study on Homicide: Trends, Contexts, Data. Vienna: United Nations Office on Drugs and Crime; 2011.

9 Buss DM, Duntley JD. In: Bloom RW, Dess NK, eds. *Evolutionary Psychology and Violence;* 2003 (see bibliography). • Daly M, Wil-son M. *Homicide.* New Brunswick, NJ: Transaction Books; 1988.

10 Buss DM, Duntley JD. In: Bloom RW, Dess NK, eds. *Evolutionary Psychology and Violence;* 2003 (see bibliography). • Buss DM. *The Mur-derer Next Door: Why the Mind Is Designed to Kill.* New York: Penguin Press; 2005.

11 Buss DM, Duntley JD. In: Bloom RW, Dess NK, eds. *Evolu-tionary Psychology and Violence;* 2003 (see bibliography). • Buss DM, Shackelford TK. Clin *Psychol Rev.* 1997;17:605. • Daly M, Wilson M. *Ethol Sociobiol.* 1989;10:99.

12 Buss DM, Duntley JD. In: Bloom RW, Dess NK, eds. *Evolutionary Psychology and Violence;* 2003 (see bibliography). • Duntley JD, Buss DM. The plausibility of adaptations for homicide. In: Car-ruthers P, et al, eds. *The Structure of the Innate Mind.* New York: Oxford Univer-sity Press; 2005:291. • Daly M, Wilson M. *Am Anthropol.* 1982;84:372. • Von Rueden C, et al. *Proc Biol Sci.* 2011;278:2223.

13 Zerjal T, et al. *Am J Hum Genet.* 2003;72:717.

14 Stockl H, et al. *Lancet.* 2013;382:859. • Goetz AT, et al. *Aggress Violent Behav.* 2008;13:481.

15 Daly M, Wilson M. *The Truth About Cinderella: A Darwinian View of Parental Love.* New Haven, Conn.: Yale University Press; 1999. • Daly M, Wilson M. *Ethol Sociobiol.* 1985;6:197. • Daly M, Wilson M. The "Cinderella effect" : Ele-vated mistreatment of stepchildren in comparison to those living with genetic par-ents. http://www.cep.ucsb.edu/buller/cinderella effect facts.pdf. Accessed 7/9/13.

16 Daly M, Wilson M. *Crime Justice.* 1997;22:51.

17 Roney JR, et al. *Proc Biol Sci.* 2010;277:57. • Trumble BC, et al. *Proc Biol Sci.* 2012;279:2907. • Ronay R, von Hippel W. *Soc Psychol Personal Sci.* 2010;1:57.

18 Pinker S. *The Better Angels of Our Nature: Why Violence Has Declined.* New York: Viking; 2011.

19 Farrelly D, Nettle D. *Journal of Evolutionary Psychology.* 2007;5:141.

20 Daly M, Wilson M. *Am Anthropol.* 1982;84:372. • Daly M, Wilson M. *Crime Justice.* 1997;22:51. • Wilbanks W. *Murder in Miami: An Analysis of Homicide Patterns and Trends in Dade County (Miami) Florida, 1917–1983.* Lanham, MD: University Press of America; 1984. • Daly M, Wilson M. *Science.* 1988;242:519.

21 Buss DM, Duntley JD. In: Bloom RW, Dess NK, eds. *Evolutionary Psychology and Violence;* 2003 (see bibliography).

22 Goleman D. *Emotional Intelligence.* New York: Bantam Books; 1995.

23 Kandel ER. *J Neurosci.* 2009;29:12748.

24 Ramirez S, et al. *Science.* 2013;341:387.

25 Corkin S. *Permanent Present Tense: The Unforgettable Life of the Amnesic Patient, H.M.* New York: Basic Books; 2013.

26 Mineka S, Ohman A. *Biol Psychiatry.* 2002;52:927. • Ohman A, Mineka S. *Psychol Rev.* 2001;108:483.

27 Bracha HS. *CNS Spectr.* 2004;9:679. • Nesse R. What Darwinian medicine offers psychiatry. In: Trevathan W, et al, eds. *Evolutionary Medicine.* New York: Oxford University Press; 1999.

28 Johnson R. How to survive wild animal attacks. *Outdoor Life.* http://www.outdoorlife.com/photos/gallery/hunting/2010/02/ how-survive-wild-animal-attacks. Accessed 7/8/13.

29 Nesse RM. *Ann N Y Acad Sci.* 2001;935:75. • Nesse RM. *Philos Trans R Soc Lond B Biol Sci.* 2004;359:1333.

30 Kaouane N, et al. *Science.* 2012;335:1510.

31 Liu X, et al. *Cell.* 2012;150:1055. • Shan J, et al. *J Clin Invest.* 2010;120:4388.

32 Blackburn EH, Epel ES. *Nature.* 2012;490:169.

33 American Psychiatric Association. *Diagnostic and Statisti-cal Manual of Mental Disorders.* 5th ed; 2013 (see bibliography). • Kahn JP. *Angst: Origins of Anxiety and Depression.* New York: Oxford University Press; 2013. • Nesse RM. *Hum Nat.* 1990;1:261. • Keedwell P. *How Sadness Survived;* 2008 (see bibliography). • O'Donnell E. A better path to high performance. *Harvard Magazine,* 2014:11. http://harvardmagazine.com/2014/05/a-better-path-to-high-performance. Accessed 6/10/15.

34 Keedwell P. *How Sadness Survived;* 2008 (see bibliography).

35 Kaplan HS, et al. *Philos Trans R Soc Lond B Biol Sci.* 2009;364:3289.

36 Challis C, et al. *J Neurosci.* 2013;33:13978.

37 American Psychiatric Association. *Diagnostic and Sta-tistical Manual of Mental Disorders.* 5th ed; 2013 (see bibliography). • Post-traumatic stress disorder (PTSD). National Institute of Mental Health, National Institutes of Health, US Department of Health and Human Services. http://www.nimh.nih.gov/health/topics/post-traumatic-stress-disorder-ptsd/index.shtml. Accessed 7/11/14. • Dincheva I, et al. *Nat Commun.* 2015;6:6395. • Friedman RA. The feel-good gene. *New York Times.* http://nyti.ms/1CJ4VuJ. Accessed 3/9/15. • Kuhn S, Gallinat J. *Biol Psychiatry.* 2013;73:70.

38 Shohat-Ophir G, et al. *Science.* 2012;335:1351.

39 Nestler EJ. *Nature.* 2012;490:171.

40 Miller G. *Science.* 2010;329:24. • Amaral PP, et al. *Brief Funct Genomics.* 2013;12:254. • Kubota T, et al. *Clin Epigenetics.* 2012;4:1.

41 Marks IM, Nesse RM. *Ethol Sociobiol.* 1994;15:247.

42 Dugatkin LA. *Behav Ecol.* 1992;3:124.

43 Ding Y-C, et al. *Proc Natl Acad Sci U S A.* 2002;99:309. • Munafo MR, et al. *Biol Psychiatry.* 2008;63:197. • Thomson CJ, et al. *Scand J Med Sci Sports.* 2013;23:e108. • Grady DL, et al. *J Neurosci.* 2013;33:286. • Wu J, et al. *Mol*

Neurobiol. 2012;45:605. • Berry D, et al. *Dev Psychopathol.* 2013;25:291. • Berry D, et al. *Dev Psychobiol.* 2014;56:373. • Beaver KM, et al. *Dev Psychol.* 2012;48:932. • Garcia JR, et al. *PLoS One.* 2010;5:e14162. • Matthews LJ, Butler PM. *Am J Phys Anthropol.* 2011;145:382.

44 Wilson M, Daly M. *BMJ.* 1997;314:1271.

45 Pinker S. *The Better Angels of Our Nature: Why Vio-lence Has Declined.* New York: Viking; 2011. • Zerjal T, et al. *Am J Hum Genet.* 2003;72:717. • Kaplan HS, et al. *Philos Trans R Soc Lond B Biol Sci.* 2009;364:3289.

46 Whittle AW. *Neolithic Europe: A Survey.* Cambridge [Cam-bridgeshire] and New York: Cambridge University Press; 1985. • Burgess C, et al, eds. *Enclosures and Defences in the Neolithic of Western Europe.* Oxford: British Archaeological Reports; 1988.

47 Elias N, et al. *The Civilizing Process: Sociogenetic and Psychogenetic Investigations.* Revised ed. Oxford and Malden, MA: Blackwell Publishers; 2000.

48 Gibbons A. *Science.* 2014;346:405.

49 Liddle JR, et al. Evolutionary perspec-tives on violence, homicide, and war. In: Shackelford TK, Weekes-Shackelford VA, eds. *The Oxford Handbook of Evolutionary Perspectives on Violence, Homicide, and War.* Oxford: Oxford University Press; 2012. • Wiessner P, Pupu N. *Science.* 2012;337:1651. • Dentan RK. *The Semai: A Nonviolent People of Malaya.* New York: Holt, Rinehart; 1968.

50 Pinker S. *The Better Angels of Our Nature: Why Violence Has Declined.* New York: Viking; 2011.

51 Waller AL. *Feud: Hatfields, McCoys, and Social Change in Appalachia, 1860–1900.* Chapel Hill: University of North Carolina Press; 1988.

52 Daly M, Wilson M. *Homicide.* New Bruns-wick, NJ: Transaction Books; 1988.

53 Gurr TR. *Crime Justice.* 1981;3:295.

54 United States crime rates 1960–2013. The Disaster Center. http://www.

disastercenter.com/crime/uscrime.htm. Accessed 6/24/13. • Murphy SL, et al. Deaths: Final data for 2010. National Vital Statis-tics Reports. National Center for Health Statistics. http://www.cdc.gov/nchs/ data/nvsr/nvsr61/nvsr61_04.pdf. Accessed 6/24/13.

55 Hazards to outdoor workers. Cen-ters for Disease Control and Prevention. http:// www.cdc.gov/niosh/topics/ outdoor/. Accessed 7/29/14.

56 Fatality analysis reporting system (FARS) data table. National Highway Traffic Safety Administration. http://www-fars.nhtsa.dot.gov/ Main/index.aspx. Accessed 7/29/14.

57 Cooper A, Smith EL. US Department of Justice, Bureau of Justice Statistics. Homicide trends in the United States, 1980–2008. http://www.bjs.gov/content/ pub/pdf/htus8008.pdf. Accessed 6/10/15.

58 Beneke T. *Proving Manhood: Reflections on Men and Sexism*. Berkeley: University of California Press; 1997.

59 US Census Bureau. Statistical abstract of the United States: 2012. Section 5: Law enforcement, courts, and prisons. 131st ed. Washington, DC; 2012:199.

60 Statistics—any anxiety disorder among adults. National Institute of Mental Health. http://www.nimh.nih.gov/health/statistics/ prevalence/any-anxiety-disorder-among-adults.shtml. Accessed 6/9/15. • Kessler RC, et al. *Arch Gen Psychiatry.* 2005;62:593.

61 Keedwell P. *How Sadness Survived;* 2008 (see bibliography). • Major depression among adults. National Insti-tute of Mental Health. http://www.nimh.nih.gov/ health/statistics/prevalence/major-depression-among-adults.shtml. Accessed 6/9/15. • Kessler RC, et al. *JAMA.* 2003;289:3095. • Kessler RC, et al. *Arch Gen Psychiatry.* 2005;62:593. • Mukherjee S. Post-Prozac nation. *New York Times Magazine,* April 22, 2012. http://nyti.ms/ 1AXPCvX. Accessed 6/9/14.

62 Nesse RM. *Arch Gen Psychiatry.* 2000;57:14.

63 Barnes G. The last battle: Jason Pemberton, medically discharged from army

for wounds and PTSD, killed himself and his wife. The Military Suicide Report. http://themilitarysuicidereport.wordpress.com/tag/ staff-sgt-jason-pemberton/. Accessed 7/14/13.

64 American Psychiatric Association. *Diagnostic and Statis-tical Manual of Mental Disorders*. 5th ed; 2013 (see bibliography). • Morris DJ. *The Evil Hours*: *A Biography of Post-Traumatic Stress Disorder.* Boston and New York: Eamon Dolan Books/Houghton Mifflin Harcourt; 2015.

65 Smith TC, et al. *Public Health Rep*. 2009;124:90. • Phillips CJ, et al. *BMC Psychiatry.* 2010;10:52. • Dao J. More mili-tary dogs show signs of combat stress. *New York Times*. http://nyti.ms/tyxW0F. Accessed 12/1/11.

66 Kohrt BA, et al. *Br J Psychiatry.* 2012;201:268. • Kohrt BA, et al. *JAMA*. 2008;300:691.

67 Goodman B. Timeline: Charlie company and the massacre at My Lai. PBS *American Experience*. http://www.pbs.org/wgbh/americanexperience/features/ timeline/mylai-massacre/ 1/. Accessed 2/25/14. • Staff Sgt. Bales sentenced to life in prison for murdering 16 Afghan civilians. PBS *Newshour*. http://www.pbs.org/newshour/bb/military-july-dec13-bales_08-23/. Accessed 2/22/14.

68 Carey B. Combat stress among veterans is found to persist since Vietnam. *New York Times*. http://nyti.ms/1pFacKJ. Accessed 8/13/14.

69 Vijayakumar L. *Arch Suicide Res*. 2004;8:73.

70 Maiese A, et al. *Am J Forensic Med Pathol.* 2014;35:8.

71 Suicide: Data Sources. Centers for Disease Control and Prevention. http:// www.cdc.gov/violenceprevention/suicide/datasources.html. Accessed 11/3/14. • Suicide claims more lives than war, murder, and natural disas-ters combined. American Foundation for Suicide Prevention. http://theovernight. donordrive. com/?fuseaction=cms.page&id=1034. Accessed 11/3/14. • Risk and protective factors for suicide and suicidal behaviour: a literature review. http:// www. scotland.gov.uk/Publications/2008/11/28141444/5. Accessed 11/3/14. • Suicide.

Mental Health America. http://www.mentalhealthamerica.net/suicide. Accessed 11/3/14.

72 Hill K, et al. *J Hum Evol.* 2007;52:443.

73 Thomas C. *Br Med J.* 1980;281:284.

74 Durkheim E. *Suicide: A Study in Sociology*. Glencoe, IL: Free Press; 1951. • Shneidman ES. *The Suicidal Mind.* New York: Oxford University Press; 1996.

75 Shneidman ES. *The Suicidal Mind.* New York: Oxford University Press; 1996.

76 Piersen WD. *J Negro Hist.* 1977;62:147. • Lester D. *Suicide Life Threat Behav.* 1997;27:50.

77 Thomas K, Gunnell D. *Int J Epidemiol.* 2010;39:1464. • Reeves A, et al. *Lancet.* 2012;380:1813.

78 Pridemore WA, Chamlin MB. *Addiction.* 2006;101:1719. • Perlman F, Bobak M. *Am J Public Health.* 2009;99:1818. • Pridemore WA. *Soc Forces.* 2006;85:413.

79 Age-standardized suicide rates (per 100,000). World Health Organization. http://apps.who.int/gho/data/view.main.MHSUICIDEv. Accessed 6/10/15.

80 Facts and figures. American Foundation for Suicide Prevention. http://www.afsp.org/understanding-suicide/facts-and-figures. Accessed 5/14/12.

81 The DAWN (Drug Abuse Warning Network) Report. Emergency department visits for drug-related suicide attempts among middle-aged adults aged 45 to 64. Substance Abuse and Mental Health Services Administration. http://www.samhsa.gov/data/2K14/DAWN154/sr154-suicide-attempts-2014.htm. Accessed 8/13/14.

82 Murphy SL, et al. Deaths: Final data for 2010. National Vital Statistics Reports. National Center for Health Statistics. http://www.cdc.gov/nchs/data/nvsr/nvsr61/nvsr61_04.pdf. Accessed 6/24/13.

83 Rates of unsolved murder by state. The Audacious Epigone. http://anepigone.blogspot.com/2013/01/rates-of-unsolved-murder-by-state.html. Accessed 11/3/14.

84 Burns R. Suicides are surging among US troops. Associated Press. http://news.yahoo.com/ap-impact-suicides-surging-among-us-troops-204148055.html. Accessed 6/11/12. • Williams T. Suicides outpacing war deaths for troops. *New York Times*. http://nyti.ms/JSTRv3. Accessed6/11/12. • Dao J, Lehren AW. Baffling rise in suicides plagues the U.S. military. *New York Times*. http://nyti.ms/YXizY6. Accessed 5/16/13.

85 Hargarten J, et al. Suicide rate for veterans far exceeds that of civilian population. Nearly one in five suicides nationally is a vet-eran, 49,000 took own lives between 2005 and 2011. Center for Public Integrity. http://www.publicintegrity.org/print/13292. Accessed 11/3/14. • Dao J. As suicides rise in U.S., veterans are less of total. *New York Times*. http://nyti.ms/ WabGOd. Accessed 11/3/14.

86 Dao J, Lehren AW. Baffling rise in suicides plagues the U.S. military. *New York Times*. http://nyti.ms/YXizY6. Accessed 5/16/13.

87 LeardMann CA, et al. *JAMA*. 2013;310:496.

第五章 出血、凝血与现代社会心脏病、中风的蔓延

1 O'Donnell R. My heart attack. 2012. http://rosie.com/ my-heart-attack/. Accessed 10/19/12. • LeWine H. Rosie O'Donnell's heart attack a lesson for women. Harvard Health Publications. http://www.health.har vard.edu/blog/rosie-odonnells-heart-attack-a-lesson-for-women-201208225191. Accessed 10/19/12.

2 Wright T. *Circulation*: *William Harvey's Revolutionary Idea*. London: Chatto & Windus; 2012.

3 Murphy SL, et al. Deaths: Final data for 2010. National Vital Statistics Reports. National Center for Health Statistics. http://www.cdc.gov/nchs/data/nvsr/nvsr61/nvsr61_04.pdf. Accessed 6/24/13.

4 Pernter P, et al. *J Archaeol Sci.* 2007;34:1784. • Gostner P, Vigl EE. *J Achaeol Sci.* 2002;29:323. • Maixner F, et al. *Cell Mol Life Sci.* 2013;70:3709.

5 Sloan NL, et al. *BJOG.* 2010;117:788. • Smith JR, Brennan BG. Postpartum

hemorrhage. Medscape. http://emedicine.med-scape.com/article/275038-overview. Accessed 7/29/13.

6 Smith JR, Brennan BG. Postpartum hemorrhage. Medscape. http://emedicine.medscape.com/ article/275038-overview. Accessed 7/29/13. • Maternal mortality ratio (deaths of women per 100,000 live births). http://hdr.undp.org/en/content/maternal-mortality-ratio-deaths-100000-live-births. Accessed 6/10/15. • Leading and underlying causes of maternal mortality. UNICEF. http://www.unicef.org/wcaro/ overview_2642.html. Accessed 7/29/13. • Khan KS, et al. *Lancet.* 2006;367:1066.

7 Bunn HF. In: Goldman L, Schafer AI, eds. *Goldman-Cecil Medicine;* 2016 (see bibliography). • Neligan P. How much oxygen is delivered to the tissues per minute? Critical Care Medicine Tutorials. http:// www.ccmtutorials.com/rs/oxygen/page04.htm. Accessed 7/29/13.

8 Marks AR. In: Goldman L, Scha-fer AI, eds. *Goldman-Cecil Medicine;* 2016 (see bibliography).

9 Eckert WG. *Introduction to Forensic Sciences.* 2nd ed. Boca Raton, FL: CRC Press; 1997.

10 Bunn HF. In: Goldman L, Schafer AI, eds. *Goldman-Cecil Medicine;* 2016 (see bibliography).

11 Bunn HF. In: Goldman L, Schafer AI, eds. *Goldman-Cecil Medicine;* 2016 (see bibliography). • Understanding continuous mixed venous oxygen saturation (SvO2) monitoring with the Edwards Swan-Ganz Oximetry TD System. Edwards Lifesciences, 2002. http://ht.edwards.com/ resourcegallery/products/swanganz/pdfs/svo2edbook.pdf.

12 Schafer AI. In: Goldman L, Schafer AI, eds. *Goldman-Cecil Medicine;* 2016 (see bibliography).

13 Kadikoylu G, et al. *J Natl Med Assoc.* 2006;98:398.

14 Dashty M, et al. *Sci Rep.* 2012;2:787.

15 Wang Y, Zhao S. Vascular biology of the placenta: Placental blood circulation. Morgan & Claypool Life Sciences, 2010. Retrieved from http://www.ncbi.nlm.nih.gov/books/NBK53254/. Accessed 10/20/13.

16 Ganz V, et al. *Circulation.* 1964;30:86.

17 Haider BA, et al. *BMJ.* 2013;346:f3443.

18 Abalos E, et al. *BJOG.* 2014;121 Suppl 1:14. • Abalos E, et al. *Eur J Obstet Gynecol Reprod Biol.* 2013;170:1. • Osungbade KO, Ige OK. *J Pregnancy.* 2011;2011:481095. • Kassebaum NJ, et al. *Lancet.* 2014;384:980.

19 Reducing the risk of thrombosis and embolism dur-ing pregnancy and the puerperium. 3rd ed. Royal College of Obstetricians and Gynaecologists. https://www.rcog.org.uk/globalassets/documents/guidelines/ gtg-37a.pdf. Accessed 6/10/15. • Prisco D, et al. *Haematologica Reports.* 2005;1:1. • Hellgren M. *Semin Thromb Hemost.* 2003;29:125. • Simpson EL, et al. *BJOG.* 2001;108:56. • Ros HS, et al. *Am J Obstet Gynecol.* 2002;186:198. • Ray JG, Chan WS. *Obstet Gynecol Surv.* 1999;54:265.

20 Smith JR, Brennan BG. Postpartum hemorrhage. Medscape. http://emedicine.medscape.com/article/275038-overview. Accessed 7/29/13. • Maternal mortality ratio (deaths of women per 100,000 live births). http://hdr.undp.org/en/content/maternal-mortality-ratio-deaths-100000-live-births. Accessed 6/10/15. • Lead-ing and underlying causes of maternal mortality. UNICEF. http://www.unicef.org/wcaro/overview_2642.html. Accessed 7/29/13. • Khan KS, et al. *Lancet.*2006;367:1066.

21 Oberg AS, et al. *BMJ.* 2014;349:g4984.

22 van Mens TE, et al. *Thromb Haemost.* 2013;110:23. • Appleby RD, Olds RJ. *Pathology.* 1997;29:341. • Kjellberg U, et al. *Am J Obstet Gynecol.* 2010;203:469 e1.

23 Milman N, Pedersen P. *Clin Genet.* 2003;64:36. • Symonette CJ, Adams PC. *Can J Gastroenterol.* 2011;25:324. • Neghina AM, Ang-hel A. *Ann Epidemiol.*

2011;21:1. • Datz C, et al. *Clin Chem.* 1998;44:2429. • Rad-datz D, et al. *Z Gastroenterol.* 2003;41:1069. • Bacon BR. In: Goldman L, Schafer AI, eds. *Goldman-Cecil Medicine;* 2016 (see bibliography). • Steinberg KK, et al. *JAMA.* 2001;285:2216. • Phatak PD, et al. *Ann Intern Med.* 1998;129:954. • Allen KJ, et al. *N Engl J Med.* 2008;358:221. • Barton JC, Acton RT. *Genet Med.* 2001;3:294.

24 Khan FA, et al. *Int J Infect Dis.* 2007;11:482.

25 Estimates for 2000–2012. Cause-specific mortality. World Bank regions, GHE_DthWBR_2000_2012.xls. World Health Organization. http://www.who.int/healthinfo/global_burden_disease/ estimates/en/index1.html. Accessed 8/4/14.

26 Pemberton SG. *The Bleeding Disease: Hemophilia and the Unintended Consequences of Medical Progress.* Baltimore: Johns Hopkins University Press; 2011.

27 Pemberton SG. *The Bleeding Disease: Hemo-philia and the Unintended Consequences of Medical Progress.* Baltimore: Johns Hopkins University Press; 2011. • Otto JC. *Medical Repository.* 1803;6:1.

28 Schwarz T, et al. *Arch Intern Med.* 2003;163:2759. • Scurr JH, et al. *Lancet.* 2001;357:1485.

29 Weitz JI. In: Goldman L, Schafer AI, eds. *Goldman-Cecil Medicine;* 2016 (see bibliography).

30 Eaton SB. *Lipids.* 1992;27:814.

31 Hansson GK, Hamsten A. In: Goldman L, Schafer AI, eds. *Goldman-Cecil Medicine;* 2016 (see bibliography). • Scientific Report of the 2015 Dietary Guidelines Advisory Committee. Retrieved from http://www.health.gov/dietaryguidelines/2015-scientific-report/. Accessed 6/16/15.

32 Semenkovich CF. In: Goldman L, Schafer AI, eds. *Goldman-Cecil Medicine;* 2016 (see bibliography). • Freeman MW, Junge C. *The Harvard Medical School Guide to Lowering Your Cholesterol.* New York: McGraw-Hill; 2005.

33 Sirtori CR. *Pharmacol Res.*1990;22:555. • Cameron J, et al. *FEBS J.*

2008;275:4121.

34 Libby P. *N Engl J Med.*2013;368:2004.

35 Barsoum N, Kleeman C. *Am J Nephrol.* 2002;22:284. • Millam D. *J Intraven Nurs.* 1996;19:5.

36 Myhre BA. *Transfusion.* 1990;30:358. • History of blood transfusion. American Red Cross. http://www.redcrossblood.org/print/learn-about-blood/history-blood-transfusion. Accessed 7/29/13. • Learoyd P. A short history of blood transfusion. National Blood Service. http:// www.sld.cu/galerias/pdf/sitios/anestesiologia/history_of_transfusion.pdf. Accessed 7/29/13.

37 Millam D. *J Intraven Nurs.* 1996;19:5.

38 History of blood transfusion. American Red Cross. http://www.redcrossblood.org/print/learn-about-blood/history-blood-transfusion. Accessed 7/29/13.

39 Galanaud JP, et al. *J Thromb Haemost.* 2013;11:402. • Mannucci PM, Poller L. *Br J Haematol.* 2001;114:258. • Anning S. *Med Hist.* 1957;1:28.

40 Smith TP. *AJR Am J Roentgenol.* 2000;174:1489. • Laennec R. *De l'auscultation médiate ou traité du diagnostic des maladies des poumons et du coeur*. Paris: Brosson et Chaudé; 1819.

41 Proudfit WL. *Br Heart J.*1983;50:209.

42 King LS, Meehan MC. *Am J Pathol.*1973;73:514.

43 Lie JT. *Am J Cardiol.* 1978;42:849.

44 Morris JN. *Lancet.* 1951;1:1.

45 White PD. *Heart Disease.* New York: Mac-millan; 1944.

46 Nieto FJ. Historical reflections on the inflammatory aspects of atherosclerosis. In: Wick G, Grundtman C, eds. *Inflammation and Ath-erosclerosis*. Vienna and New York: Springer; 2012:1. • Thompson RC, et al. *Lan-cet.* 2013;381:1211. • Keller A, et al. *Nat Commun.* 2012;3:698.

47 Anderson JL. In: Goldman L, Schafer AI, eds. *Goldman-Cecil Medicine;* 2016 (see bibliography).

48 Enos WF, et al. *JAMA*. 1953;152:1090.

49 Moog FP, Karenberg A. *J Med Biogr.* 2004;12:43.

50 Storey CE. Apoplexy: Changing con-cepts in the eighteenth century. In: Whitaker HA, et al, eds. *Brain, Mind and Medicine: Essays in Eighteenth-Century Neuroscience*. New York: Springer; 2007. • Wepfer JJ. Historiae apoplecticorum. In: Major RH, ed. *Classic Descriptions of Dis-ease: With Biographical Sketches of the Authors*. 3rd ed. Springfield, IL: Charles C. Thomas; 1978. • Lidell JA. *A Treatise on Apoplexy, Cerebral Hemorrhage, Cerebral Embolism, Cerebral Gout, Cerebral Rheumatism, and Epidemic Cerebro-spinal Meningitis*. New York: Wm. Wood & Company; 1873.

51 Estimates for 2000–2012. Cause-specific mortality. World Bank regions, GHE_DthWBR_2000_2012.xls. World Health Organization. http://www.who.int/healthinfo/global_burden_disease/estimates/ en/index1.html. Accessed 8/4/14.

52 Norton R, Kobusingye O. *N Engl J Med.*2013;368:1723.

53 Beahrs OH. *J Am Coll Surg.*1994;178:86. • Carson JL, et al. *JAMA*. 2013;309:83.

54 Harris AR, et al.*Homicide stud.* 2002;6:128.

55 Maternal mortality ratio (deaths of women per 100,000 live births). http://hdr.undp.org/en/content/maternal-mortality-ratio-deaths-100000-live-births. Accessed 6/10/15. • Anderson JM, Etches D. *Am Fam Physician*. 2007;75:875. • WHO recommendations for the pre-vention and treatment of postpartum haemorrhage. World Health Organization. http://apps.who.int/iris/bitstream/10665/75411/1/9789241548502_eng.pdf. Accessed 7/29/13. • Smith JR, Brennan BG. Postpartum hemorrhage treatment & management. Medscape. http://emedicine.medscape.com/article/275038-treatment. Accessed 7/29/13. • Callaghan WM, et al. *Am J Obstet Gynecol.*2010;202:353 e1.

56 Smith JR, Brennan BG. Postpartum hem-orrhage. Medscape. http://emedicine.medscape.com/article/275038-overview. Accessed 7/29/13. • Callaghan WM, et al. *Am J Obstet Gynecol.* 2010;202:353 e1. • Balki M, et al. *J Obstet Gynaecol*

Can. 2008;30:1002. • Reyal F, et al. *Eur J Obstet Gynecol Reprod Biol.* 2004;112:61.

57 Kassebaum NJ, et al. *Lancet.* 2014;384:980. • Pregnancy mortality surveillance system. Centers for Disease Control and Prevention. http://www.cdc.gov/reproductivehealth/maternalinfanthealth/pmss.html. Accessed 8/30/13.

58 Deep vein thrombosis (DVT)/Pulmonary embolism (PE) —Blood clot forming in a vein. Data & statistics. Centers for Disease Control and Prevention. http://www.cdc.gov/ncbddd/dvt/data.html. Accessed 8/30/13.

59 Eaton SB. *Lipids.* 1992;27:814. • Anderson JL. In: Goldman L, Schafer AI, eds. *Goldman-Cecil Medicine;* 2016 (see bibliography). • O'Keefe JH Jr., Cordain L. *Mayo Clin Proc.* 2004;79:101. • O'Keefe JH Jr., et al. *J Am Coll Cardiol.* 2004;43:2142.

60 Schulman S, Hirsh J. In: Goldman L, Schafer AI, eds. *Goldman-Cecil Medicine;* 2016 (see bibliography).

61 Hata J, Kiyohara Y. *Circ J.* 2013;77:1923. • Yates PO. *Lancet.* 1964;1:65. • Hilmarsson A, et al. *Stroke.* 2013;44:1714. • Arboix A, et al. *Cerebrovasc Dis.* 2008;26:509. • Goldstein LB. In: Goldman L, Schafer AI, eds. *Goldman-Cecil Medicine;* 2016 (see bibliography).

62 Goldstein LB. In: Goldman L, Schafer AI, eds. *Goldman-Cecil Medicine;* 2016 (see bibliography). • Mazighi M, et al. *Cir-culation.* 2013;127:1980. • Saver JL, et al. *JAMA.* 2013;309:2480.

63 Goldstein LB. In: Goldman L, Schafer AI, eds. *Goldman-Cecil Medicine;* 2016 (see bibliography).

64 Berkhemer OA, et al. *N Engl J Med.* 2015;372:11. • Campbell BC, et al. *N Engl J Med.* 2015;372:1009. • Goyal M, et al. *N Engl J Med.* 2015;372:1019.

65 Carollo K. Man dies from blood clot after marathon gam-ing. ABC News. http://abcnews.go.com/Health/extreme-gamer-dies-pulmonary-embolism/story?id=14212015. Accessed 8/5/11.

66 Watson HG, Baglin TP. *Br J Haematol.* 2011;152:31. • Philbrick JT, et al. *J Gen Intern Med.* 2007;22:107. • Jacobson BF, et al. *S Afr Med J.* 2003;93:522.

67 Murphy SL, et al. Deaths: Final data for 2010. National Vital Statistics Reports. National Center for Health Statistics. http://www.cdc.gov/nchs/data/nvsr/nvsr61/nvsr61_04.pdf. Accessed 8/30/13. • Deep vein thrombosis (DVT)/Pulmonary embolism (PE) —Blood clot form-ing in a vein. Data & statistics. Centers for Disease Control and Prevention. http://www.cdc.gov/ncbddd/dvt/data.html. Accessed 8/30/13.

68 Berg CJ, et al. *Obstet Gynecol.* 2011;117:1230.

69 Kassebaum NJ, et al. *Lancet.* 2014;384:980.

第六章 我们的基因能进化得足够快以解决我们的问题吗

1 Olshansky SJ, et al. *Health Aff (Millwood).* 2012;31:1803. • Naghavi M, et al. *Lancet.* 2015;385:117.

2 Dobson AP, Lyles AM. *Conserv Biol.* 1989;3:362.

3 Allal N, et al. *Proc Biol Sci.* 2004;271:465. • Strassmann BI, Gillespie B. *Proc Biol Sci.* 2002;269:553.

4 Trinkaus E. *J Archaeol Sci.* 1995;22:121. • Gurven M, Kaplan H. *Popul Dev Rev.* 2007;33:321. • Finch CE. *Proc Natl Acad Sci U S A.* 2010;107 Suppl 1:1718.

5 Gurven M, Kaplan H. *Popul Dev Rev.* 2007;33:321.

6 Walker R, et al. *J Hum Evol.* 2002;42:639. • Gurven M, et al. *J Hum Evol.* 2006;51:454.

7 Knodel J. *Popul Stud (Camb).* 1968;22:297.

8 Gurven M, Kaplan H. *Popul Dev Rev.* 2007;33:321. • Finch CE. *Proc Natl Acad Sci U S A.* 2010;107 Suppl 1:1718. • Life expectancy by age, 1850–2011. Infoplease. http://www.infoplease.com/ipa/A0005140.html. Accessed 6/12/15.

9 Easterlin RA. *J Econ Perspect.* 2000;14:7. • Mulbrandon C. Last 2,000 years of growth in world income and population (revised). Data source: Angus Maddison,

University of Groningen. Visualizing Eco-nomics. http://visualizingeconomics.com/blog/2007/11/21/last-2000-of-growth-in-world-income-and-population-revised. Accessed 4/19/12.

10 Naghavi M, et al. *Lancet.* 2015;385:117. • Wang H, et al. *Lancet.* 2014;384:957.

11 Naghavi M, et al. *Lancet.* 2015;385:117. • Fuchs VR. *JAMA.* 2013;309:33.

12 Easterlin RA. *J Econ Perspect.* 2000;14:7. • Fogel RW. *Hist Methods.* 1993;26:5.

13 Murray CJ, et al. *Lancet.* 2012;380:2197. • Loz-ano R, et al. *Lancet.* 2012;380:2095. • Murray CJ, et al. *Lancet.* 2012;380:2063. • Ezzati M, Riboli E. *N Engl J Med.* 2013;369:954. • Murray CJ, Lopez AD. *N Engl J Med.* 2013;369:448.

14 Deaths: Final data for 2012. National Vital Statistics Reports. National Center for Health Statistics. http://www.cdc.gov/ nchs/data/nvsr/nvsr63/nvsr63_09.pdf. Accessed 2/24/15. • The DAWN (Drug Abuse Warning Network) Report. Emergency department visits for drug-related suicide attempts among middle-aged adults aged 45 to 64. Substance Abuse and Mental Health Services Administration. http://www.samhsa.gov/data/2K14/ DAWN154/sr154-suicide-attempts-2014.htm. Accessed 8/13/14.

15 Wang H, et al. *Popul Health Metr.* 2013;11:8.

16 Lipska K. The global diabetes epi-demic. *New York Times*. http://nyti.ms/1k07qeE. Accessed 1/25/15.

17 Mathers CD, Loncar D. *PLoS Med.* 2006;3:e442. • Calle EE, et al. *N Engl J Med.* 2003;348:1625.

18 Ackermann M, Pletcher SD. In: Stearns SC, Koella JC, eds. *Evolution in Health and Disease;* 2008 (see bibliography).

19 Keedwell P. *How Sadness Survived;* 2008 (see bibliography).

20 Jacobsen BK, et al. *J Womens Health (Larchmt).* 2013;22:460. • Frisco ML, Weden M. *J Marriage Fam.* 2013;75:920. • Jacobsen BK, et al. *Eur J Epidemiol.* 2012;27:923. • Bellver J, et al. *Fertil Steril.* 2013;100:1050. • Boots

C, Stephenson MD. *Semin Reprod Med.* 2011;29:507. • Aune D, et al. *JAMA.* 2014;311:1536. • Cnattingius S, et al. *JAMA.* 2013;309:2362. • Reynolds RM, et al. *BMJ.* 2013;347:f4539.

21 Frisco ML, et al. *Soc Sci Med.*2012;74:1703.

22 Jacobson P, et al. *Am J Epidemiol.* 2007;165:101.

23 Andrews CA. *Nature Education Knowledge.* 2010;3:5.

24 Martinez-Marignac VL, et al. *Hum Genet.* 2007;120:807.

25 Keinan A, Clark AG. *Science.* 2012;336:740. • Hawks J, et al. *Proc Natl Acad Sci U S A.* 2007;104:20753.

26 *Science.* 2013;339:496.

27 Otto SP, Whitlock MC. *Genetics.* 1997;146:723.

28 Molecular clocks. University of California Museum of Paleontology. http://evolution.berkeley.edu/evosite/evo101/IIE1cMolecularclocks.shtml. Accessed 3/27/13. • Brain M. How carbon-14 dating works. HowStuffWorks. http://science.howstuffworks.com/environmental/ earth/geology/carbon-14.htm. Accessed 3/27/13.

29 Molecular clocks. University of California Museum of Paleontology. http://evolution.berkeley.edu/evosite/evo101/IIE1cMolecular clocks.shtml. Accessed 3/27/13. • Cann RL, et al. *Nature.* 1987;325:31. • Cyran KA, Kimmel M. *Theor Popul Biol.* 2010;78:165. • Poznik GD, et al. *Science.* 2013;341:562.

30 Poznik GD, et al. *Science.* 2013;341:562. • Cruciani F, et al. *Am J Hum Genet.* 2011;88:814. • Mendez FL, et al. *Am J Hum Genet.* 2013;92:454. • Gibbons A. *Science.* 2012;338:189. • Francalacci P, et al. *Science.* 2013;341:565.

31 Making SNPs make sense. Genetic Science Learning Center, University of Utah. http://learn.genetics.utah.edu/ content/pharma/snips/. Accessed 9/9/13. • Wang J, et al. *Nature.* 2008;456:60. • Wheeler DA, et al. *Nature.* 2008;452:872. • Ng PC, et al. *PLoS Genet.* 2008;4:e1000160. • Takahata N. *Genetics.* 2007;176:1.

32 Steinberg MH. In: Goldman L, Schafer AI, eds. *Goldman-Cecil Medicine;* 2016

(see bibliography).

33 Belay ED, et al. *Emerg Infect Dis.* 2004;10:977.

34 Lindenbaum S. *Philos Trans R Soc Lond B Biol Sci.* 2008;363:3715. • Whitfield JT, et al. *Philos Trans R Soc Lond B Biol Sci.* 2008;363:3721.

35 Bosque PJ. In: Goldman L, Schafer AI, eds. *Goldman-Cecil Medicine*; 2016 (see bibliography).

36 Bishop MT, et al. *BMC Med Genet.* 2009;10:146. • Mead S, et al. *Science.* 2003;300:640. • Mead S, et al. *Philos Trans R Soc Lond B Biol Sci.* 2008;363:3741. • Diack AB, et al. *Prion.* 2014;8:286. • Saba R, Booth SA. *Public Health Genomics.* 2013;16:17. • Mackay GA, et al. *Int J Mol Epidemiol Genet.* 2011;2:217.

37 Mead S, et al. *N Engl J Med.* 2009;361:2056.

38 Concepcion GP, et al. *Med Hypotheses.* 2005;64:919.

39 Rosenberg M. Current world population and world population growth since the year one. http://geography.about.com/od/obtainpopulationdata/a/worldpopulation.htm. Accessed 4/19/12. • Aubuchon V. World population growth history. Vaughn's summaries. http://www.vaughns-1-pagers.com/history/ world-population-growth.htm. Accessed 4/19/12.

40 World population: historical estimates of world population. http://www.census.gov/population/international/data/worldpop/ table_history.php. United States Census Bureau. Accessed 8/5/13. • Biraben JN, Langaney A. *An essay concerning mankind's evolution. Population,* selected papers 4. Paris: National Institute for Population Studies; 1980.

41 The story of... smallpox —and other deadly Eurasian germs. PBS. http://www.pbs.org/gunsgermssteel/ variables/smallpox.html. Accessed 8/13/12.

42 Rel-ethford J. *Human Population Genetics;* 2012 (see bibliography).

43 Gao Z, et al. *Genetics.* 2015;199:1243.

44 Casals F, Bertranpetit J. *Science.* 2012;337:39.

45 Karpati M, et al. *Neurogenetics.* 2004;5:35.

46 Relethford J. *Human Popu-lation Genetics;* 2012 (see bibliography).

47 Tran-Viet KN, et al. *Am J Hum Genet.* 2013;92:820. • Jones LA, et al. *Invest Ophthalmol Vis Sci.* 2007;48:3524.

48 Guggenheim JA, et al. *Invest Oph-thalmol Vis Sci.* 2012;53:2856. • Wu PC, et al. *Ophthalmic Epidemiol.* 2010;17:338. • Dirani M, et al. *Br J Ophthalmol.* 2009;93:997. • Rose KA, et al. *Arch Ophthalmol.* 2008;126:527. • He M, et al. *JAMA.* 2015;314:1142.

49 Lamarck JB. *Zoological Philosophy: An Exposition with Regard to the Natural History of Animals.* New York: Hafner Publishing Com-pany; 1963.

50 Soyfer V. *Lysenko and the Tragedy of Soviet Science.* New Brunswick, NJ: Rutgers University Press; 1994.

51 Epigenetics and inheritance. Genetic Science Learning Center, University of Utah. http://learn.genetics.utah.edu/content/epigenetics/ inheritance/. Accessed 8/14/12. • Barrès R, et al. *Cell Metab.* 2012;15:405. • Rönn T, et al. *PLoS Genet.* 2013;9:e1003572.

52 The epigenome learns from its experi-ences. Genetic Science Learning Center, University of Utah. http://learn.genetics.utah.edu/content/epigenetics/epi_learns/. Accessed 8/14/12. • Geoghegan JL, Spencer HG. *Theor Popul Biol.* 2013;88C:9. • White YA, et al. *Nat Med.* 2012;18:413. • Grossniklaus U, et al. *Nat Rev Genet.* 2013;14:228. • Lim JP, Brunet A. *Trends Genet.* 2013;29:176. • Duffié R, Bourc'his D. *Curr Top Dev Biol.* 2013;104:293. • Stringer JM, et al. *Reproduction.* 2013;146:R37. • Hackett JA, et al. *Science.* 2013;339:448. • Guibert S, et al. *Genome Res.* 2012;22:633. • Lane M, et al. *Science.* 2014;345:756.

53 Soubry A, et al. *BMC Med.* 2013;11:29. • Ost A, et al. *Cell.* 2014;159:1352. • Ozanne SE. *N Engl J Med.* 2015;372:973.

54 Pennisi E. *Science.* 2013;341:1055. • Jablonka E. *Clin Pharmacol Ther.*

2012;92:683.

55 Rando OJ. *Cell.* 2012;151:702. • Maron DF. Diet during pregnancy linked to diabetes in grandchildren. *Scientific American*. http://www.scientificamerican.com/article/ diet-during-pregnancy-linked-to-diabetes-in-grandchildren/. Accessed 8/19/14.

56 Willführ KP, Myrskylä M. *Am J Hum Biol.* 2013;25:318.

57 Ravelli GP, et al. *NEngl JMed.* 1976;295:349. • Moller SE, et al. *PLoS One.* 2014;9:e109184.

58 Guerrero-Bosagna C, et al. *PLoS One.* 2013;8:e59922. • Skinner MK, et al. *PLoS One.* 2013;8:e66318. • *N Engl J Med.* 2013;368:2059.

第七章 改变我们的行为

1 Haupt A. Celebrity weight loss: tales of the scales. *US News & World Report*. http://t.usnews.com/s208. Accessed 3/12/14. • Rousseau C. Oprah Winfrey 'embarrassed' at weight gain. *The Independent*. http:// ind.pn/1LDpqKD. Accessed 3/13/14. • Rosen M. Oprah overcomes. 1994. *People*. http://www.people.com/people/article/0,,20107260,00.html. Accessed 3/13/14. • Winfrey O. "How Did I Let This Happen Again?" Oprah.com. http://www.oprah.com/spirit/Oprahs-Battle-with-Weight-Gain-O-January-2009-Cover. Accessed 3/13/14. • Silverman S. Oprah Winfrey admits to tipping the scales at 200 lbs. *People*. http://www.people.com/people/article/0,,20245089,00.html. Accessed 3/13/14. • Duggan D. Oprah's battle with weight loss. 2010. Body + Soul. http://www.bodyandsoul.com.au/weight+loss/lose+weight/oprahs+battle+with+weight+loss,9787. Accessed 3/13/14.

2 Williams R. Why New Year's resolutions fail. *Psy-chology Today*. http://www.psychologytoday.com/blog/wired-success/201012/ why-new-years-resolutions-fail. Accessed 3/13/14.

3 Allan JL, et al. *Ann Behav Med.* 2013;46:114.

4 Gollwitzer PM, Sheeran P. *Adv Exp Soc Psychol.* 2006;38:69.

5 Allan JL, et al. *Psychol Health.* 2011;26:635.

6 Milkman KL, Volpp KG. How to keep your resolutions.*New York Times*. http://nyti.ms/1khpl56. Accessed 1/6/14.

7 Powers TA, et al. *Pers Soc Psychol Bull.*2005;31:902.

8 Webb TL, et al. *Br J Soc Psychol.* 2009;48:507.

9 Van't Riet J, et al. *Appetite.* 2011;57:585.

10 Kahneman D, Tversky A. Intuitive prediction: biases and corrective procedures. In: Makridakis S, Wheelwright SC, eds. *Fore-casting*: *TIMS Studies in the Management Sciences*. Amsterdam, New York, and Oxford: North-Holland Publishing Company; 1979;12:313.

11 Kroese FM, et al. *Eat Behav.* 2013;14:522. • Taylor C, et al. *Br J Soc Psychol.* 2014;53:501.

12 Taylor C, et al. *Br J Soc Psychol.* 2014;53:501.

13 Gollwitzer PM, Sheeran P. *Adv Exp Soc Psychol.*2006;38:69.

14 Hall KD, et al. *Lancet.* 2011;378:826.

15 Wadden TA, et al. *Circulation.* 2012;125:1157. • Walker TB, Parker MJ. *J Am Coll Nutr.* 2014;33:347. • Hollis JH, Mattes RD. *Curr Diab Rep.* 2005;5:374.

16 Bray GA, et al. *JAMA.* 2012;307:47. • Hall KD, et al. *Cell Metab.* 2015;22:427. • Bazzano LA, et al. *Ann Intern Med.* 2014;161:309. • Sacks FM, et al. *N Engl J Med.* 2009;360:859. • Wycherley TP, et al. *Am J Clin Nutr.* 2012;96:1281. • Larsen TM, et al. *NEngl JMed.* 2010;363:2102. • Bueno NB, et al. *Br J Nutr.* 2013;110:1178. • Riera-Crichton D, Tefft N. *Econ Hum Biol.* 2014;14:33. • Johnston BC, et al. *JAMA.* 2014;312:923. • LeCheminant JD, et al. *Nutr J.* 2007;6:36. • LeCheminant JD, et al. *Lipids Health Dis.* 2010;9:54. • Jensen MD, Ryan DH. *JAMA.* 2014;311:23.

17 Hatori M, et al. *Cell Metab.* 2012;15:848.

18 Esposito K, et al. *Diabetes Care.* 2014;37:1824. • Carter P, et al. *J Hum Nutr*

Diet. 2014;27:280. • Ajala O, et al. *Am J Clin Nutr.* 2013;97:505. • Estruch R, et al. *N Engl J Med.* 2013;368:1279. • Chiva-Blanch G, et al. *Curr Atheroscler Rep.* 2014;16:446. • Dalen JE, Devries S. *Am J Med.* 2014;127:364. • Crous-Bou M, et al. *BMJ.* 2014;349:g6674.

19 Hu T, et al. *Am J Epidemiol.* 2012;176 Suppl 7:S44. • Mirza NM, et al. *Int J Pediatr Obes.* 2011;6:e523. • Mirza NM, et al. *Am J Clin Nutr.* 2013;97:276. • Schwingshackl L, Hoffmann G. *Nutr J.* 2013;12:48. • de Souza RJ, et al. *Am J Clin Nutr.* 2012;95:614. • Pereira MA, et al. *JAMA.* 2004;292:2482. • Makris AP, et al. *Obesity (Silver Spring).* 2011;19:2365. • Mann J, et al. *Lancet.*2014;384:1479. • Lindstrom J, et al. *Diabetologia.* 2013;56:284.

20 Sacks FM, et al. *JAMA.* 2014;312:2531. • O'Connor A. Questioning the idea of good carbs, bad carbs. *New York Times.* http://nyti.ms/1uPw9Gq. Accessed 12/19/14.

21 Wadden TA, et al. *N Engl J Med.* 2011;365:1969. • Lin JS, et al. *Ann Intern Med.* 2014;161:568. • Wadden TA, et al. *JAMA.* 2014;312:1779.

22 Wadden TA, et al. *Circulation.* 2012;125:1157. • Gudzune KA, et al. *Ann Intern Med.* 2015;162:501.

23 Levine DI. *Ann Intern Med.* 2013;159:565.

24 Rossner SM, et al. *Obes Facts.* 2011;4:3. • Weiss EC, et al. *Am J Prev Med.* 2007;33:34.

25 Brownell KD, et al. *Physiol Behav.* 1986;38:459.

26 Casazza K, et al. *NEngl JMed.* 2013;368:446.

27 Archer E, et al. *PLoS One.* 2013;8:e76632.

28 Wansink B, Kim J. *J Nutr Educ Behav.* 2005;37:242.

29 Wansink B. *J Mark.* 1996;60:1. • Wansink B, Cheney MM. *JAMA.* 2005;293:1727. • Wansink B, et al. *Am J Prev Med.* 2006;31:240. • Fisher JO, Kral TV. *Physiol Behav.* 2008;94:39.

30 Wansink B, et al. *Int J Obes (Lond).* 2006;30:871.

31 Wansink B, et al. *Obes Res*. 2005;13:93.

32 Wansink B. *Annu Rev Nutr.* 2004;24:455.

33 Moss M. The extraordinary science of addictive junk food. *New York Times Magazine*. http://nyti.ms/1FUm99j. Accessed 2/20/13. • Wan-sink B. *Mindless Eating: Why We Eat More Than We Think*. New York: Bantam Books; 2006.

34 Moss M. *Salt, Sugar, Fat: How the Food Giants Hooked Us*. New York: Random House; 2013.

35 Chandon P, Wansink B. *Nutr Rev.* 2012;70:571. • Wansink B. *Physiol Behav.* 2010;100:454.

36 Christakis NA, Fowler JH. *N Engl J Med.* 2007;357:370. • Martijn C, et al. *Health Psychol.* 2013;32:433.

37 Johnson WB. 575-pound Heart Attack Grill spokesman dies at 29. *USA Today*. http://usatoday30.usatoday.com/news/ nation/2011-03-04-restaurant-spokesman-dies_N.htm. Accessed 12/31/13.

38 Ludwig J, et al. *N Engl J Med.* 2011;365:1509.

39 Breanna Bond, 9, loses 66 pounds. *ABC News*. http://abc news.go.com/blogs/health/2012/12/10/breanna-bond-9-loses-66-pounds/. Accessed 4/24/14.

40 How much does Jennifer Hudson weigh? HelloBeautiful.com. http://hellobeautiful.com/2012/07/29/jennifer-hudson-weight/. Accessed 8/20/15. • Jennifer Hudson: "I'm prouder of my weight loss than my Oscar!" *Huffington Post*. http://www.huffingtonpost.com/2011/08/17/jenniferhudson-weight-loss_n_929188.html. Accessed 8/20/15.

41 Thaler RH, Sunstein CR. *Nudge: Improving Decisions About Health, Wealth, and Happiness*. New Haven, CT: Yale University Press; 2008.

42 Taubes G. Why the campaign to stop Amer-ica's obesity crisis keeps failing. *Newsweek*. http://www.newsweek.com/why-campaign-stop-americas-obesity-crisis-keeps-failing-64977. Accessed 4/24/14.

43 Hatori M, et al. *Cell Metab.* 2012;15:848. • Chaix A, et al. *Cell Metab.*

2014;20:991. • Reynolds G. A 12-hour window for a healthy weight. *New York Times*. http://nyti.ms/1ylMetT. Accessed 1/20/15. • Gill S, et al. *Science.* 2015;347:1265.

44 Callier V. *Science.* 2015;348:488. • Hedrick VE, et al. *Public Health Nutr.* 2015:1.

45 Tavernise S. Poor children show a decline in obe-sity rate. *New York Times*. http://nyti.ms/17vAJhK. Accessed 8/6/13. • Tavernise S. Obesity in young is seen as falling in several cities. *New York Times*. http://nyti.ms/ VvIZIz. Accessed 12/11/12. • Tavernise S. Children in U.S. are eating fewer calo-ries, study finds. *New York Times*. http://nyti.ms/Yo1K1l. Accessed 2/21/13. • Ogden CL, et al. *JAMA.* 2014;311:806. • Skinner AC, Skelton JA. *JAMA Pediatr.* 2014;168:561.

46 Ng M, et al. *Lancet.* 2014;384:766.

47 Geiss LS, et al. *JAMA.* 2014;312:1218. • Report: US obesity rates increased in just six states in 2013. *AMA Morning Rounds*. Ameri-can Medical Association; September 5, 2014.

48 Wadden TA, et al. *Circulation.* 2012;125:1157.

49 Rottensteiner M, et al. *Med Sci Sports Exerc.* 2015;47:509.

50 Naci H, Ioannidis JP. *BMJ.* 2013;347:f5577.

51 Rönn T, et al. *PLoS Genet.* 2013;9:e1003572. • Barres R, et al. *Cell Metab.* 2012;15:405.

52 Roux L, et al. *Am J Prev Med.* 2008;35:578. • Church TS, et al. *PLoS One.* 2011;6:e19657. • Stamatakis E, et al. *Prev Med.* 2007;45:416.

53 Buchner DM. In: Goldman L, Schafer AI, eds. *Goldman-Cecil Medicine;* 2016 (see bibliography).

54 Lee I-M, et al. *Lancet.* 2012;380:219.

55 Roberts MD, et al. *Am J Physiol Regul Integr Comp Physiol.* 2013;304:R1024. • Roberts MD, et al. *J Physiol.* 2014;592:2119. • Kelly SA, et al. *Physiol Genomics.* 2014;46:593. • Kelly SA, et al. *Genetics.* 2012;191:643. •Meek TH, et al. *J Exp Biol.* 2009;212:2908.

56 Roberts MD, et al. *J Physiol.* 2014;592:2119. • Mathes WF, et al. *Behav Brain Res.* 2010;210:155. • Blum K, et al. *J Psychoactive Drugs.* 2012;44:134. • Wise RA. *Neurotox Res.* 2008;14:169. • Roberts MD, et al. *Physiol Behav.* 2012;105:661.

57 Cooney G, et al. *JAMA.* 2014;311:2432. • Agudelo LZ, et al. *Cell.* 2014;159:33.

58 Waters RP, et al. *Brain Res.* 2013;1508:9.

59 Stadler G, et al. *Am J Prev Med.* 2009;36:29.

60 Roux L, et al. *Am J Prev Med.* 2008;35:578. • Metcalf B, et al. *BMJ.* 2012;345:e5888. • Michie S, et al. *Health Psychol.* 2009;28:690. • Orrow G, et al. *BMJ.* 2012;344:e1389.

61 Kalogeropoulos AP, et al. *JAMA Intern Med.* 2015;175:410.

62 O'Donnell M, et al. *N Engl J Med.* 2014;371:612.

63 Strazzullo P, et al. *BMJ.* 2009;339:b4567. • Whelton PK, et al. *Circulation.* 2012;126:2880.

64 Sifferlin A. 90% of Americans eat too much salt. *Time.* http://time.com/3944545/sodium-heart/. Accessed 7/15/15.

65 Bibbins-Domingo K, et al. *N Engl J Med.* 2010;362:590.

66 He FJ, MacGregor GA. *J Hum Hypertens.* 2009;23:363. • Laatiken T, et al. *Eur J Clin Nutr.* 2006;60:965.

67 Stubbe JH, et al. *Psychol Med.* 2005;35:1581. • Nes RB, et al. *Twin Res Hum Genet.* 2010;13:312.

68 Lyubomirsky S. *The How of Happiness: A Scientific Approach to Getting the Life You Want.* New York: Penguin Press; 2008. • Reis HT, et al. *Pers Soc Psychol Bull.* 2000;26:419.

69 Kahneman D, et al. *Well-Being: The Founda-tions of Hedonic Psychology.* New York: Russell Sage Foundation; 1999.

70 Bartels M, Boomsma DI. *Behav Genet.* 2009;39:605. • Cooper C, et al. *Int J Geriatr Psychiatry.* 2011;26:608. • Boyce CJ, et al. *Psychol Sci.* 2010;21:471.

71 Sadler ME, et al. *Twin Res Hum Genet.* 2011;14:249.

72 Lynch D, et al. *Psychol Med.* 2010;40:9. • Deacon BJ, Abramowitz JS. *J Clin Psychol.* 2004;60:429. • McGrath CL, et al. *JAMA Psychiatry.* 2013;70:821.

73 Tingley K. The suicide detective. *New York Times Magazine*. http://nyti.ms/18fHdXl. Accessed 7/1/13.

74 Zoroya G. Suicides in the army decline sharply. *USA Today*. http://usat.ly/LifXOq. Accessed 2/3/15.

75 Mitchell AJ, et al. *Lancet.* 2009;374:609.• Fernandez A, et al. *Gen Hosp Psychiatry.* 2012;34:227.

76 Oldham M, et al. *J Consult Clin Psychol.* 2012;80:928.

77 Tyrer P, et al. *Lancet.* 2014;383:219.

78 Barry CL, et al. *N Engl J Med.* 2012;367:389.

79 Block JP, Roberto CA. *JAMA.* 2014;312:887. • Dumanovsky T, et al. *Am J Public Health.* 2010;100:2520. • Krieger JW, et al. *Am J Prev Med.* 2013;44:595. • Tandon PS, et al. *Am J Prev Med.* 2011;41:434. • Finkelstein EA, et al. *Am J Prev Med.* 2011;40:122. •Yamamoto JA, et al. *J Adolesc Health.* 2005;37:397. • Gerend MA. *J Adolesc Health.*2009;44:84. • Namba A, et al. *Prev Chronic Dis.* 2013;10:E101.

80 Tyler A. Changing the food environment. *NYU Physician.* 2011:16.

81 Strom S. Burger King introducing a lower-fat french fry. *New York Times*. http://nyti.ms/18mbwZ9. Accessed 9/24/13. • Jar-gon J. Burger King drops lower-calorie fry 'Satisfries.' *Wall Street Journal.* http:// on.wsj.com/1ziu6AO. Accessed 6/3/2015. • Patton L. Burger King stores dis-continue Satisfries as sales fizzle. *Bloomberg Business.* http://www.bloomberg.com/news/articles/2014-08-13/burger-king-stores-discontinue-satisfries-as-sales-fizzle. Accessed 6/3/2015.

82 Strom S. Soda makers Coca-Cola, PepsiCo and Dr Pepper join in effort to cut Americans' drink calo-ries. *New York Times.* http://nyti.ms/Y1UgZA. Accessed

9/29/14.

83 Chandon P, Wansink B. *Nutr Rev.* 2012;70:571.

84 Brown HS, Karson S. *Health Econ.* 2013;22:741. • Levy DT, et al. *Am J Prev Med.* 2012;43:S179. • Coady MH, et al. *Am J Public Health.* 2013;103:e54. • Bento AM, et al. *Am Econ Rev.* 2009;99:667.

85 Mozaffarian D, et al. *JAMA.* 2014;312:889. • Wang YC, et al. *Health Affairs.* 2012;31:199. • *N Engl J Med.* 2012;367:1464.

86 Levy DT, et al. *Am J Prev Med.* 2012;43:S179. • Meyers DG, et al. *J Am Coll Cardiol.* 2009;54:1249.

87 Deutermann WV. Calculating lives saved by motor-cycle helmets. National Center for Statistics and Analysis (NCSA) of the National Highway Traffic Safety Administration (NHTSA). http://www-nrd.nhtsa.dot.gov/Pubs/809861.pdf. Accessed 6/10/15.

88 Angell SY, et al. *Ann Intern Med.* 2012;157:81. • Brownell KD, Pomeranz JL. *N Engl J Med.* 2014;370:1773. • Farley TA. *JAMA.* 2012;308:1093. • FDA takes step to remove artificial trans fats from processed foods. US Food and Drug Administration. http://www.fda.gov/NewsEvents/ Newsroom/ PressAnnouncements/ucm451237.htm. Accessed 6/16/15.

89 Unnevehr LJ, Jagmanaite E. *Food Policy.*2008;33:497.

90 Lowering salt in your diet. US Food and Drug Admin-istration. http://www.fda.gov/forconsumers/consumerupdates/ucm181577.htm. Accessed 2/25/12.

91 Jacobson MF, et al. *JAMA Intern Med.* 2013;173:1285.

92 Zap C. "Anti-Bloomberg bill" passed in Mis-sissippi. Yahoo news. http://news.yahoo.com/blogs/the-lookout/anti-bloomberg-bill-passed-mississippi-215548774--finance.html. Accessed 3/14/13. • Elbel B, et al. N *Engl J Med.* 2012;367:680. • Niederdeppe J, et al. *Am J Public Health.* 2013;103:e92.

第八章 改变我们的生理习性

1 Gu Q, et al. *NCHS Data Brief.* 2010;42:1. • Health, United States, 2013: With special feature on prescription drugs. National Center for Health Statistics. http://www.cdc.gov/nchs/data/ hus/hus13.pdf. Accessed 11/19/14.

2 Perlman A. In: Goldman L, Schafer AI, eds. *Goldman-Cecil Medicine;* 2016 (see bibliography).

3 Walton AG. Steve Jobs' cancer treatment regrets. *Forbes*. http://onforb.es/rcmSaD. Accessed 7/23/14.

4 Fitzgerald K. Obesity is now a disease, American Medical Association decides. *Medical News Today*. http://www.medical newstoday.com/articles/262226.php. Accessed 7/7/14. • Hoyt CL, Burnette JL. Should obesity be a "disease" ? *New York Times*. http://nyti.ms/1eelWeu. Accessed 7/7/14. • Pollack A. A.M.A. recognizes obesity as a disease. *New York Times*. http://nyti.ms/11ml6KK. Accessed 7/7/14.

5 Colman E. *Circulation*. 2012;125:2156. • Kushner RF. *Circulation*. 2012;126:2870.

6 Yanovski SZ, Yanovski JA. *JAMA*. 2014;311:74. • *JAMA*. 2014;312:955. • Phillip A. Meet the newest FDA-approved prescription weight-loss drug: Contrave. *Washington Post*. http://wapo.st/1nNOzoL. Accessed 11/14/14. • Pollack A. New drug to treat obesity gains approval by F.D.A. *New York Times*. http://nyti.ms/1pR1p5c. Accessed 9/22/14. • FDA approves weight-management drug Saxenda. US Food and Drug Administration. http://www.fda.gov/NewsEvents/Newsroom/PressAnnouncements/ucm427913.htm. Accessed 1/30/15.

7 Yanovski SZ, Yanovski JA. *JAMA*. 2014;311:74.

8 Caixas A, et al. *Drug Des Devel Ther.* 2014;8:1419. • Verpeut JL, Bello NT. *Expert Opin Drug Saf.* 2014;13:831.

9 Saxenda Medication Guide. Novo Nordisk. http:// www.novo-pi.com/saxenda_

med.pdf. Accessed 7/14/15 • Pi-Sunyer X, et al. *N Eng J Med.* 2015;373:11.

10 Tellez LA, et al. *Science.* 2013;341:800.

11 Holland WL, Scherer PE. *Science.* 2013;342:1460.

12 Cai H, et al. *Nat Neurosci.* 2014;17:1240.

13 Yarmolinsky DA, et al. *Cell.* 2009;139:234.

14 Thayer KA, et al. *Environ Health Perspect.* 2012;120:779.

15 Reynolds G. Let's cool it in the bedroom. *New York Times.* http://nyti.ms/1zL2u7n. Accessed 11/19/14.

16 Hall KD, et al. *Am J Clin Nutr.* 2012;95:989. • Efrat M, et al. *J Pediatr Endocrinol Metab.* 2013;26:197.

17 Doheny K. The truth about fat. WebMD. http://www.webmd.com/diet/features/the-truth-about-fat. Accessed 8/21/14. • Rogers NH. *Ann Med.* 2014:1.

18 Grens K. Activating beige fat. *The Scientist.* http://www.the-scientist.com/?articles.view/articleNo/40147/title/Activating-Beige-Fat/. Accessed 7/7/14.

19 Lee P, et al. *Diabetes.* 2014;63:3686. • Moyer MW. Supercharging brown fat to battle obesity. *Scientific American.* http:// www.scientificamerican.com/article/supercharging-brown-fat-to-battle-obesity/. Accessed 8/21/14.

20 Roberts LD, et al. *Cell Metab.* 2014;19:96. • Rao RR, et al. *Cell.* 2014;157:1279. • Irving BA, et al. *Curr Obes Rep.* 2014;3:235.

21 Claussnitzer M, et al. *N Engl J Med.* 2015. doi:10.1056/NEJMoa1502214.

22 Roberts LD, et al. *Cell Metab.* 2014;19:96.

23 Fang S, et al. *Nat Med.* 2015;21:159. • Fikes BJ. Diet drug fools the gut. *San Diego Union-Tribune.* http://www.utsandiego.com/news/2015/jan/ 05/diet-drug-salk-imaginary-meal-ron-evans/. Accessed 1/6/15. • Qiu Y, et al. *Cell.* 2014;157:1292.

24 Turnbaugh PJ, et al. *Nature.* 2006;444:1027. • Tilg H, Kaser A. *J Clin Invest.* 2011;121:2126.

25 Cox LM, et al. *Cell.* 2014;158:705. • Jess T. *N Engl J Med.* 2014;371:2526. •

Bailey LC, et al. *JAMA Pediatr.* 2014;168:1063.

26 Backhed F, et al. *Proc Natl Acad Sci U S A.* 2004;101:15718.

27 Furlow B. *Lancet Diabetes Endocrinol.* 2013;1 Suppl 1:s4. • Chen Z, et al. *J Clin Invest.* 2014;124:3391.

28 Suez J, et al. *Nature.* 2014;514:181. • Chang K. Artificial sweeteners may disrupt body's blood sugar controls. *New York Times*. http://nyti.ms/Xjn3bi. Accessed 9/22/14.

29 Pennisi E. *Science.* 2014;346:687.

30 Pennisi E. *Science.* 2014;346:687. • Nieuwdorp M, et al. *Gastroenterology.* 2014;146:1525.

31 Van Nood E, et al. *N Engl J Med.* 2013;368:407.

32 O'Brien PE, et al. *JAMA.* 2010;303:519. • Chakravarty PD, et al. *Surgeon.* 2012;10:172. • Courcoulas AP, et al. *JAMA Surg.* 2014;149:707. • Schauer PR, et al. *N Engl J Med.* 2014;370:2002. • Schauer PR, et al. *N Engl J Med.* 2012;366:1567. • Mingrone G, et al. *N Engl J Med.* 2012;366:1577. • Sjöström L, et al. *JAMA.* 2014;311:2297. • Ikramuddin S, et al. *JAMA.* 2013;309:2240. • Saeidi N, et al. *Science.* 2013;341:406. • Arterburn DE, Courcoulas AP. *BMJ.* 2014;349:g3961. • Liou AP, et al. *Sci Transl Med.* 2013;5:178ra41.

33 Mohaidly MA, et al. *Int J Surg Case Rep.* 2013;4:1057.

34 Lyall S. One-third the man he used to be, and proud of it. *New York Times*. http://nyti.ms/VI5vnQ. Accessed 7/7/14.

35 Zernike K, Santora M. Weight led governor to sur-gery. *New York Times*. http://nyti.ms/12aozes. Accessed July 7/7/14. • Mucha P. Gov. Christie spells out weight loss. Philly.com. http://www.philly.com/philly/ news/politics/Gov_Christie_spells_out_weight_loss_.html. Accessed 9/22/14.

36 Dixon JB, et al. *Circulation.* 2012;126:774. • Pollack A. Early results arrive on weight-loss pills that expand in the stomach. *New York Times*. http://nyti.ms/1lioVLd. Accessed 7/7/14. • Hand L. FDA panel mixed on implanted weight-

loss device. Medscape. http://www.medscape.com/viewarticle/826946. Accessed 7/7/14. • Sullivan S, et al. *Gastroenterology.* 2013;145:1245. • Saint Louis C. F.D.A. approves surgical implant to treat obe-sity. *New York Times*. http://nyti.ms/1zf77Iy. Accessed 1/15/15.

37 Flannick J, et al. *Nat Genet.* 2014;46:357.

38 Roberts MD, et al. *Physiol Behav.* 2012;105:661.

39 Reynolds G. How exercise may protect against depression. *New York Times*. http://nyti.ms/YK7r1K. Accessed 10/6/14. • Agudelo LZ, et al. *Cell.* 2014;159:33.

40 Victor RG. In: Goldman L, Schafer AI, eds. *Goldman-Cecil Medicine;* 2016 (see bibliography). • Jaffe MG, et al. *JAMA.* 2013;310:699.

41 Cooper CJ, et al. *N Engl J Med.* 2014;370:13.

42 Bhatt DL, et al. *N Engl J Med.* 2014;370:1393.

43 Laurent S, et al. *Lancet.* 2012;380:591.

44 Krishnan V, Nestler EJ. *Am J Psychiatry.* 2010;167:1305.

45 Lyness JM. In: Goldman L, Schafer AI, eds. *Goldman-Cecil Medicine;* 2016 (see bibliography). • Arroll B, et al. *Cochrane Database Syst Rev.* 2009:CD007954.

46 Lyness JM. In: Goldman L, Schafer AI, eds. *Goldman-Cecil Medicine;* 2016 (see bibliography).

47 Borges S, et al. *J Clin Psy-chiatry.* 2014;75:205.

48 Lyness JM. In: Goldman L, Schafer AI, eds. *Goldman-Cecil Medicine;* 2016 (see bibliography). • Anxiety disorders. Bethesda, MD: National Institute of Mental Health, National Institutes of Health, US Department of Health and Human Services. NIH publication 09 3879; 2009.

49 Fazel S, et al. *Lancet.* 2014;384:1206.

50 Karpova NN, et al. *Science.* 2011;334:1731.

51 Murrough JW, et al. *Am J Psychiatry.* 2013;170:1134. • Piroli GG, et al. *Exp Neurol.* 2013;241:184. • Feder A, et al. *JAMA Psychiatry.* 2014;71:681. • Lapidus KA, et al. *Biol Psychiatry.* 2014;76:970.

52 Mohler H. *Neuropharmacology.* 2012;62:42.

53 Morishita T, et al. *Neurotherapeutics.* 2014;11:475.

54 Deisseroth K. *Sci Am.* 2010;303:48.

55 Redondo RL, et al. *Nature.* 2014;513:426. • Williams R. Light-activated memory switch. *The Scientist.* http://www.the-scientist.com/?articles.view/articleNo/40889/title/Light-Activated-Memory-Switch/. Accessed 11/13/14.

56 Belluck P. Using light technique, scientists find dimmer switch for memories in mice. *New York Times.* http://nyti.ms/1AUKrv1. Accessed 8/29/14.

57 Awtry EH, Loscalzo J. *Circulation.* 2000;101:1206. • Stone E. *Phil Trans.* 1763;53:195. • Roth GJ, Majerus PW. *J Clin Invest.* 1975;56:624. • Rosenkranz B, et al. *Br J Clin Pharmacol.* 1986;21:309.

58 Schulman S, Hirsh J. In: Gold-man L, Schafer AI, eds. *Goldman-Cecil Medicine;* 2016 (see bibliography).

59 Teirstein PS, Lytle BW. In: Goldman L, Schafer AI, eds. *Goldman-Cecil Medicine;* 2016 (see bibliography).

60 Garan H. In: Goldman L, Schafer AI, eds. *Goldman-Cecil Medicine;* 2016 (see bibliography).

61 Song Y, et al. *Curr Biol.* 2011;21:1296.

62 Schulman S, Hirsh J. In: Goldman L, Schafer AI, eds. *Goldman-Cecil Medicine;* 2016 (see bibliography).

63 Ginsberg J. In: Goldman L, Schafer AI, eds. *Goldman-Cecil Medicine;* 2016 (see bibliography).

64 What is atrial fibrillation (AFib or AF)? American Heart Association. http://www.heart.org/HEARTORG/Conditions/Arrhythmia/AboutArrhy thmia/What-is-Atrial-Fibrillation-AFib-or-AF_UCM_423748_Article.jsp. Accessed 7/8/14. • Survivors. National Stroke Association. http://www.stroke.org/site/PageServer?pagename=surv. Accessed 7/8/14. • *Morb Mortal Wkly Rep.*2011;60:1377.

65 Moeckel D, et al. *Sci Transl Med.* 2014;6:248ra105.

66 Halvorsen S, et al. *J Am Coll Cardiol.* 2014;64:319.

67 Henderson JT, et al. *Ann Intern Med.* 2014;160:695. • LeFevre ML. *Ann Intern Med.* 2014;161:819.

68 Stone NJ, et al. *Circulation.* 2014;129:S1.

69 *N Engl J Med.* 2014;371:2072. • Kolata G. Study finds alternative to anti-cholesterol drug. *New York Times.* http://nyti.ms/1xeAZCg. Accessed 11/18/14. • Cannon CP, et al. *N Engl J Med.* 2015;372:2387.

70 Raal FJ, et al. *Lancet.* 2015;385:331. • Sabatine MS, et al. *N Engl J Med.* 2015;372:1500. • Robinson JG, et al. *N Engl J Med.* 2015;372:1489.

71 Jong MC, et al. *J Lipid Res.* 2001;42:1578. • Baroukh NN, et al. Lawrence Berkeley National Laboratory; 2003. Retrieved from: http://www.escholarship.org/uc/item/4cp3d5zc. Accessed 7/7/14. • Crosby J, et al. *N Engl J Med.* 2014;371:22. • Jorgensen AB, et al. *N Engl J Med.* 2014;371:32.

72 Pittman D. Romney takes daily statin, aspirin. MedPage Today. http://www.medpagetoday.com/Washington-Watch/Election Coverage/34908. Accessed 7/7/14.

73 Reenan R. *N Engl J Med.* 2014;370:172. • Rosenberg SM, Queitsch C. *Science.* 2014;343:1088. • Naryshkin NA, et al. *Sci-ence.* 2014;345:688. • Long C, et al. *Science.* 2014;345:1184. • Ding Q, et al. *Circ Res.* 2014;115:488. • Liang P, et al. *Protein Cell.* 2015;6:363. • Kolata G. Chinese scientists edit genes of human embryos, raising concerns. *New York Times.* http:// nyti.ms/1PqeCS4. Accessed 4/24/15. • Baltimore D, et al. *Science.* 2015;348:36. • Wade N. Scientists seek ban on method of editing the human genome. *New York Times.* http://nyti.ms/19DfnrB. Accessed 3/20/15.

74 Libri V, et al. *Lancet.* 2014;384:504. • Pennisi E. *Science.* 2015;348:618. • Hoffman Y, Pilpel Y. *Science.* 2015;348:41. • Popp MW, Maquat LE. *Science.* 2015;347:1316.

75 Underwood E. *Science.* 2014;345:750.

76 Haussecker D, Kay MA. *Science.* 2015;347:1069.

77 Kolata G. In a new approach to fighting disease, helpful genetic mutations are sought. *New York Times*. http://nyti.ms/1y02HEY. Accessed 1/5/15. • Kaiser J. *Science.* 2014;344:687.

78 Tebas P, et al. *N Engl J Med.* 2014;370:901. • Gardner MR, et al. *Nature.* 2015;519:87.

79 Wei C, et al. *J Genet Genomics.* 2013;40:281. • Wang T, et al. *Sci-ence.* 2014;343:80. • Ran FA, et al. *Nat Protoc.* 2013;8:2281. • *Science.* 2013;342:1434.

80 Patel DJ. *Science.* 2014;346:542.

81 Kandel ER. The new science of mind. *New York Times*. http://nyti.ms/15FfnE9. Accessed 8/25/14. • Aftimos PG, et al. *Discov Med.* 2014;17:81. • Kolata G. Finding clues in genes of "exceptional responders." *New York Times*. http://nyti.ms/1sh1Dc5. Accessed 10/9/14. • Doroshow J. In: Gold-man L, Schafer AI, eds. *Goldman-Cecil Medicine;* 2016 (see bibliography). • Fact sheet: President Obama's precision medicine initiative. The White House. Office of the Press Secretary. http://wh.gov/iTBz3. Accessed 2/24/15.